中等职业教育汽车专业理实一体化系列教材

汽车电器设备结构与维修
（彩色版）

主　编　张　振
副主编　刘禹彤　周莉群　何时清
参　编　姜龙青　王丽娜　艾　娜　宋国峰　袁亮华
主　审　陈华昌　陈育彬

机械工业出版社

本书结合汽车维修行业的实际需求，注重培养学生的职业素养和专业技能，通过任务驱动教学方法系统地讲述汽车电器知识及维修，主要包括维修行业的常识检测仪器的使用，以及电源系统、起动系统、点火系统、照明信号系统、仪表系统、辅助电器系统、线束的维修等。

本书有配套《实训习题册》，给教师配有教学视频及PPT课件。

本书图文并茂，直观生动，可作为中等专业学校、技师学院及高等职业院校汽车检测与维修专业用书，也可作为相关从业人员和汽车爱好者的参考书籍。

图书在版编目（CIP）数据

汽车电器设备结构与维修：彩色版 / 张振主编. —北京：机械工业出版社，2020.4（2025.8重印）

中等职业教育汽车专业理实一体化系列教材

ISBN 978-7-111-64870-3

Ⅰ.①汽… Ⅱ.①张… Ⅲ.①汽车–电气设备–构造–中等专业学校–教材 ②汽车–电气设备–车辆修理–中等专业学校–教材 Ⅳ.①U472.41

中国版本图书馆 CIP 数据核字（2020）第 032987 号

机械工业出版社（北京市百万庄大街22号　邮政编码100037）

策划编辑：齐福江　责任编辑：齐福江

责任校对：肖　琳　封面设计：陈　沛

责任印制：张　博

固安县铭成印刷有限公司印刷

2025年8月第1版第5次印刷

184mm×260mm・12.25 印张・307 千字

标准书号：ISBN 978-7-111-64870-3

定价：55.00元

电话服务　　　　　　　网络服务

客服电话：010-88361066　机　工　官　网：www.cmpbook.com
　　　　　010-88379833　机　工　官　博：weibo.com/cmp1952
　　　　　010-68326294　金　书　网：www.golden-book.com

封底无防伪标均为盗版　　机工教育服务网：www.cmpedu.com

FOREWORD 前　言

随着汽车工业的飞速发展，汽车电器设备的新工艺、新结构、新技术也是层出不穷。如何了解和掌握汽车电器设备的维修知识，更好地服务于汽车行业，是当今汽车职业教育工作者研究的主要课题之一。

本课程的性质：本课程针对职业院校学生动手能力强的特点，采用操作中学习、学习中操作的方法，意在培养学生的学习主动性，更加明确学生学习的目的和意义。本课程以提高学生的专业实践能力和职业素养为理念，以培养学生的职业能力为中心，以派工单、故障案例为载体，按照"以能力为本位，以职业实践为主线，以课程为主体的专业课程体系"的总体设计要求，紧紧围绕完成任务工单的需要来选择和组织课程内容，突出任务工单与知识的应用性，让学生在实践活动的基础上掌握知识，增强课程内容与职业岗位能力要求的相关性。

本课程的任务：结合汽车服务行业的需求，注重培养学生的职业素养和操作技能，通过任务驱动教学方法系统地对汽车电器内容进行介绍。

1）学习企业员工的职业素养与管理制度，让学生了解企业的管理制度以及企业对员工的具体要求，为将来服务于社会奠定基础。

2）掌握汽车电器常用的维修设备，掌握万用表、蓄电池测试仪、充电机、发动机故障检测仪等设备的使用方法，为汽车电器故障检测与维修打下基础。

3）学生通过任务驱动法对电源系统、起动系统、点火系统、照明信号系统、仪表系统、辅助电器系统的各种电器设备进行理论学习、拆装、检查、调整及更换；并能运用汽车电器设备知识分析汽车电器系统常见故障的原因，完成故障排除的任务。

本书提供有《实训习题册》、配套教学视频、PPT教学课件（索取邮箱：502135950@qq.com）。

本书由张振主编，刘禹彤、周莉群、何时清任副主编，姜龙青、王丽娜、艾娜、代景镇、袁亮华参编，陈华昌、陈育彬主审。其中，代景镇编写任务一；刘禹彤编写任务二，并负责微课的拍摄及制作；何时清编写任务三；周莉群编写任务四及习题册；袁亮华、姜龙青编写任务五；王丽娜编写任务六及习题册；艾娜编写任务七；张振编写任务八至任务十。

在本书编写过程中，得到了丰田泛华4S店的大力支持，同时也参考了许多行业相关著作，在此一并表示感谢。

由于编者水平所限，书中难免存在疏漏和不足之处，敬请读者朋友们提出宝贵意见和建议，以便改正。

编　者

CONTENTS 目 录

前 言

任务一　汽车维修行业常识 ……1

一、车间管理 8S …………………………1
　（一）整理 ……………………………1
　（二）整顿 ……………………………2
　（三）清扫 ……………………………2
　（四）清洁 ……………………………3
　（五）素养 ……………………………3
　（六）安全 ……………………………4
　（七）节约 ……………………………4
　（八）学习 ……………………………4
二、车间管理制度 ………………………4
　（一）岗位职责 ………………………4
　（二）安全生产管理制度 ……………5
三、汽车维修行业工作流程和派工单 …6
　（一）工作流程 ………………………6
　（二）派工单 …………………………6
　（三）工单实施流程 …………………7

任务二　汽车电器常用维修设备的使用 ……9

一、数字式万用表的使用 ………………9
　（一）普通数字万用表 ………………9
　（二）汽车万用表 ……………………14
二、蓄电池测试仪的使用 ………………16
三、充电机的使用 ………………………18
四、汽车故障检测仪的使用 ……………20
　（一）故障诊断步骤 …………………20
　（二）结束检测 ………………………23

任务三　蓄电池常见故障的检修 ……24

一、蓄电池的认知 ………………………24
　（一）汽车蓄电池的类型 ……………24
　（二）蓄电池的安装位置 ……………25

二、蓄电池的相关知识 …………………26
　（一）蓄电池的功用 …………………26
　（二）蓄电池的结构与型号 …………26
　（三）蓄电池的工作原理 ……………30
　（四）蓄电池的容量及影响因素 ……31
三、蓄电池的检查与维护 ………………32
　（一）给客户介绍蓄电池的正确使用方法 ……………………………32
　（二）蓄电池的检查 …………………33
四、蓄电池的故障检修 …………………35

任务四　充电系统常见故障的检修 ……37

一、发电机的分解认知 …………………37
　（一）分解前的准备工作 ……………37
　（二）分解步骤 ………………………37
　（三）装配步骤 ………………………39
二、发电机的相关知识 …………………39
　（一）交流发电机的结构及原理 ……39
　（二）电压调节器的作用及工作原理 …43
　（三）发电机内部检测 ………………44
　（四）发电机控制电路 ………………47
三、充电系统常见故障的检修 …………48

任务五　起动系统常见故障的检修 ……50

一、起动机的分解认知 …………………50
　（一）分解前的准备工作 ……………50
　（二）起动机的分解步骤 ……………50
二、起动机的相关知识 …………………53
　（一）直流电动机 ……………………54
　（二）传动机构 ………………………56
　（三）控制装置 ………………………59
　（四）起动机的检测 …………………60
　（五）起动机的控制电路 ……………62

三、起动机常见故障的检修 ································63

任务六　点火系统常见故障的检修　64

一、点火系统的相关知识 ································64
（一）点火系统的作用 ································64
（二）点火系统的分类 ································64
（三）微机控制点火系统的组成 ··············65
二、点火系统常见故障的检修 ····················75

任务七　照明信号系统常见故障的检修　76

一、前照灯故障的检修 ································76
（一）汽车照明灯的认知 ························76
（二）前照灯的相关知识 ························80
（三）前照灯的控制电路 ························84
（四）前照灯的故障检修 ························86
二、转向灯故障的检修 ································86
（一）转向灯与紧急信号灯的相关知识 ····87
（二）丰田卡罗拉转向灯与紧急信号灯
　　　电路 ··89
（三）转向灯的故障排除 ························90
三、倒车信号装置和制动灯的故障检修 ·····91
（一）倒车信号装置和制动灯的相关
　　　知识 ··91
（二）倒车信号装置和制动灯电路 ··········93
（三）倒车信号装置和制动灯的故障
　　　排除 ··94
四、电喇叭常见故障的检修 ························95
（一）电喇叭的相关知识 ························95
（二）电喇叭控制电路 ····························97
（三）电喇叭常见故障的排除 ················99

任务八　仪表系统常见故障的检修　100

一、汽车仪表系统的认知 ··························100
二、燃油表的检修 ······································103
（一）燃油表的相关知识 ······················103
（二）燃油表的故障排除 ······················105
三、车速表故障的检修 ······························106
（一）车速表和转速表的相关知识 ······106

（二）车速表的故障排除 ······················110
四、警告灯点亮故障的检修 ······················111
（一）仪表报警信号装置的相关知识 ····111
（二）警告灯点亮的故障排除 ··············113

任务九　辅助电器系统常见故障的检修　115

一、刮水器故障的检修 ······························115
（一）风窗玻璃清洗装置的相关知识 ····115
（二）刮水器、洗涤器间歇控制电路 ····118
（三）汽车刮水器的故障排除 ··············120
二、电动车窗故障的检修 ··························121
（一）电动车窗的相关知识 ··················121
（二）电动车窗的电路 ··························123
（三）电动车窗的故障排除 ··················124
三、电动后视镜故障的检修 ······················125
（一）电动后视镜的相关知识 ··············125
（二）电动后视镜的电路 ······················126
（三）后视镜折叠电路 ··························128
（四）电动后视镜的故障排除 ··············129
四、电控门锁故障的检修 ··························129
（一）电动门锁的相关知识 ··················130
（二）电动门锁的电路 ··························131
（三）电动门锁的故障排除 ··················132
五、空调系统常见故障的检修 ··················133
（一）空调系统的相关知识 ··················133
（二）维修汽车空调的常用设备 ··········137
（三）空调系统制冷剂的加注作业 ······137
（四）制冷系统故障的检修 ··················148

任务十　汽车线束及维修知识　149

一、汽车线束 ··149
（一）线束的规格 ··································149
（二）常用的线束插接器 ······················150
二、线束的维修 ··150
（一）线束修复工具 ······························150
（二）线束修复方法 ······························151

参考文献　155

任务一 汽车维修行业常识

◎ 学习任务

1）培养汽车维修行业员工应具备的职业素养。
2）熟悉生产工作中要遵守的规章制度。

一、车间管理 8S

车间管理 8S 包括：整理、整顿、清扫、清洁、素养、安全、节约、学习（图1-1）。

图 1-1　车间管理 8S

（一）整理

维修工具整理现场如图 1-2 所示。

定义：区分要与不要的物品，现场只保留必需的物品。

目的：

1）改善和增加作业面积。
2）现场无杂物，保证行道通畅，提高工作效率。
3）减少磕碰的机会，保障安全，提高质量。
4）消除混放、混料等差错。
5）减少库存，节约资金。
6）改变作风，提高工作效率。

图 1-2　工具整理

意义：区分什么是现场需要的，什么是现场不需要的，把要与不要的物品分开，再将不需要的物品加以处理，对生产现场放置的物品进行分类；彻底清理车间里所有工位或设备周边、通道左右、工具箱内外以及车间的死角，做到现场无多余之物。

（二）整顿

整顿过程如图 1-3 所示。

定义：必需品要按照规定摆放整齐，并明确标识。

目的：不在寻找物品上浪费时间，提高工作效率及作业质量，保障生产安全。

意义：通过前一步整理，作业人员要对生产现场需要留下的物品进行科学合理的布置与摆放，以便用最快的速度取得所需之物，在最有效的规章、制度及最简洁的流程下完成作业。

要点：

1）物品摆放要有固定的地点和区域，以便于寻找并消除因混放而造成的差错。

2）物品摆放地点要科学合理。例如，经常使用的物品应放得近些（如放在作业区内），偶尔使用或不常使用的物品则应放得远些（如集中放在车间某处）。

图 1-3 整顿现场

3）物品摆放目视化，使定量装载的物品做到过目知数，摆放不同物品的区域用不同的色彩和标记加以区别。

（三）清扫

清扫工作如图 1-4 所示。

图 1-4 清扫工作

定义：清除现场内的脏污、清除作业区域的物料垃圾。

目的：清除"脏污"，保持现场干净、明亮。

意义：将工作场所的污垢去除，创造干净舒适的工作环境。

要点：

1）自己使用的物品（如设备、工具），要自己清扫，不要依赖他人，不增加专门的清扫工。

2）清扫也是为了发现问题。若清扫地面时发现有飞屑或油水，要查明原因，并采取措施加以改进。

（四）清洁

清洁工作如图 1-5 所示。

图 1-5　清洁工作

定义：将实施整理、整顿、清扫的做法制度化、规范化并维持其成果。

目的：认真维护并保持整理、整顿、清扫的效果，使其保持最佳状态。

意义：通过对整理、整顿、清扫活动的坚持与深入，消除发生安全事故的根源。创造一个良好的工作环境，使员工能愉快地工作。

要点：

1）车间环境不仅要整齐，而且要做到清洁卫生，保证员工身体健康，提高员工劳动热情。

2）不仅物品要清洁，而且员工本身也要做到清洁，如工作服要清洁，仪表要整洁，及时理发、刮须、修指甲、洗澡等。

3）员工不仅要做到形体上的清洁，也要做到精神上的"清洁"，待人要讲礼貌，要尊重别人。

4）要使环境不受污染，消除浑浊的空气、粉尘、噪声及污染源，防止职业病。

（五）素养

职业素养的核心如图 1-6 所示。

定义：人人按章操作、依规行事，养成良好的习惯，让每个人都成为有教养的人。

目的：提升"人的品质"，培养对任何工作都讲究、认真的人。

意义：努力提高员工的自身修养，使员工养成良好的工作、生活习惯和作风，提升员工境界，与企业共同进步。

图 1-6　职业素养

（六）安全

操作中出现的安全事故如图 1-7 所示。

图 1-7　事故现场

定义：每时每刻都要有安全第一的观念，防患于未然。

目的：建立安全生产的环境，所有工作都应建立在安全的前提下。

意义：培养员工的安全意识，保障生产工作正常进行。

要点：

1）上班前不酗酒，不在禁烟区内吸烟。

2）重点危险区域要有安全警示牌。

3）遵守安全操作规程，保障生产正常进行，不损坏公物。

（七）节约

定义：减少企业的库存、空间、水电、材料消耗。

目的：养成降低成本的习惯，加强作业人员减少浪费的教育。

意义：培养良好的行为习惯，把企业当成自己的家一样对待，最大限度地为企业节约开支、降低成本。

（八）学习

定义：广泛学习、提升素质。

目的：使企业得到持续改善，培养学习型组织。

意义：深入学习各项专业技术知识，不仅从实践和书本中获取知识，也要不断地向同事和上级主管学习，学习他们的长处，从而达到完善自我，提升自我综合素质之目的。

二、车间管理制度

（一）岗位职责

为保证企业生产正常进行，保障人身和财产安全，全体员工必须严格遵守下列规定：

1）必须按相关的安全技术操作规程进行生产作业。

2）工作时不得擅离岗位，不得干预本职工作无关的事情。

3）必须按规定穿戴劳动保护用品，不得穿拖鞋上班，车间内严禁吸烟。

4）非工作需要不得动用任何车辆，车在厂内行驶车速不得超过5km/h，不准在厂内试制动。

5）加强对易燃物品的管理，易燃物品必须按规定使用和存放。

6）各工位应配备充足的灭火器材，并加强维护保养使之保持良好的技术状态，所有员工应学会正确使用灭火器材。

7）工作灯应采用低压（36V以下）安全灯，应经常检查导线、插座是否良好。

8）手湿时不得搬动电力开关或插座。电源线路、熔丝应按规定安装，不得用铜线、铁线代替。

9）下班时，必须切断相关电器设备的电源。

（二）安全生产管理制度

1）认真贯彻执行"安全第一、预防为主"的方针及国家有关的安全生产法律法规，制定适合本单位的安全管理制度和各工种、各机电设备的安全操作规程，并定期检查制度的落实情况。

2）按照《中华人民共和国安全生产法》的要求设置安全生产管理领导机构，生产部门和班组应配备专（兼）职安全生产管理人员，负责督促、教育和检查员工执行安全操作规程。

3）定期进行安全生产教育和安全知识培训，教育员工严格执行各工种工艺流程、工艺规范和安全操作规程，不得违章作业。

4）维修车辆前，应将车辆停、架牢固后方可作业。举升设备应由专人操作，非工作人员不准进入车底，举升车辆过程中不准检修举升设备。操作不当会造成举升机和车辆损坏，如图1-8所示。

图1-8 举升事故现场

5）路试车辆必须由有驾驶证且技术熟练的试车员进行，必须在规定的路段上进行。

6）有毒、易燃、易爆物品和化学物品，粉尘、腐蚀剂、污染物、压力容器等应有安全防护措施和设施，应严格按有关部门要求定期校验压力容器及仪表。

7）根据季节变换切实做好防火、防涝、防冻、防腐及防盗工作，并制定相关措施，配备消防器材。配电设施线路确保完好，性能可靠，使用移动电具应有安全防护措施。

8）发生事故后要及时向上级主管部门汇报，保护好现场，查明原因妥善处理。常见的车间安全生产标语如图 1-9 所示。

图 1-9　车间安全生产标语

三、汽车维修行业工作流程和派工单

（一）工作流程

车辆进入维修服务站后的工作程序主要包括预约服务、接待服务、作业服务、交车服务、跟踪服务，如图 1-10 所示。

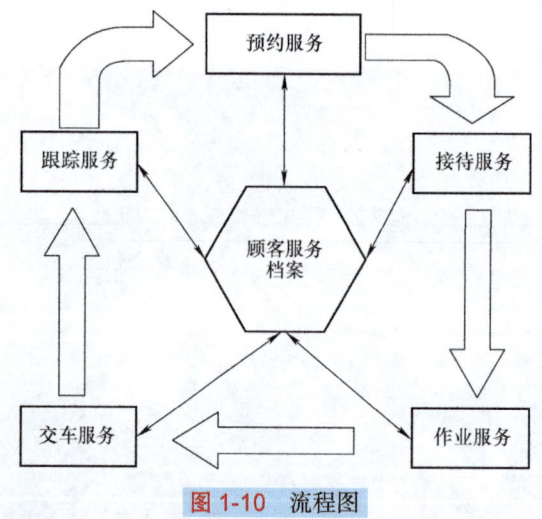

图 1-10　流程图

接待服务：包括记录需求、记录维修项目、记录车辆物品、记录车辆完整性及安排驾驶人与乘客到休息室的服务。

作业服务：指对车辆进行保养、修理作业的服务。

交车服务：指车辆维修作业完成后，交给客户验收并交费的服务。

跟踪服务：指及时了解客户的使用情况，对维修服务项目进行回访的工作。

（二）派工单

派工单主要指车辆进入维修服务站后，进行询问、检查、记录，并将需要维修的项目以工单形式派给维修人员，具体工单如图 1-11 所示。

派 工 单　　No. 00000001

车牌：_____　车型：_____　联系电话：_____

公里数：_____ km　进场日期：_____　预计出场日期：_____

检查项目	内外观检查说明	漆面检查	
贵重物品	有□　无□		第一联存根（白）
玻　　璃	正常□　划痕□　破裂□		
雨　　刮	正常□　异常□		
空　　调	正常□　异常□		
仪表盘信号	正常□　异常□		第二联客户（红）
轮胎铝圈	正常□　异常□		
音　　响	正常□　异常□		
备注：		燃油表显示：0 1/2 1	
		外观检查说明：○刮花　×凹、划痕　△裂开	第三联施工（黄）

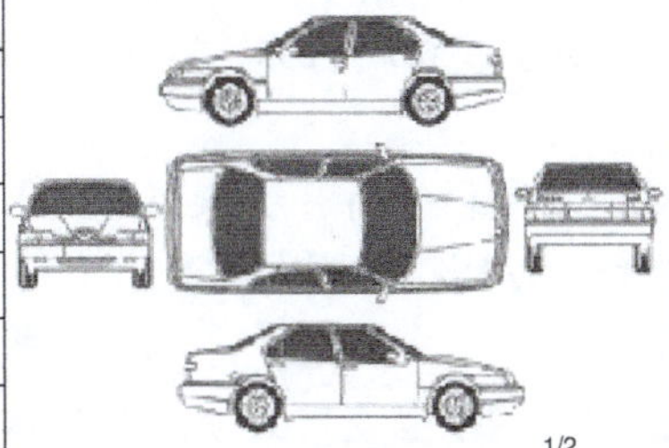

序号	服务项目	单位	数量	单价	金额(元)	施工技师
1						
2						
3						
4						
5						
6						
7						
8						

注：请车主自行保管车内贵重物品，如有遗失概与本公司无关！

接车顾问：_____　　　　　客户确认：_____

图 1-11　派工单

（三）工单实施流程

1. 维修调度

服务顾问将车辆和工单移交给车间主管，必要时向维修车间主管解释工单内容。工单再经维修车间计划部转给各个维修业务组，员工按专业和工位分配，以达到最佳的工作效率。

2. 准备工作

对车辆进行防护。用防护套对驾驶人座椅、转向盘和变速杆进行防护，并放置一次性脚垫。在发动机舱内作业时，需要对翼子板和前格栅进行防护。防护的主要目的是防止划伤和脏污。

再次直观检查车辆已有损坏情况，并做好记录，必要时与服务顾问联系。

3. 初步诊断

可通过技术信息系统内已有的或已知的故障情况进行查询,从而获得解决方案和技术支持。

如果在任务实施过程中需要扩展工单,必须与服务顾问协商,在征求客户的同意后方可实施。

4. 配件领取

预约维修的车辆,零件服务部门已经提前备好了维修材料,维修员工根据维修工单去库房领取即可,库房保管员将材料名称、数量及价格信息传给服务前台。

5. 维修

保养项目或维修项目的所有步骤都以工单为基础在维修车间内进行。维修时必须按照维修手册规范执行操作,使用符合要求的通用工具、专用工具和设备。

6. 自行检查

已进行和已完成的维修项目必须由执行这项维修工作的员工先进行简单的自检。组长再对本组维修项目进行复检。

7. 最终检查

车间技术主管或专职终检人员根据工单项目进行检查,并在可能的情况下由授权人员试车。试车结果与客户陈述进行最终比对,从而可以检查客户提出的问题是否得到了解决。

8. 结束工作

车辆检查完成后由车间技术主管(或车间技术人员)将车辆开到洗车工位或前台交车区(注意车头冲外)。维修工单、钥匙、车顶牌移交相应的业务接待,并说明维修情况。客户期待车辆返还时没有故障并保持洁净,这两个方面对客户满意度影响极大。

任务二 汽车电器常用维修设备的使用

◎ 学习任务

1）掌握数字式万用表的使用方法，能够在故障诊断操作中合理使用万用表。
2）能够利用蓄电池测试仪对蓄电池性能进行检测和判断。
3）能够熟练利用充电机对蓄电池进行充电作业。
4）能够利用汽车故障检测仪读取电控系统的故障码。

一、数字式万用表的使用

在汽车电器维修过程中，经常会使用万用表检测系统的直流电压、交流电压、电阻和电流，还经常检测部件中的二极管、晶体管。下面就两种型号的数字式万用表的功能进行测量演示。

（一）普通数字万用表

普通数字万用表（图 2-1）都能测量直流电压、交流电压、电阻、电流、二极管、晶体管和温度等。

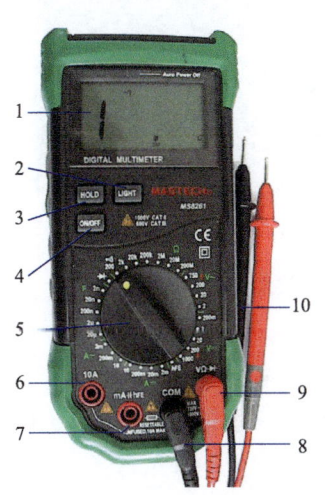 

图 2-1　普通数字万用表

1—显示屏　2—LIGHT 显示屏背景灯按键　3—HOLD 保持键　4—ON/OFF 电源开关　5—量程选择旋钮
6—电流（10A）测量插孔　7—晶体管测量插孔　8—COM 公共插孔　9—VΩ-⊢电压、电阻、二极管插孔　10—测试线

1. 电阻的测量（Ω）

将红表笔插在"VΩ"插孔内，黑表笔插在"COM"插孔内，打开电源开关液晶显示屏显示"1"，如图 2-2a 所示。旋钮调至 200Ω 档位，将两表笔相连接进行校对并读出万用表自身阻

值,同时也能检查万用表工作是否正常,如图 2-2b 所示。

a) 数字表的安装　　　　　b) 校正读数

图 2-2　测量前的准备工作

根据不同元件的电阻值选择测量档位,如测量小于 200Ω 的电阻时,将旋钮调整到 200Ω 档,两表笔分别接触电阻的两端,读数单位为欧姆(Ω),如图 2-3a 所示,测量灯泡的电阻为 3.3Ω。测量大于 2kΩ 的阻值时,将旋钮调整到 20k 档,两表笔分别接触电阻的两端,如图 2-3b 所示,测得电阻为 3.5kΩ。测量 2~200MΩ 以内的阻值读数单位为兆欧(MΩ)。

a) 200Ω以内电阻测量　　　　　b) 20kΩ以内电阻测量

图 2-3　电阻的测量

注意:选用 200Ω 档~2kΩ 档测量的电阻值要减去万用表自身的电阻值(校正时的电阻值),20kΩ 以上档可以忽略万用表自身的电阻,如果 20kΩ 档校正时仍有 0.01kΩ 以上的电阻值,说明万用表、测试线或万用表电池存在问题。

2. 交流电压的测量(V~)

先用电阻档校正,然后将旋钮调至交流电压档(ACV),如图 2-4a 所示,然后根据不同被测电压值选择量程(200mV、2V、20V、200V、750V)。如:测量 220V 电压,选择 750V 量程。测量时两表笔任意端测量端电压并读出读数,如图 2-4b 所示。

注意事项:

1)选择档位和量程要正确,否则会读数不准确或烧坏万用表。

2）测量36V以上电压时，手不能接触到金属笔尖，避免触电。
3）测量时两表笔不得出现短路。

a）交流电压档的选择

b）交流电压的测量

图 2-4　交流电压的测量

3. 直流电压的测量（V-）

先用电阻档校正，然后将旋钮调至直流电压档（DCV），如图2-5a所示。根据不同被测电压值选择合适的量程(200mV、2V、20V、200V、1000V)，200mV档用于测量不高于0.2V的直流电压；2V档用于测量不高于2V的直流电压；20~1000V档测量不高于标注范围以内的直流电压。如，测量蓄电池12V电压时，选择20V量程。测量时，红表笔搭蓄电池正极，黑表笔搭蓄电池负极，读出电压值，如图2-5b所示，读数12.81V。

a）直流电压档的选择

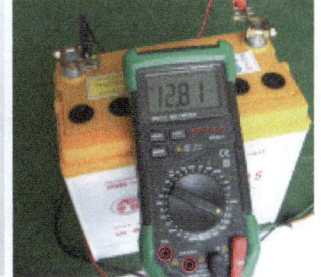
b）测量蓄电池电压

图 2-5　直流电压测量

4. 直流电流的测量（A-）

先用电阻档校正，然后将旋钮调至直流电流档（DCA）20A，红表笔插入"20A"电流插孔，黑表笔插入"COM"插孔，如图2-6a所示。然后将万用表与用电设备串联测量，如图2-6b所示。如果是测量毫安（mA）或较小的直流电流时，红表笔插入标有"A"的电流插孔，黑表笔不变。

注意事项：

1）选择直流电流测量档位要正确，否则容易烧坏万用表。

2）所测电流不得大于20A，并串联小于20A的熔丝，否则容易烧坏万用表。

3）测量时必须检查被测用电设备是否存在短路，测量过程中要串联小于20A的熔丝，否则容易烧坏万用表。

5. 二极管（⊣⊢）的测量

二极管的外形及符号如图2-7所示，二极管的测量如图2-8所示。

a）直流电流档的选择

b）灯泡直流电流的测量

图 2-6　直流电流的测量

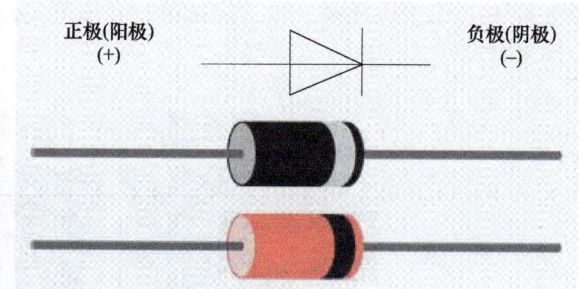

图 2-7 二极管

先用电阻档校正，然后将旋钮调至二极管档"⇥⊢"，屏幕显示"1"，如图 2-8a 所示。然后将两表笔笔针相接，二极管测量指示灯点亮，同时蜂鸣器发出声音（不同型号的万用表功能有所不同）。用两表笔分别接触二极管的两端，如果显示数值 0.534，则二极管导通时的电压降为 0.534V，如图 2-8b 所示，说明红表笔接触端为二极管的正极，黑表笔接触端为负极（正向测量）。反之红表笔接触端为负极，黑表笔接触端为正极时（反向测量）二极管截止（显示"1"），如图 2-8c 所示。

a) 调至二极管(⇥⊢)档

b) 正向导通　　　　　　　　c) 反向截止

图 2-8 二极管的测量

注意：如果二极管档正、反向测量均无电压降或都有电压降，用电阻档均截止或导通，则二极管损坏。

6. 晶体管的型号及测量

晶体管主要有 PNP、NPN 两种类型，其外形及符号如图 2-9 所示。

（1）用二极管档测量晶体管　先用电阻档校正，然后将万用表旋钮调至二极管档，用万用表的红表笔接触晶体管的其中一个管脚，用黑表笔去测试其余的管脚，直到测试出如下结果：

黑表笔接晶体管其中一个管脚，而用红表笔测其他两个管脚都有压降显示，那么此晶体管为 PNP 晶体管，且黑表笔所接的管脚为晶体管的基极 b。用上述方法测试时，其中万用表的红表笔接其中一个管脚的电压稍高，此管脚为晶体管的发射极 e，电压偏低的那个管脚为集电极 c，具体步骤如图 2-10 所示。

如果红表笔接其中一个管脚，而用黑表笔接其他两个管脚都有电压降显示，那么此晶体管为 NPN 晶体管，且红表笔所接的管脚为晶体管的基极 b，用这种方法测试时万用表的黑表笔接其中一个管脚的电压稍高，那么此管脚为晶体管的发射极 e，电压偏低的那个管脚为集电极 c。具体步骤与测量 PNP 晶体管的方法相同。

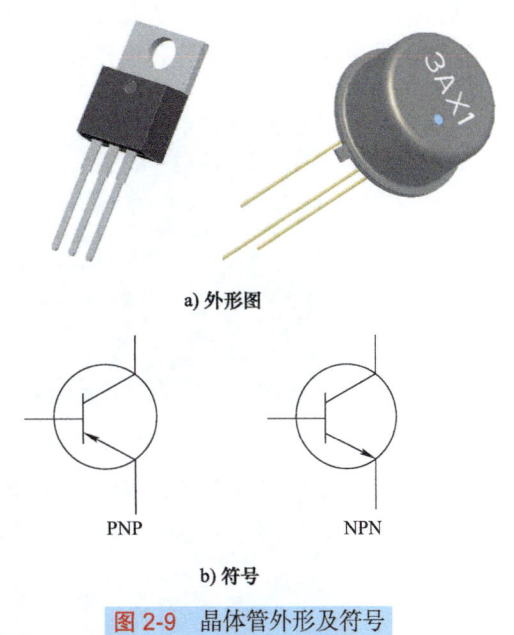

图 2-9　晶体管外形及符号

注意： 如果测量中出现任意两个管脚都有电压降或三个管脚正反相互测量都无电压降，为晶体管损坏。

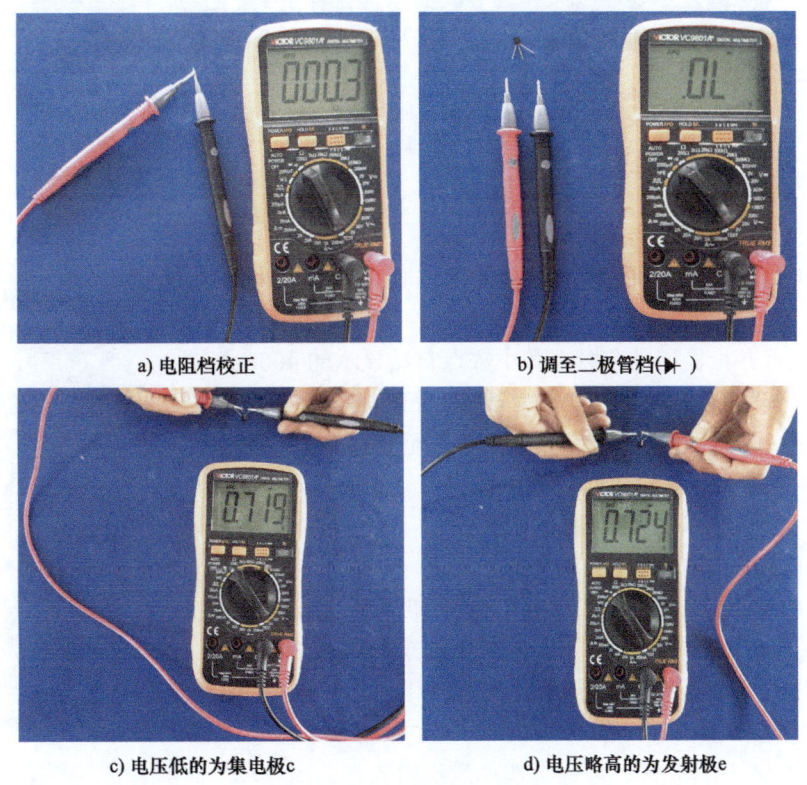

图 2-10　二极管档测量晶体管

（2）用 hFE 档测量晶体管　先将旋钮调至 hFE 档，拔出 COM 插孔上的黑表笔，把专用测试件插入 hFE 档 COM 插孔，将晶体管分别插入 NPN 或 PNP 插孔内，显示 025 或 0296 为导通压降，根据插孔位置判断类型、极性和放大倍数。具体步骤如图 2-11 所示。

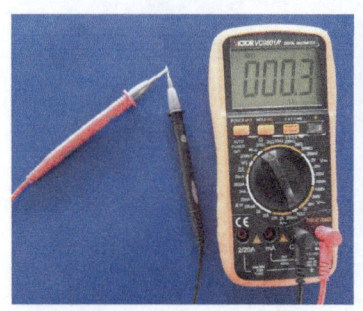
a）旋钮旋至hFE档并拔下黑表笔

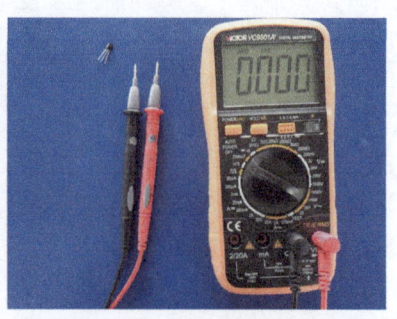
b）插入专用测试件

c）测量晶体管

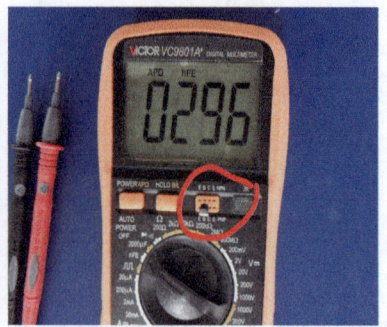
d）判断晶体管类型及放大倍数

图 2-11　晶体管的测量

（二）汽车万用表

1. OTC3514 万用表的使用说明

OTC3514 万用表的外形及功能如图 2-12 所示，具体说明如下：

① 数字显示屏：显示带有极性和小数点自动显示的 4000 条数据。开启万用表，在自测试期间所有段节和符号将短暂显示。

② 棒状图：棒状图每秒刷新 20 次，从左至右共有 2×41 个依次递增。这有助于设置和数据分析。当测量转速、脉冲宽度、闭合角、占空比和频率时，棒状图不显示。

③ ON/OFF 键：电源键（开/关）。

④ DC/AC 键（STR 键）：选择直流电压和交流电压。在转速档（RPM），选择二冲程发动机（直接点火式四冲程发动机）和四冲程发动机（数据显示在显示屏的 STR 前面）。在 Ω 档，选择 MΩ 和蜂鸣模式。

⑤ RANGE 键（CYL 键，量程）：选择量程模式和关闭"AT"

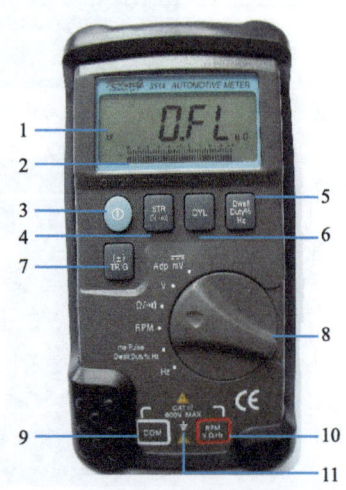
图 2-12　汽车万用表 OTC3514

符号。按下并保持 RANGE 键 2s，退出手动量程模式，返回自动量程模式，"AT"符号显示。在 Dwell 模式下，按下 RANGE 键，选择气缸数，数据显示在显示屏的 CYL 前面。

⑥ HOLD 键（Dwell、Duty（%）、Hz 键）：保持键，自动捕捉稳定的读数。按下 HOLD 键，可以逐一启用 ms-Pulse、Dwell、Duty Cycle（%）和自动频率（Hz）测量模式。

⑦ TRIG（±）键：按下并保持 TRIG（±）键 2s，在脉宽或占空比测量模式下，选择正、负极。

⑧ 旋转开关

Adp mV：适配器或毫伏；

V：直流或交流电压；

Ω：电阻/连续性检测；

RPM：二冲程或四冲程发动机转速测量；

ms-Pulse：脉宽，Dwell：闭合角，Duty Cycle（%）：频宽比，Freq：信号频率；

Hz：频率。

⑨ 公共插孔（COM）：在所有测量方式中，黑表笔插入该插孔中。在测量温度时，将热电偶适配器插入其中。

⑩ RPM、V、Ω、Hz 接口：在所有测量方式中，红表笔插入该接口中。

⑪ 电压极限标识（CAT Ⅲ 600V）：最高测量电压为 600V（直流或交流）。

2. OTC3514 万用表的使用方法

1）测试线及感应钳的安装　如图 2-13 所示，测试线的红表笔插入 RPM、V、Ω、Hz 接口，黑表笔插入 COM 插孔；感应钳插在测试线的插孔上。

a) 测试线及其安装

b) 感应钳及其安装

图 2-13　测试线及感应钳的安装

2）电阻的测量　选择电阻档，用表笔检测导体两端的电阻值，如图 2-14 所示。

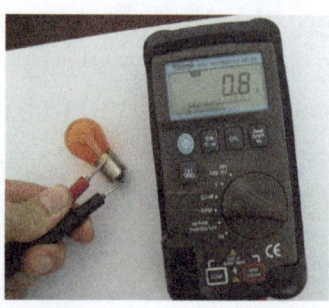

图 2-14　电阻的测量

3）直流电压的测量　选择直流电压档，红表笔接正极，黑表笔接负极，读取测量电压。如图 2-15 所示。

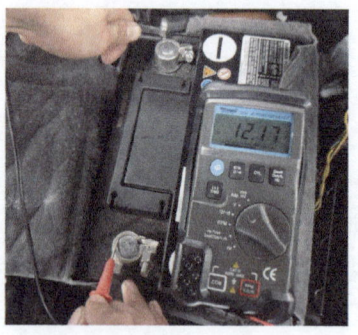

图 2-15　直流电压的测量

4）交流电压的测量　选择交流电压档，分别用表笔检测插孔电压，读取测量电压。如图 2-16 所示。

图 2-16　交流电压的测量

万用表其他功能的使用见视频。

二、蓄电池测试仪的使用

蓄电池测试仪是用于测量蓄电池电量存储状况的仪器，当发动机出现起动无力、不能起动等现象时，应先对蓄电池容量进行检查。

1. 普通蓄电池测试仪

普通蓄电池测试仪的外形如图 2-17a 所示，最上面的数字 0~16V 是指针的刻度（测量电压值），表盘左侧用于指示 6V 蓄电池的容量，测量范围是 24~120A·h；表盘右侧用于指示 12V 蓄电池容量，测量范围 32~500A·h。容量后面的颜色分别代表不同的含义，如：绿色代表蓄电池的容量良好；黄色代表蓄电池的容量低于正常值；红色代表电压低（12.4~13.6V），说明发电机有故障；绿色代表正常（13.6~15V），说明充电良好；最右端红色代表充电电压过高（15~16V）。

测量方法：红色夹子连接蓄电池正极，黑色夹子连接蓄电池负极，根据蓄电池容量观察指针所指的区域颜色，如图 2-17b 所示。负载测量时，在连接测试仪的同时拨动负载测试开关，如图 2-17c 所示。起动发动机测量充电系统，红色代表电压低（12.4~13.6V），说明发电机有故障；绿色代表正常（13.6~15V），说明充电良好；最右端红色代表充电电压过高（15~16V）。

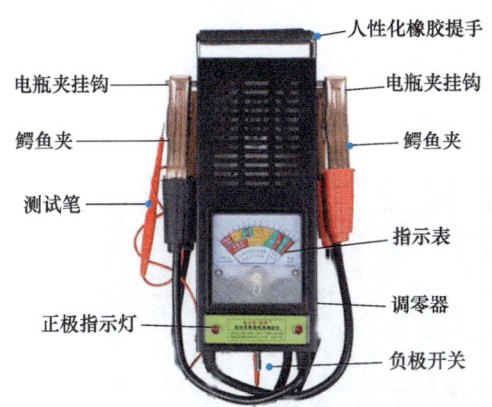
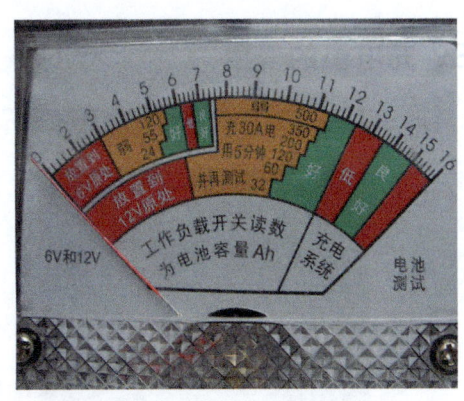

a）蓄电池测试仪

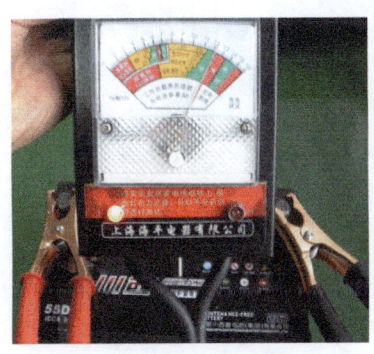

b）蓄电池容量测量

c）负载测量

图 2-17 蓄电池测试仪的使用

注意事项：

1）在测量之前，首先了解被测蓄电池的容量，以便于读数。
2）蓄电池测试仪每次测量时间不超过 20s。
3）负载测试时间不超过 10s。

2. 智能蓄电池测试仪

智能蓄电池测试仪如图 2-18 所示，主要功能有测量蓄电池电压、测量起动最大电流、测量发电机充电电压、测量蓄电池内阻、判断蓄电池使用寿命等。测量时,红色夹子连接蓄电池正极,黑色夹子连接蓄电池负极,按上下翻页选择测量功能,然后按 ENTER 键确认,返回按 ESC 键。

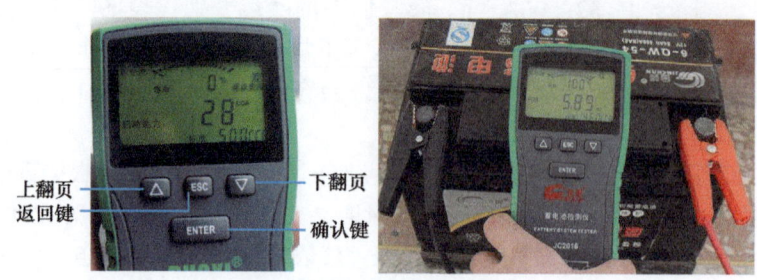

图 2-18　智能蓄电池测试仪

三、充电机的使用

以博世 BSL2470 充电机为例介绍其功用及使用方法,如图 2-19 所示。

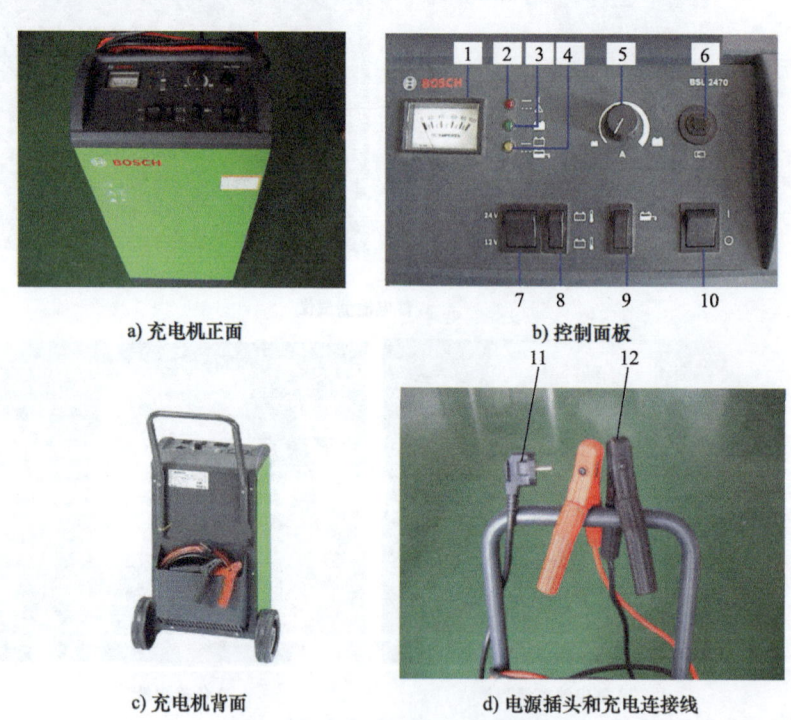

图 2-19　博世 BSL2470 充电机

1—充电电流显示器　2—红色指示灯点亮表示电源接通,闪烁代表极性错误　3—绿色指示灯点亮表示达到充电电压　4—黄色指示灯点亮代表充电运行模式,闪烁代表蓄电池电压太低或损坏　5—电流调节旋钮　6—设备保险装置　7—蓄电池电压选择(12V 和 24V)　8—温度转换开关　9—蓄电池欠电压按键　10—电源开关　11—电源插头　12—蓄电池充电夹

1. 充电方法(参见视频)

清洁蓄电池外壳→拧下加液塞→连接正负极→选择充电电压→连接电源线→选择蓄电池温度→将电流调节旋钮调至最低→打开电源开关→调节电流旋钮,具体步骤如图 2-20 所示。

任务二 汽车电器常用维修设备的使用

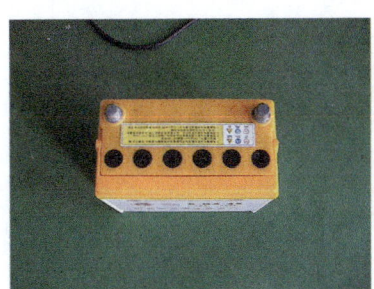
a) 清洁外壳

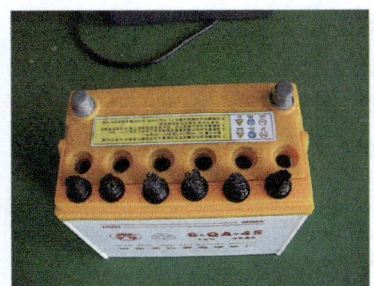
b) 拧下加液塞

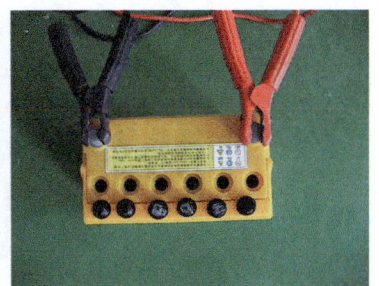
c) 连接正负极

d) 选择充电电压

e) 确定电源开关处于关闭状态

f) 将电流调节旋钮调至最低

g) 接通电源

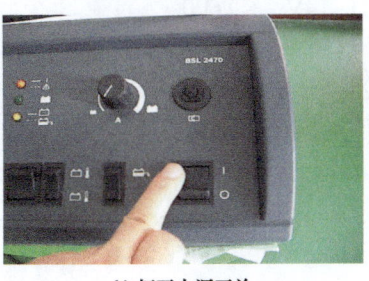
h) 打开电源开关

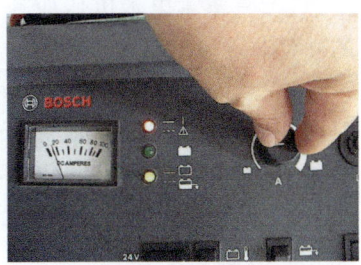
i) 调节电流旋钮

j) 电量充足绿色指示灯点亮

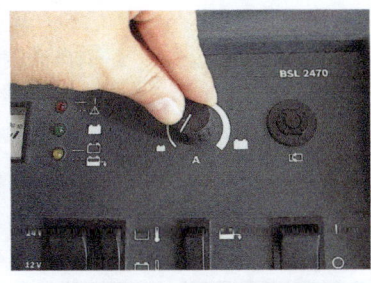
k) 将电流调节旋钮调至最低

l) 关闭电源开关

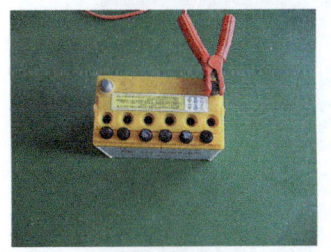
m) 取下蓄电池充电夹归位

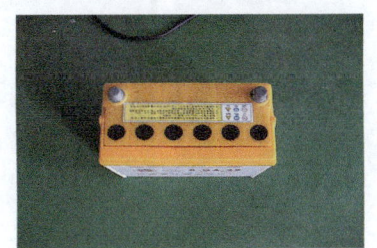
n) 拧上加液塞充电结束

图 2-20　充电步骤

2. 充电机使用中的注意事项

1）充电机不能放在潮湿的地方。
2）充电机在放置或使用中要保持房间通风。
3）蓄电池电压要与充电机电压保持一致。
4）非免维护蓄电池充电前要拧下加液塞。
5）接通电源前充电机开关必须处于关闭状态。
6）充电机与蓄电池的极性连接一定要正确。
7）蓄电池在充电过程中会产生易燃易爆气体，因此要避免产生火花或明火。
8）充电过程中禁止断开充电夹，必须关闭充电机开关后才能取下充电夹。
9）充电夹要保持清洁确保连接良好。

四、汽车故障检测仪的使用

以 KT600 为例介绍汽车电脑故障检测仪的使用方法，KT600 的正面视图和背面视图如图 2-21 所示。

（一）故障诊断步骤

1. 一般测试条件

1）汽车蓄电池电压应在 11~14V，KT600 的额定电压为 12V。
2）点火正时和怠速应在标准范围，冷却液温度和变速器油温达到正常工作温度（冷却液温度 90~110℃，变速器油温 50~80℃）。
3）节气门应处于关闭状态，即怠速状态。

2. 设备连接

1）将 KT600 诊断盒插入诊断插槽，注意插入方向，印有"UP"字样的一面朝上。
2）确定诊断座的位置、形状以及是否需要外接电源，如图 2-22 所示。

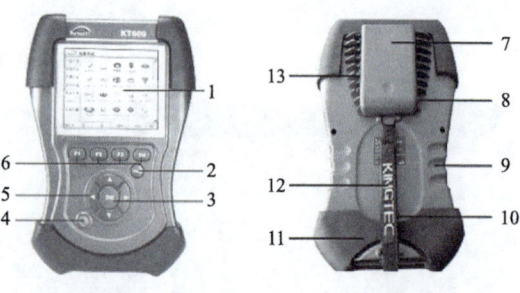

图 2-21　KT600 故障检测仪正面和背面视图

1—触摸显示屏　2—返回、退出　3—确认　4—电源开关
5—方向选择键　6—多功能辅助键　7—打印盒
8—打印机卡扣　9—手持处　10—卡锁　11—胶套
12—保护带　13—触摸笔槽

3）根据车型及诊断座的形状选择相应的接头。
4）将测试线的一端插入 KT600 的测试口内，另一端连接测试接头，如图 2-23 所示。
5）将连接好测试线的测试接头插到车辆的诊断座上。

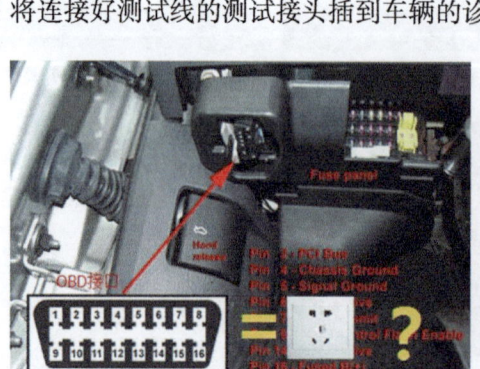 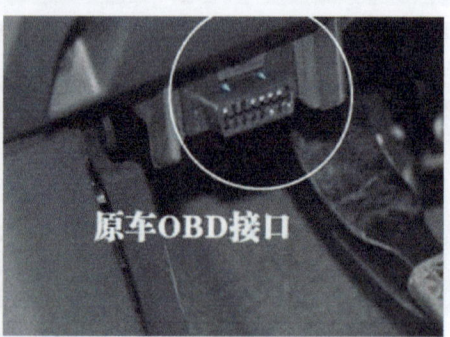

图 2-22　故障诊断接口

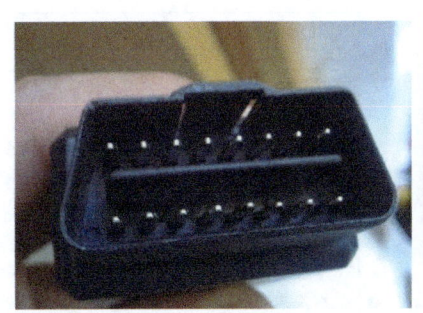
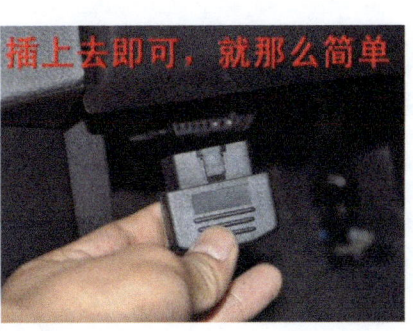

图 2-23　连接诊断接口

注意：请一定要先连接好主机的测试线和诊断接头后，再把测试接头连接到诊断座上，否则容易导致连接过程中因导线短路造成诊断座熔丝烧坏。

3. 进入诊断系统

连接好仪器，打开点火开关，按下电源开关起动 KT600，进入主菜单，选择车系，如图 2-24 所示。

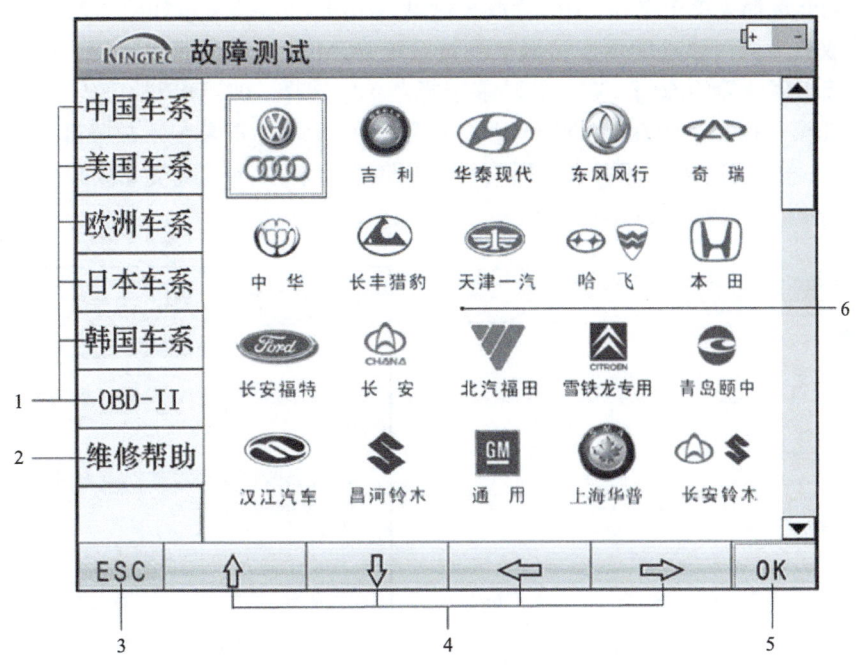

图 2-24　选择车系

1—车系选择　2—维修帮助　3—ESC 退出、返回上级菜单　4—方向选择　5—OK 确认选择　6—选择车型

按 OK 确认按钮，执行当前任务，按 ESC 按钮，退回上级菜单。不同车型的诊断界面操作方法大体相似，各车型具体测试方法请您按照仪器界面提示操作。以大众车系发动机系统检测功能为例，点击选择系统栏进入下一级操作界面，如图 2-25、图 2-26 所示。

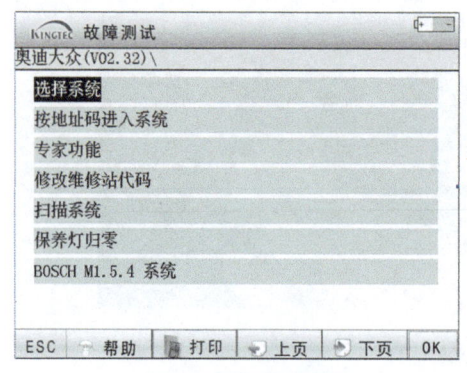

图2-25 选择系统图

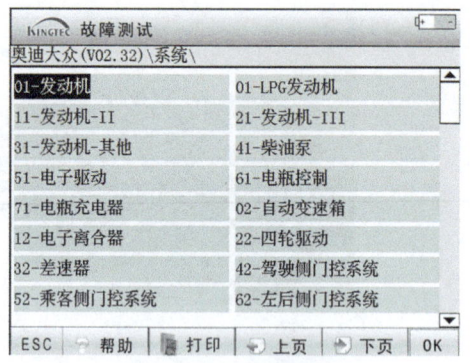

图2-26 选择测量部位

测试功能包括读取车辆电脑型号、读取故障码、清除故障码、读取动态数据流、基本设定、控制器编码、元件控制测试、各种调整匹配、自适应值清除、系统登录及防盗钥匙匹配。选择"01-发动机",将显示汽车电脑版本号,部分车型会有多屏显示,请点击查看。读取汽车电脑版本号后,按任意键,进入系统诊断界面。

(1)读取车辆电脑型号 该功能可以读取被测试系统的电脑信息,包括版本号、服务站代码以及相关信息。一般更换车辆控制模块时,需要掌握原控制模块信息并记录,以作为更换新控制模块的参考,对新的控制模块进行编码时,需要原控制模块的版本号信息。

在系统功能选择菜单中选择"01-读取车辆电脑型号",屏幕显示如图2-27所示。

(2)读取故障码 该功能可以读取被测试系统 ECM 存储器内的故障码,帮助维修人员快速地查到引起车辆故障的原因。在系统功能选择菜单中选择"02-读取故障码",系统开始检测电脑随机存储器(ROM)中存储的故障记忆内容,测试完毕后屏幕显示故障部位及故障码,如图2-28所示。通过滚动条或翻页查看所有故障码信息,若所测试系统无故障码,则屏幕显示"系统正常"字样,选择 ESC 按键返回上一级菜单。

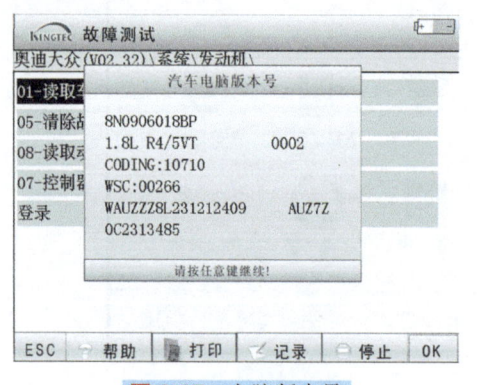

图2-27 电脑版本号

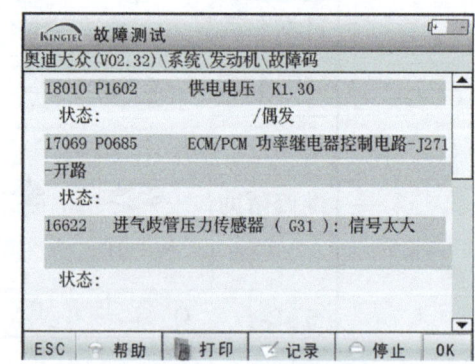

图2-28 显示故障码

(3)清除故障码 在系统功能选择菜单中选择"05-清除故障码"进入操作界面,如图2-29所示。

一般车型要严格按照常规顺序操作:先读故障码,记录或打印,然后再清除故障码,试车、再次读取故障码进行验证,确认故障码不再出现。当前硬性故障码是不能被清除的,如传感器损坏或连接线断路、短路等故障。如果是氧传感器、爆燃传感器、气缸失火之类的技术型故障码虽然能立即清除,但在一定周期内还会出现。必须要彻底排除故障之后故障码才不会再出现。

任务二 汽车电器常用维修设备的使用

（4）元件控制测试　该功能可以检查执行元件的电路工作状况，进行元件控制测试时可以观察该元件是否正常工作，如果该执行元件不正常工作，则需要检查相关电器元件、插头线束或机械部位是否存在故障。在系统功能选择菜单选择"03-元件控制测试"进入操作界面，如图2-30所示。

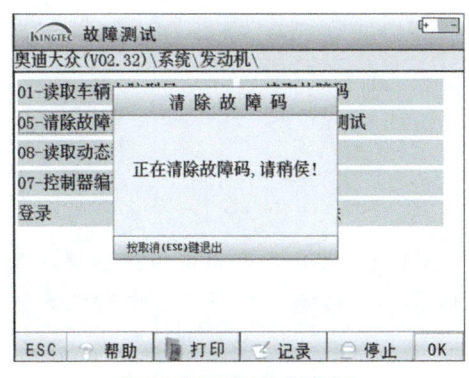

图 2-29　清除故障码

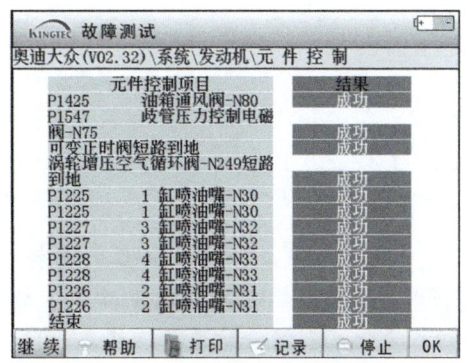

图 2-30　元件控制测试

注意："03-元件控制测试"功能的使用请按照原厂手册操作，以免造成车辆故障。

（5）读取动态数据流　大众车系的数据流很齐全，但需要原厂手册支持，否则只显示数据而不知道内容。在系统功能选择菜单选择"08-读取动态数据流菜单"进入操作界面。例如：进入大众的测试系统，仪器默认读取1、2、3组数据流，如图2-31所示。

（6）故障排除　退出检测程序，关闭点火开关，检查检测仪显示故障部位。如：检查元件的连接插头是否松动；导线是否断路或短路；元件安装是否正确；用万用表测量元件是否损坏。

（7）再次清除故障码　打开点火开关，进入检测程序读取故障码，如果系统显示正常，说明故障排除，否则应继续查找故障原因。

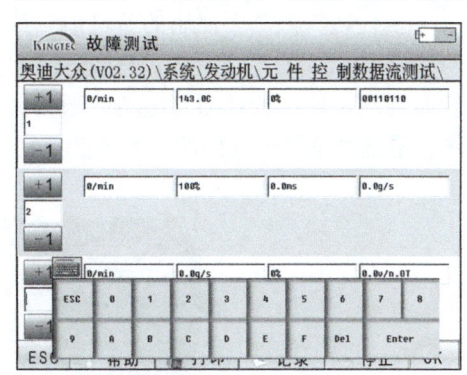

图 2-31　动态数据流

（二）结束检测

故障排除后退出检测程序，关闭故障检测仪电源开关，然后关闭点火开关，拔下检测插头，将故障检测仪清洁归位。

任务三　蓄电池常见故障的检修

【派工单】

一辆 2009 款一汽大众宝来轿车已行驶 14 万 km，近来几天出现勉强能够起动的现象，如果连续起动两次发动机，起动机就出现"哒哒哒"的声音，发动机无法起动，为此来到维修站进行检修。

服务顾问记录故障后将车交给车间主管，车间主管将工单派给机电维修小组。

一、蓄电池的认知

（一）汽车蓄电池的类型

现代燃料汽车上使用的蓄电池一般为铅酸蓄电池，主要包括免维护蓄电池和干荷电蓄电池两种类型，如图 3-1 所示。带有起停功能的车辆，安装的是 AGM 免维护蓄电池，如图 3-2 所示。新能源汽车使用的动力蓄电池一般为锂电池，如图 3-3 所示，它的照明信号系统、仪表指示系统、舒适系统等所使用的电源依然是铅酸蓄电池。

a) 免维护蓄电池

b) 干荷电蓄电池

图 3-1　汽车用蓄电池

图 3-2 AGM 免维护蓄电池

图 3-3 动力电池组

免维护蓄电池和干荷电蓄电池的区别见表 3-1。

表 3-1 免维护蓄电池和干荷电蓄电池的对比

类型	免维护蓄电池	干荷电蓄电池
概念	在有效使用期（4年）内无须进行添加蒸馏水等维护工作的蓄电池，称为免维护蓄电池或无需维护蓄电池	极板在干燥的情况下，能在较长时间内储存制造过程中所得到的电量的蓄电池，称干式荷电铅酸蓄电池，简称干荷电蓄电池
特点	免维护蓄电池在出厂时加入电解液并充足了电，还做了密封处理，使用中无需任何维护	极板有较高的储电能力，在完全干燥状态下，能在两年内保存电量不变，使用时只需加入电解液，放置 20~30min 即可使用
优点	高性能、长寿命、无污染、免维护、安全可靠	制造工艺简单、成本低、价格低
缺点	制造工艺复杂、制造成本高、价格高	要定期检查或添加补充液，电解液溢出后会产生腐蚀
发展趋势	越来越多的车辆在使用免维护蓄电池	干荷电蓄电池只在少部分车辆上使用

（二）蓄电池的安装位置

轿车的蓄电池一般安装在发动机舱内，既便于维护又节省材料，如图 3-4 所示；也有些车辆安装在行李舱内，如图 3-5 所示；少部分车辆安装在前排或后排座椅下面，如图 3-6 所示。大型客货车的蓄电池一般安装在车辆一侧，如图 3-7 所示。动力蓄电池一般安装在车身底部或车身一侧，如图 3-8 所示。

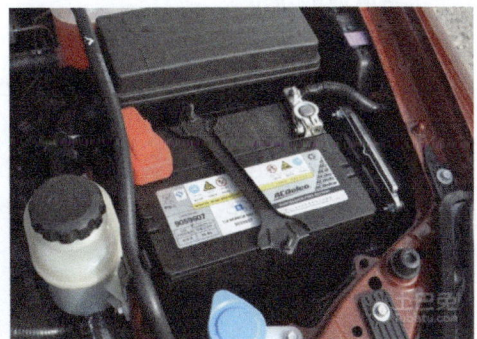

图 3-4 安装在发动机舱内

图 3-5　安装在行李舱内

图 3-6　安装在座椅下

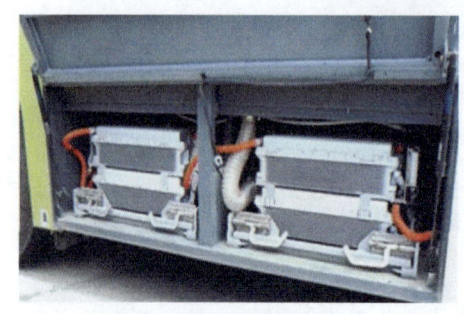

图 3-7　客货车安装在一侧　　　图 3-8　安装动力蓄电池车身底部

二、蓄电池的相关知识

（一）蓄电池的功用

1）单独供电：发电机在不工作的情况下，单独向用电设备供电。

2）联合供电：发电机工作后，如果用电量大于发电机的输出量时，蓄电池协助发电机供电。

3）储存电量：发电机工作后，蓄电池将过剩的电量储存起来。

4）稳压保护：蓄电池相当于一个大的电容器，能够保持电器系统中电压的稳定性，不会因为电压的波动而烧坏用电设备。

（二）蓄电池的结构与型号

1. 蓄电池的结构

蓄电池一般由正极板、负极板、隔板、电解液、壳体、联条、正负极桩等组成，如图 3-9

所示。

（1）极板　极板是蓄电池的主要组成部分之一，由栅架和活性物质组成。栅架一般由铅锑、铅钙合金铸成，具有良好的导电性、耐腐蚀性和一定的机械强度，如图 3-10a 所示。栅架的作用是固结活性物质，将活性物质调成糊状填充在栅架的空隙里，干燥凝固后即形成极板。正极板填充的活性物质是二氧化铅（PbO_2），负极板填充的活性物质是海绵状铅膏（Pb）。由多片正负极板组成极板组，如图 3-10b 所示。AGM 蓄电池的正极板栅架由铅、钙、锡、铝、钼等元素合金制成。

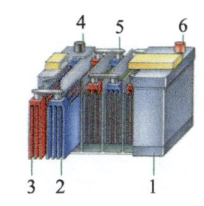

图 3-9　蓄电池的结构

1—外壳　2—负极板　3—正极板
4—负极桩　5—联条　6—正极桩

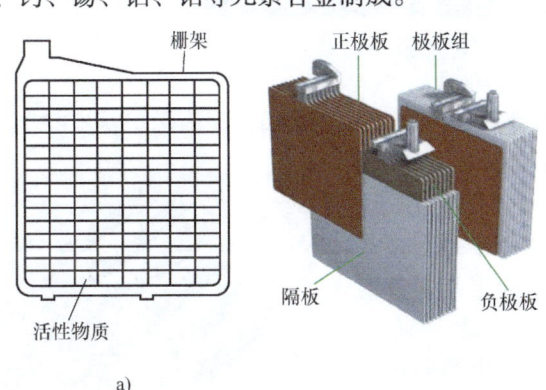

图 3-10　正负极板

（2）隔板　隔板的作用是将正、负极板隔开，防止正、负极板间短路。隔板应具有多孔性，以便于电解液的渗透，还应具有耐腐蚀性和抗氧化性等特点。常见的蓄电池隔板有 PE 聚乙烯隔板、PVC 聚氯乙烯隔板及 AGM 玻璃纤维隔板。隔板的形状如图 3-11 所示。

图 3-11　隔板

（3）电解液　电解液是铅酸蓄电池的重要组成部分之一，它的作用是在正、负极板之间传导电子并与极板产生可逆的化学反应。电解液由密度为 $1.84g/cm^3$ 的硫酸（H_2SO_4）和密度为 $1.00g/cm^3$ 的蒸馏水（H_2O）按一定比例混合而成。电解液的密度一般在 $1.24\sim1.30g/cm^3$（环境温度 20℃）之间，由于电解液具有一定的腐蚀性，它一般装在塑料或玻璃容器内，如图 3-12 所示。

因为电解液质量的好坏直接影响到蓄电池的使用寿命，所以对电解液的制作过程要求很高，如：硫酸的纯度必须达到 98% 以上，蒸馏水要经过多次蒸馏，确保水内不含任何矿物元素和杂质，配制好的电解液是无色、透明、无任何沉淀物和杂质的液体。

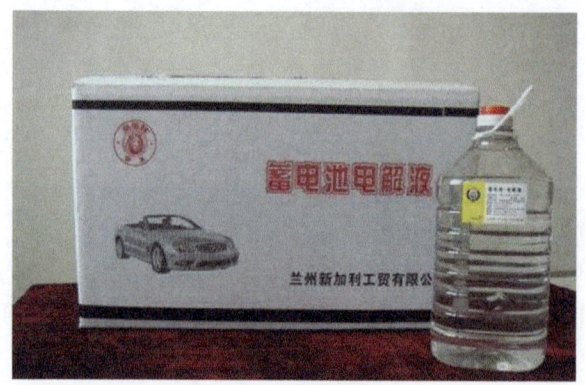

图 3-12 电解液

（4）外壳　蓄电池的外壳用来盛放电解液和极板组。外壳多采用聚丙烯塑料（PP）和复合工程材料（ABS）等制作而成，具有耐酸、耐振、耐磨、耐热、防静电、质量轻和外形美观等优点，如图 3-13 所示。

（5）蓄电池状态指示器　免维护蓄电池由于是密封式的，不能用密度计测量电解液的相对密度。为了能观察蓄电池的技术状况，在蓄电池盖上设计了状态指示器。

蓄电池状态指示器又称为内装式密度计，由透明塑料管和有色小球等组成，状态指示器靠螺纹固定在蓄电池盖上。状态指示器有两种类型，一种较简单如图 3-14a 所示，密度计内部只装了一个绿色小圆球，球内装有一定量铅颗粒，它会随电解液相对密度的变化而上下浮动。当电解液密度在标准（1.22~1.30g/cm³）范围内时，圆形球密度计位

图 3-13 蓄电池外壳

于中间位置，观测孔通过光的折射显示绿色，表明蓄电池电量正常，如图 3-14b 所示；当电解液密度下降到一定值时，圆形球也下降到一侧，观测孔显示为黑色，表明蓄电池电量不足需要充电；当电解液液面低于密度计时，观测孔显示为白色，表明电解液已经严重不足，免维护蓄电池需要更换。

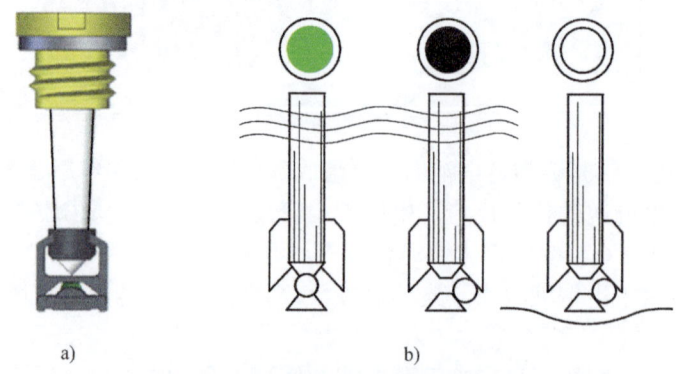

图 3-14 蓄电池状态指示器

另一种蓄电池状态指示器内部装有两个小圆球，一个红色球和一个绿色球，红色球安装在

上面，绿色球安装在下面如图 3-15a 所示。两只球的密度设计不同，红色球密度小，绿色球密度大。

当蓄电池电量充足，电解液密度大于 $1.22g/cm^3$ 时，两只小球向上浮动到极限位置，如图 3-15b 所示。通过光线折射，在观察孔上端形成中心呈红色圆点，周围呈绿色圆环，表示蓄电池技术状态良好；当蓄电池电量不足，电解液密度过低时，绿色小球下沉到极限位置，则观察孔呈现中心呈红色圆点，周围是无色透明圆环，如图 3-15c 所示，表示蓄电池亏电严重，必须立即充电；当电解液液面过低时，两只小球都将下落到极限位置，此时观测孔上呈中心呈无色透明圆点，周围是红色圆环，表示电解液不足，如图 3-15d 所示。

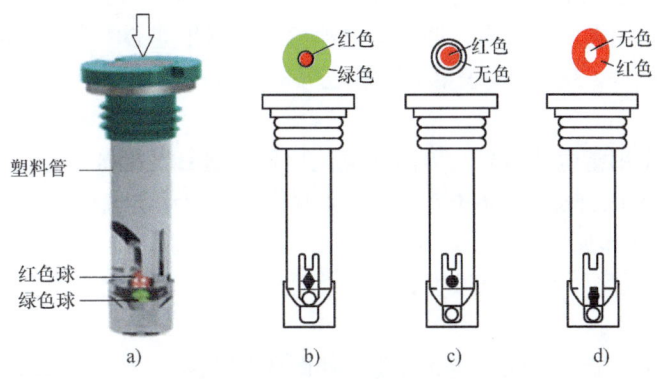

图 3-15　蓄电池状态指示器

2. 蓄电池的型号

（1）国产汽车用蓄电池的型号　根据工业和信息化部发布的 JB/T 2599—2012《铅酸蓄电池名称、型号编制与命名办法》规定，国产蓄电池型号由以下三部分组成，如图 3-16 所示。

第一部分用数字表示。如，6- 表示蓄电池由 6 个单格电池串联而成，每格电压为 2V，即额定电压为 12V。

第二部分用拼音字母表示，代表蓄电池的类型和特性。如，第一个字母 Q 表示汽车用蓄电池，M 表示摩托车用蓄电池，C 表示船舶用蓄电池，H 表示航空用蓄电池；第二个字母表示特性，如 W 代表无需维护又称免维护，A 代表干荷电。具体字母代表含义见表 3-2、表 3-3。

图 3-16　蓄电池型号

第三部分用数字和拼音字母表示，代表蓄电池的额定容量和特殊性能。如，数字 65 表示蓄电池的额定容量，指的是 20h 的放电率安培·小时（A·h）。如，6-QW-65Ah 表示电压为 12V、起动用、免维护、额定容量 65A·h（安·时）。

表 3-2　蓄电池产品的特征代号

产品特征	代号	产品特征	代号	产品特征	代号	产品特征	代号
干荷电	A	带液式	D	防酸式	F	胶体电解液	J
无需维护	W	湿荷电	H	密闭式	M	气密式	Q
少维护	S	液密式	Y	半密闭式	B	激活式	I

表 3-3 蓄电池产品的特殊性能代号

产品特征	代号	产品特征	代号	产品特征	代号
高性能	G	导电塑料隔板	U	低温起动性能好	D
塑料外壳	S	第一次改进	A		

（2）日本产汽车用蓄电池型号　日产蓄电池型号根据工业 JIS 标准规定，蓄电池型号一般用字母和数字表示。如 40B20R：40 代表容量，B 代表蓄电池高度，从 A 到 H 之间不同高度，20 代表蓄电池长度为 20cm，R 正极柱在右侧。

（3）德国产汽车用蓄电池型号　德国蓄电池型号根据工业 DIN 标准规定，蓄电池型号一般用两组数字表示。如 544 34，5 代表蓄电池额定容量在 100Ah 以下，44 代表蓄电池容量，34 代表蓄电池的尺寸。

（4）美国产汽车用蓄电池型号　美国蓄电池型号根据 BCI 标准规定，蓄电池型号一般用两组数字表示。如 58 430，58 代表蓄电池尺寸，430 代表冷起动电流。

（三）蓄电池的工作原理

蓄电池属于二次电池，其充电过程和放电过程是一种可逆的化学反应。

1. 蓄电池的放电过程

蓄电池放电是化学能转变成电能的过程，如图 3-17 所示。蓄电池在充足电的情况下正极板活性物质为二氧化铅，负极板活性物质为铅膏，电解液密度在 $1.24\sim1.30\text{g/cm}^3$ 之间。当连接在蓄电池上的用电路接通时，正极板上的活性物质二氧化铅和负极板上的活性物质铅不断与电解液发生化学反应。随着放电时间的延续，二氧化铅和铅逐渐变成了硫酸铅。硫酸铅的产生使得电解液密度下降。放电结束时，电解液由密度为 1.30g/cm^3 的硫酸变成了密度为 1.10g/cm^3 左右的水。放电化学方程式：$PbO_2+Pb+2H_2SO_4 \rightarrow 2PbSO_4+2H_2O$。

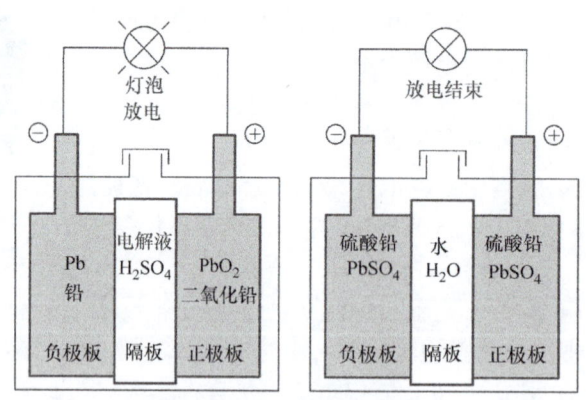

图 3-17　蓄电池放电示意图

2. 蓄电池的充电过程

蓄电池的充电是电能转变成化学能的过程，如图 3-18 所示。将充电机的正负极与蓄电池的正负极相连接并进行充电，随着充电时间的延长，正、负极板上的硫酸铅逐渐变成了二氧化铅和铅，电解液由水（H_2O）变成了硫酸（H_2SO_4）。充电结束后，电解液密度回到 $1.26\sim1.30\text{g/cm}^3$ 之间。充电化学方程式：$2PbSO_4+2H_2O \rightarrow PbO_2+Pb+2H_2SO_4$。

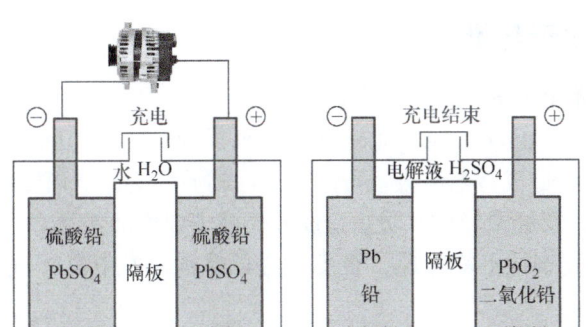

图 3-18 蓄电池充电示意图

（四）蓄电池的容量及影响因素

1. 蓄电池的容量

在一定条件下（充足电、电解液温度20℃），蓄电池对外输出的电量（A·h）为蓄电池的容量。

（1）额定容量　蓄电池在充足电的情况下，电解液温度在20℃时，以20h放电率连续放电至单格电压为1.75V时，所输出的电量称为额定容量。如，额定容量为60A·h的蓄电池以3A的电流连续放电20h，如果蓄电池的单格电压能保持在1.75V左右，说明蓄电池的额定容量符合标准。

（2）起动容量　常温起动容量：以6-Q-60Ah蓄电池为例，电解液温度为20℃时，以5min率放电电流（3倍额定容量电流）60A×3=180A，连续放电持续时间应在5min以上，单格电压下降到1.5V，蓄电池端电压达到9V时，所输出的电量即为起动容量。

低温起动容量：以6-Q-60Ah蓄电池为例，在低温-18℃的情况下，以3倍额定容量电流（60A×3=180A）连续放电2.5min以上，单格电压下降到1V，蓄电池端电压达到6V时，所输出的电量即为低温起动容量。

2. 影响蓄电池的容量因素

① 放电电流过大对蓄电池容量的影响：

放电电流过大→化学反应在极板表面→内部活性物质参与较少→容量下降。

使用起动机时：每次起动时间不超过5s，再次起动时应间隔10~15s，以便电解液充分渗透。

② 电解液温度低对蓄电池容量的影响：

温度低→电解液黏度大→流速慢→参与反应的活性物质少→蓄电池容量小，因此蓄电池温度越低输出电流就越小。

③ 电解液的密度对蓄电池容量的影响：

电解液密度过高：黏度大，阻力大，容量小，腐蚀大，自放电多。

电解液密度过低：参与物质少，端电压低，容量小。

④ 电解液的纯度对蓄电池容量的影响：如果硫酸或蒸馏水不纯，都会造成蓄电池内部自放电，从而影响蓄电池使用寿命，硫酸的纯度要求达到98%以上，蒸馏水要经过多次蒸馏。

⑤ 极板的性能对蓄电池容量的影响：蓄电池放电时，极板上的活性物质与电解液产生化学反应，参与反应的活性物质越多，输出的电量就越大，如果极板出现硫化或活性物质脱落，蓄电池的容量就会降低。

三、蓄电池的检查与维护

（一）给客户介绍蓄电池的正确使用方法

1）车辆起动时，一次起动时间不能超过 5s，再次起动时，应间隔 10~15s。因为起动机在长时间大电流工作时，会造成蓄电池极板弯曲和活性物质脱落，从而影响蓄电池使用寿命。

2）安装和搬运时，要轻搬轻放，防止造成外壳破裂或内部损坏。

3）蓄电池正负极连接线不能接反，否则会烧坏熔丝、发电机、汽车音响、电脑模块等用电设备，如图 3-19 所示。

4）保持蓄电池外壳清洁，极桩出现腐蚀应及时清洁，并将极桩连接牢固，如图 3-20 所示。

图 3-19　熔丝盒

图 3-20　腐蚀的蓄电池极柱

5）蓄电池透气孔保持畅通，防止气体膨胀损坏蓄电池。

6）蓄电池在充足电过程中会释放大量氢气和氧气，如果遇到明火会发生爆炸（图 3-21）。要防止蓄电池极桩松动而产生火花，并注意蓄电池附近不要有明火。

7）冬季气温较低时，蓄电池在亏电严重的情况下不能长时间在室外存放，防止电解液结冰造成外壳破裂，如图 3-22 所示。

图 3-21　蓄电池发生爆炸图

图 3-22　蓄电池破裂图

8）车辆长时间不用时，应先将蓄电池充足电然后拆下蓄电池负极导线，防止车辆因电量消耗而无法起动。

9）使用电焊机对车辆进行焊接时，必须拆下蓄电池负极导线，防止焊接电流损坏蓄电池。

10）干荷电蓄电池要定期检查电解液的液面高度，必要时补充蒸馏水。

11）供电电源为 12V 的车辆，当蓄电池亏电无法起动时，可使用电压相同的车辆进行跨接起动，或使用充电机进行充电。严禁使用大型车辆上的24V电压进行跨接起动，避免烧坏用电设备。目前，市面上有售车载应急起动电源，当车辆因电量不足无法起动时，可以并联在蓄电池上进行起动，该起动电源体积小便于随车携带。

（二）蓄电池的检查

1. 检查蓄电池电解液液面

透明壳体的电解液处于上、下限位刻度线之间，如果电解液不足应添加蒸馏水，不能添加硫酸或电解液，如图3-23所示。如果是免维护蓄电池则无需检查。

2. 检查蓄电池电解液密度

免维护蓄电池可通过状态指示器检查电解液密度，如图3-24所示。干荷电蓄电池可用密度测试仪检查电解液密度。

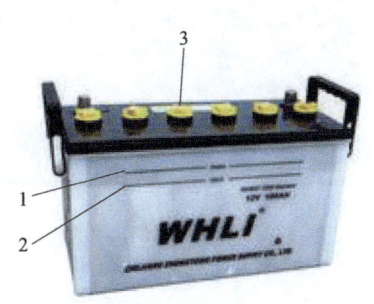

图3-23 蓄电池电解液液面的检查

1—上限位置（高位） 2—下限位置（低位） 3—加液口盖

图3-24 观察蓄电池密度

用密度测试仪检查，如图3-25所示。将电解液用吸管吸出，滴在密度测试仪测试点处，通过观察口观察电解液密度。左侧刻度用于测量电解液密度，中间刻度用于测量电解液和防冻液的冰点，右侧刻度用于测量玻璃水冰点。

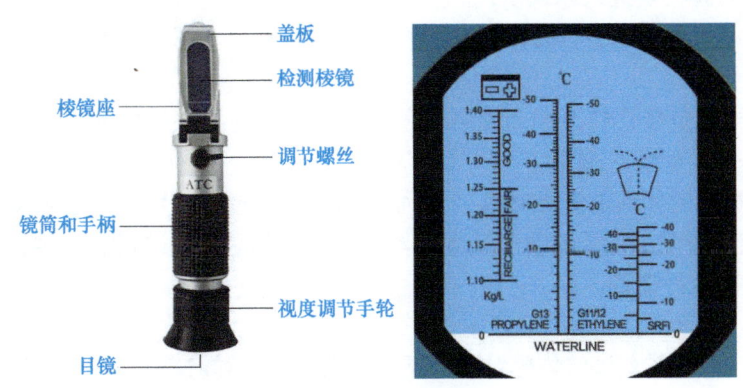

图3-25 密度测试仪

如果密度低于1.20g/cm³，蓄电池电量在50%左右，应及时补充电量，具体见表3-4。

表3-4 密度和容量对照表

电量状态（%）	100	75	50	25	0
电解液相对密度 /(g/cm³)	1.28	1.24	1.20	1.15	1.10

3. 蓄电池的测量

1）用万用表测量蓄电池的端电压如图 3-26 所示，测量电压不低于 12.5V 为正常。如果低于 12.5V 应及时补充电量。

2）用测试仪测量蓄电池的性能，如图 3-27 所示，通过测量蓄电池的内阻、电压、起动电流等，判断蓄电池是否需要充电或更换。

图 3-26　测量蓄电池端电压

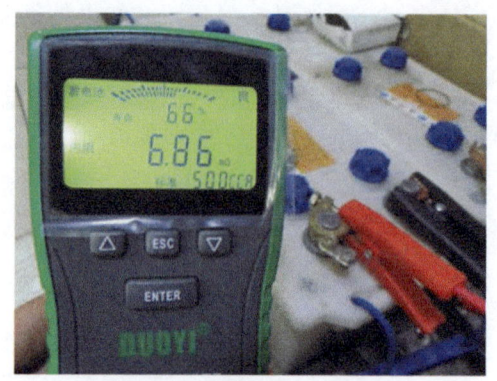

图 3-27　测量蓄电池的性能

4. 检查蓄电池的休眠电流

如果用户反映刚刚更换了蓄电池，车辆停放几天就电量不足，就必须检查蓄电池的休眠电流是否正常。

检查方法如下：

1）关闭所有用电设备并取出点火钥匙，关闭所有车门，行李箱及发动机舱盖处于关闭状态，确保蓄电池管理模块进入休眠模式。

2）将数字式万用表置于 20A 的电流档位，同时将红色和黑色的测试线置于万用表的相应位置。

3）拆下蓄电池负极，将万用表串联在蓄电池负极桩与搭铁线之间，黑色表笔连接蓄电池负极桩，红表笔连接负极搭铁线。

4）大部分车型的休眠电流在 0.01~0.03A 之间，如果超过该数值，必须检查放电电流过大的原因。首先应检查该车是否加装过某些电器设备，例如是否改装过音响主机、导航等，必要时拆除这些加装的电器设备。

注意： 不同的车型，蓄电池的休眠时间也不同，高端车型的自然休眠时间在 30min 左右，普通车型的休眠时间在 5~15min 之间，因此，需要维修人员耐心等待休眠电流降至正常数值。大多数高端车型，借助专用诊断仪的休眠测试模式，可以缩短蓄电池的休眠检查时间。

5. 检查蓄电池的连接线

1）检查蓄电池极桩连接线是否松动或腐蚀，必要时进行紧固和清洁，如图 3-28 所示。

2）检查蓄电池是否固定牢固，必要时进行紧固，如图 3-29 所示。

3）检查蓄电池表面是否干净，有无污物，如图 3-30 所示。

图 3-28　检查极桩

图 3-29　检查蓄电池是否固定

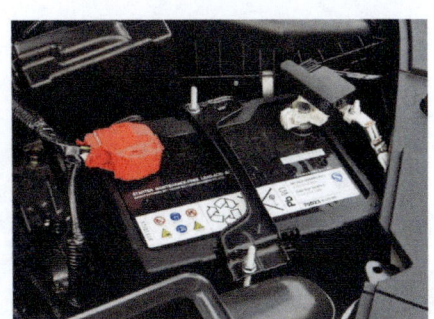

图 3-30　蓄电池整洁

四、蓄电池的故障检修

【故障案例】

一辆 2009 款一汽大众宝来轿车已行驶 14 万 km，近来几天出现勉强能够起动的现象，如果连续起动两次发动机，起动机就出现"哒哒哒"的声音，发动机无法起动。

【故障可能的原因】

机电维修小组接到任务后，对蓄电池故障案例进行了资料查阅，并结合派工单的描述把故障案例分析如下：

1）_____。

2）_____。

3）_____。

【故障检修过程】

具体步骤如下：_____

_____

_____。

故障为_____。

【复查与验收】

1）_____。

2）_____。

3）_____。

4)_____。

【整理清洁】

1)_____。

2)_____。

3)_____。

【总结】

_____
_____
_____
_____。

任务四 充电系统常见故障的检修

【派工单】

一辆 2010 款丰田卡罗拉 1.6L 轿车，已经行驶 12 万 km，驾驶人反映行驶过程中充电指示灯突然点亮，重新起动后依然不熄灭，电话咨询后前来维修站检修。

服务顾问记录故障后将车和记录单交给车间主管，车间主管将工单派给机电维修小组。

一、发电机的分解认知

发电机是汽车上的重要电源之一，它的性能好坏直接影响到汽车的正常行驶。发电机的分解装配操作技术和结构原理，是每位汽车维修电工必须要掌握的。

汽车发电机的型号有多种，分解装配方法也有区别，下面以某种车型发电机为例介绍分解装配方法及步骤。

（一）分解前的准备工作

1. 准备工具

一字及十字槽螺钉旋具、呆扳手、拉力器、锤子、套筒扳手等，如图4-1所示。不同型号的发电机使用的分解装配工具也不一样，部分轿车使用的发电机需要专用工具分解装配。

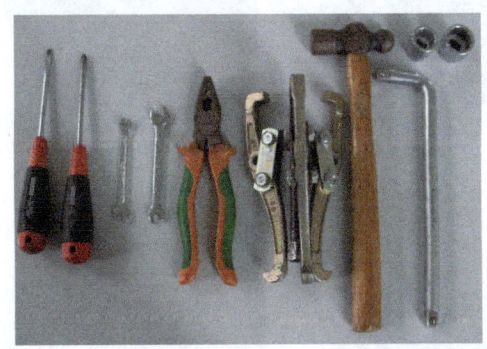 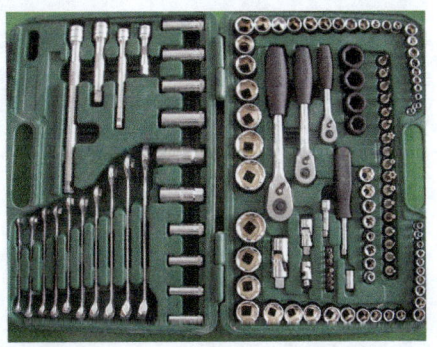

图 4-1　发电机分解装配工具

2. 清洁发电机外壳

用棉纱或清洗液对发电机外壳进行清洁，以便于检查和维修。

（二）分解步骤

汽车发电机的型号种类较多，分解装配的方法也有区别，下面以丰田（5A）发电机为例介绍分解与装配方法。

分解步骤（如图4-2所示）：用10mm扳手拆下接线螺母→用8mm套筒扳手拆下防护罩→取下电刷防护套→用十字螺钉旋具拆下调节器及电刷固定螺钉→取下电刷和调节器→拆下整流器及垫片→取下绝缘套垫→拆下带轮固定螺母，取下带轮→拆下前后端盖→拆卸完毕。

注意事项：发电机是精密部件，分解时不能用铁锤敲打，以免造成变形或损坏。可用皮锤或木柄轻轻敲击。

a) 拆下接线螺母　　b) 拆下防护罩　　c) 取下电刷防护套

d) 拆下调节器及电刷固定螺钉　　e) 取下电刷和调节器

f) 拆下整流器及垫片　　g) 取下绝缘垫片

h) 拆下端盖固定螺母　　i) 取下带轮

图4-2　发电机的分解方法

j）取下后端盖　　　　　　　　　　　　　　　　　k）分解完毕

图 4-2　发电机的分解方法（续）

（三）装配步骤

装配与分解的相反顺序：前端盖与转子组装→安装半圆键→安装风扇叶→安装带轮→用套筒扳手紧固带轮→将整流器安装在后端盖上→将定子线圈连接在整流器上→安装线圈防护套→将定子后端盖安装在转子上→紧固前后端固定螺钉→装上电刷架→安装电刷防护套→安装防护罩→安装接线绝缘垫并紧固→检查安装情况。

注意事项：

1）分解之前要做记号，防止装错。

2）装配时一定要按顺序操作，否则会错装漏装。

3）分解的部件要摆放整齐，便于安装

4）不能用锤子直接敲击部件，以免变形损坏。

二、发电机的相关知识

发电机是汽车上的重要电源，它与发电机调节器配合工作。主要功用是发动机起动后向用电设备供电，并给蓄电池充电。它安装在发动机上，由曲轴带轮带动旋转，如图 4-3 所示。

图 4-3　发电机安装位置

（一）交流发电机的结构及原理

1. 交流发电机的结构

交流发电机主要由带轮、风扇叶、转子、定子、电刷、电刷架、整流器和前后端盖等组成。

（1）转子　转子的功用是建立磁场，转子由转子轴、爪极、转子线圈、磁轭、集电环等组成,如图4-4所示。转子轴上压装着两块爪极,两块爪极上各有六个鸟嘴形磁极,爪极空腔内装有转子线圈和磁轭。集电环由两个彼此绝缘的铜环组成,集电环压装在转子轴上并与轴绝缘,两个集电环分别与转子线圈的两端相连。

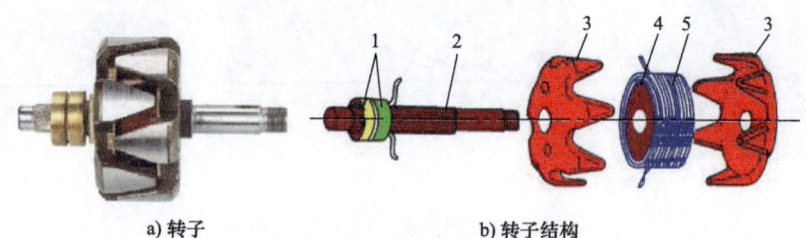

a) 转子   b) 转子结构

图 4-4 发电机转子

1—集电环 2—转子轴 3—爪极 4—磁轭 5—转子线圈

（2）定子 定子的功用是产生交变电动势,即"交流电"。定子总成主要由铁心、三相绕组、绝缘纸和绝缘木等组成,其外形如图4-5a所示。定子铁心由内圆带槽的环状硅钢片叠压而成,如图4-5b所示。定子绕组为三相绕组,如图4-5c所示,按一定规律对称安放在定子铁心槽内,并由绝缘纸和绝缘木防护固定。

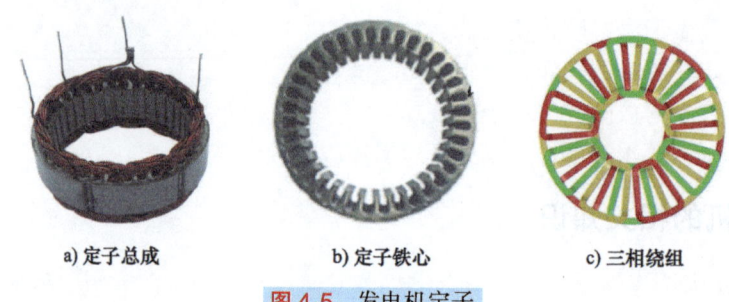

a) 定子总成   b) 定子铁心   c) 三相绕组

图 4-5 发电机定子

（3）整流器 整流器的功用是把三相定子绕组产生的交流电转变为直流电输出。整流器由正、负二极管和元件板组成。6管发电机整流器中,三只正二极管和三只负二极管分别安装在两块元件板上,如图4-6所示。

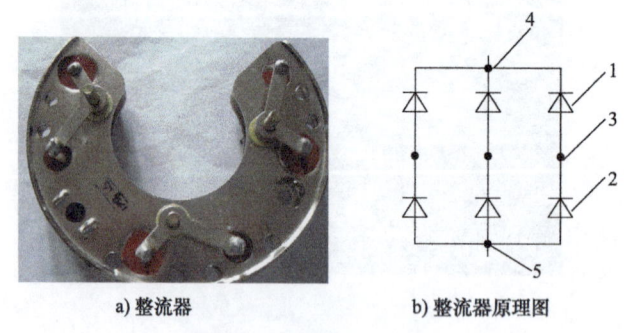

a) 整流器   b) 整流器原理图

图 4-6 整流器的结构

1—正二极管 2—负二极管 3—连接柱 4—正元件板 5—负元件板

（4）前、后端盖 端盖一般分前端盖和后端盖两部分,其外形如图4-7所示。端盖主要起固定转子、定子、整流器和电刷组件的作用。端盖一般用铝合金铸造,具有漏磁少、质量轻、散热好的优点。

（5）带轮、风扇叶　带轮由铸铁或钢板铸造而成，其外形如图4-8a所示。风扇叶由钢板冲压而成，其外形如图4-8b所示。带轮主要是通过传动带带动发电机转子旋转，风扇叶则是通过带轮的带动对发电机内部进行通风散热。

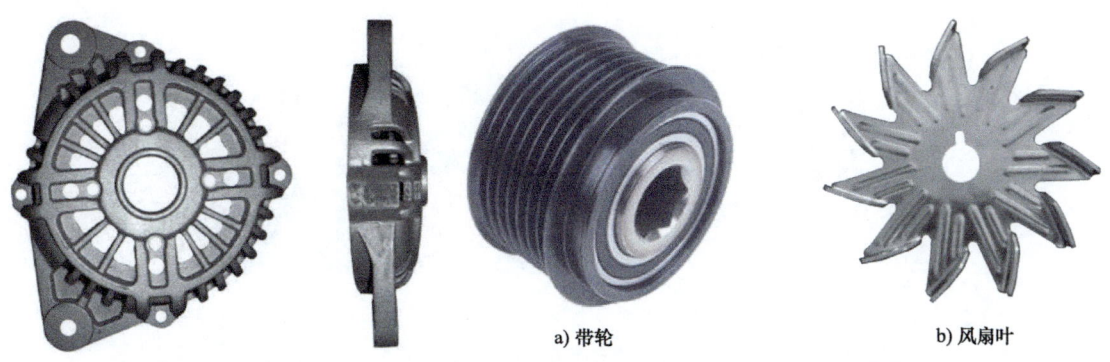

图4-7　前后端盖

a) 带轮　　　b) 风扇叶

图4-8　带轮和风扇叶

（6）电刷架与电刷　电刷架用绝缘材料制作而成，一般为绝缘胶木或硬塑料，主要起固定电刷的作用，如图4-9a所示。电刷是由石墨和铜粉按一定比例制作而成的，主要的作用是借助弹簧压力与集电环保持接触，从而达到给转动的转子线圈通电的目的，电刷的形状如图4-9b所示。

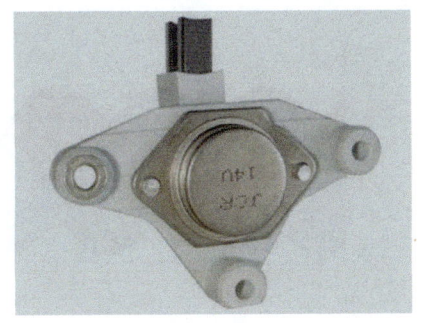
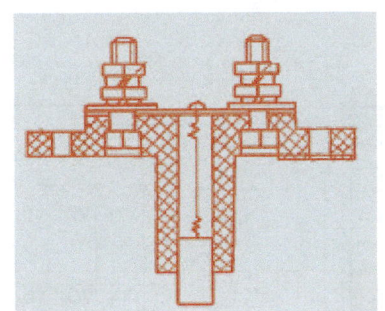

a) 电刷架

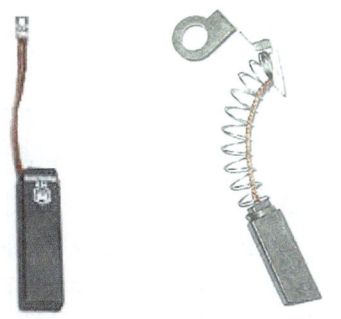

b) 电刷及复位弹簧

图4-9　发电机电刷架及电刷

2. 发电原理

当两个集电环通过电刷接通电源时，转子线圈中就有电流通过，并产生轴向磁通，使爪极一块被磁化为 N 极，另一块被磁化为 S 极，发电原理如图 4-10a 所示。当转子转动时，旋转的磁场与三相定子绕组做切割磁力线运动，三相绕组就会产生频率相同、电动势大小相等的交流电动势，交流电动势的波形近似于正弦波形，如图 4-10b 所示。

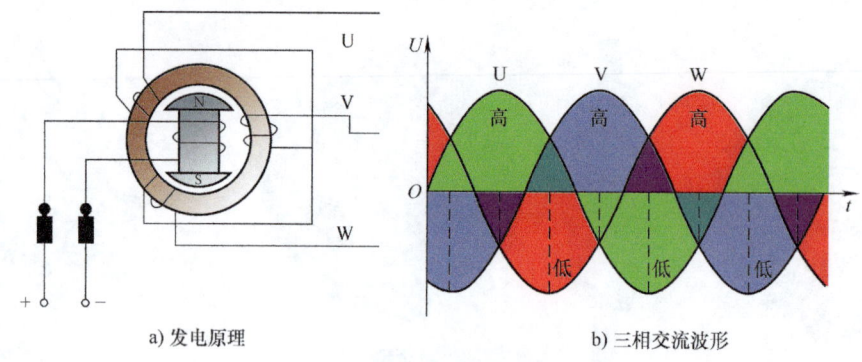

a) 发电原理　　　　　　　　　　b) 三相交流波形

图 4-10　发电原理图

3. 发电机的整流原理

交流发电机定子绕组产生的三相交流电，要靠二极管组成的整流器转变为直流电。由二极管组成的整流电路也称三相桥式整流电路，如图 4-11a 所示。

交流发电机运转过程中的每一个时间区间，三相绕组中总有一相绕组产生高电位，一相绕组产生低电位，一相绕组产生介于两者之间的电位，三相绕组的电动势波形如图 4-11b 所示。

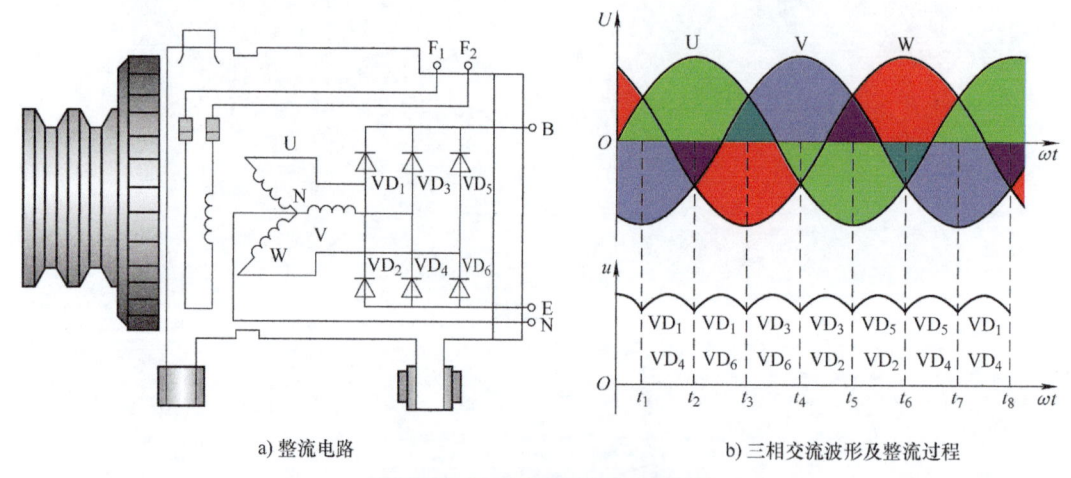

a) 整流电路　　　　　　　　　　b) 三相交流波形及整流过程

图 4-11　交流发电机整流原理图

在 $t_1 \sim t_2$ 时间段，U 线圈产生的正向电压最高，V 线圈产生的负向电压最低，这时，VD_1 和 VD_4 导通，电流由 U 线圈→VD_1→负载 R→VD_4→V 线圈→中性点 N 构成回路。

在 $t_2 \sim t_3$ 时间段，U 线圈产生的正向电压最高，W 线圈产生的负向电压最低，这时，VD_1 和 VD_6 导通。电流由 U 线圈→VD_1→负载 R→VD_6→W 线圈→中性点 N 构成回路。

在 $t_3 \sim t_4$ 时间段，V 线圈产生的正向电压最高，W 线圈产生的负向电压最低，这时，VD_3 和 VD_6 导通。电流由 V 线圈→VD_3→负载 R→VD_6→W 线圈→中性点 N 构成回路。

在 $t_4 \sim t_5$ 时间段，V 线圈产生的正向电压最高，U 线圈产生的负向电压最低，这时，VD_3 和 VD_2 导通。电流由 V 线圈→VD_3→负载 R→VD_2→U 线圈→中性点 N 构成回路。

在 t_5~t_6 时间段，W 线圈产生的正向电压最高，U 线圈产生的负向电压最低，这时，VD_5 和 VD_2 导通。电流由 W 线圈→VD_5→负载 R→VD_2→U 线圈→中性点 N 构成回路。

在 t_6~t_7 时间段，W 线圈产生的正向电压最高，V 线圈产生的负向电压最低，这时，VD_5 和 VD_3 导通。电流由 W 线圈→VD_5→负载 R→VD_3→V 线圈→中性点 N 构成回路。

就这样周而复始，始终保持有两个二极管（一正一负）同时导通，在负载 R 的两端就可以得到比较平稳的直流脉动电压。

（二）电压调节器的作用及工作原理

现代汽车上使用的发电机调节器全部采用电子式，机械式调节器已经淘汰在此不做介绍。电压调节器主要用来控制发电机在不同转速下能输出恒定的电压（14.5V±0.25V），从而起到稳定和保护作用。

1. 集成电路调节器

集成电路调节器也叫 IC 调节器，其外形如图 4-12a 所示，集成电路调节器一般安装在发电机内部（称整体式发电机），由一块单片集成电路和晶体管等元器件组成混合集成电路调节器。集成电路调节器具有电压调节功能和充电指示灯控制功能。

集成电路调节器有六个接线端子，其中 B、P、F、E 端子用螺钉直接与发电机相连，接线插座内的 IG、L 用插接器导线引出。

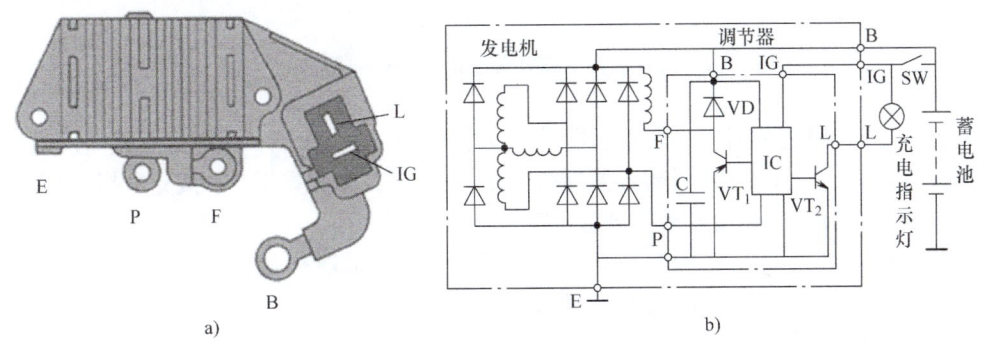

图 4-12　集成电路调节器原理图

B—发电机输出端子　IG—调节器集成电路端子　SW—点火开关　L—充电指示灯端子　E—负极端子

工作原理如图 4-12b 所示：

当接通点火开关时，蓄电池电流经点火开关到发电机调节器的 IG 端，单片集成电路检测出该电压后，给 VT_1 的基极一个正向电压，使 VT_1 导通，于是磁场电路接通。其电路为蓄电池正极→发电机 B 端→转子线圈→调节器 F 端→VT_1→端子 E→蓄电池负极。此时发动机未运转，发电机不发电，P 端电压为零，单片集成电路检测出该电压后，给 VT_2 的基极一个正向电压，使 VT_2 导通，电路为蓄电池正极→点火开关→充电指示灯→调节器"L"端→VT_2→端子 E→蓄电池负极。此时充电指示灯亮，表示发电机不发电。

发动机起动后，发电机开始工作。当单片集成电路检测到 P 端电压信号后使 VT_2 基极电压断开，VT_2 截止，充电指示灯熄灭，表示发电机开始自励发电并向蓄电池充电。

当发电机电压高于蓄电池电压而低于调节电压时，VT_1 继续导通，B 端电压继续上升。当发电机的输出电压超过调节电压值时，检测点 IG 信号使单片集成电路将 VT_1 基极电压断开，VT_1 截止，磁场电流迅速减小，发电机的输出电压随之下降；当发电机的输出电压低于调节电压值时,单片集成电路又使 VT_1 导通,转子线圈得到电流,发电机的输出电压又重新上升。如此,VT_1 循环导通与截止,磁场电路循环导通与切断,周而复始,将发电机的输出电压控制在调节电压值。

当磁场电流被切断时,磁场电路产生的自感电动势经并联在转子线圈两端的续流二极管 VD 给电容充电,保护了晶体管 VT_1。

2. 多功能集成电路调节器

多功能集成电路调节器多用于先进车型上,它与发动机电脑(ECM)相连接并受发动机电脑(ECM)的控制,除具有电压调节功能以外,还具有充电指示灯控制、过电压保护、发电机故障检测和信号传输等多种功能,其外形如图 4-13 所示。

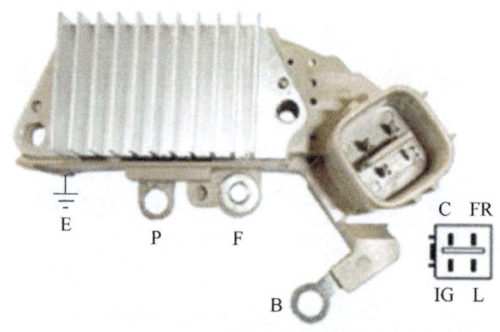

图 4-13　多功能集成电路调节器

多功能集成电路调节器有八个接线端子,其中 B、P、F、E 端子用螺钉直接与发电机相连,接线插座内的 IG、L、C、FR 用插接器导线引出。IG 接点火开关端,L 接充电指示灯端,C 接电脑(ECM)控制端,FR 接发动机电脑(ECM)信号端。

多功能集成电路调节器和集成电路调节器的工作原理相似,只是多了给发动机电脑(ECM)提供信号的 FR 端子和控制的 C 端子。

(三)发电机内部检测

发电机在使用的过程中一旦出现异响或不发电,维修人员通常会采用拆下维修或更换的方法进行排除。如果是维修,首先将发电机分解,然后进行故障检测。检测方法包括直观检查和测量检查两种方法。

1. 直观检查

1)目测检查转子。检查转子轴是否弯曲,爪极是否有摩擦产生的划痕,集电环是否脏污或磨损严重,转子线圈与集电环焊接处是否开裂。

2)目测检查定子。检查三相绕组是否有断开、破损、变黑,定子铁心与转子之间是否有摩擦现象。

3)目测检查电刷。检查电刷的长度,一般不少于 7mm。

4)目测检查整流器。检查二极管引线是否断开、二极管是否凸起断裂,元件板是否有断裂。

2. 使用万用表检测

(1)三相定子绕组的检查测量　将数字万用表旋钮调至 200Ω 档,用两表笔分别测量三相定子绕组之间的电阻,如图 4-14a 所示,如果电阻值在 0.5~1Ω 之间为正常,如果万用表显示

"1"（无穷大），说明三相绕组之间出现了断路。

将数字万用表旋钮调至 20kΩ 档，用任意一只表笔测绕组，另一只表笔测铁心，如果万用表显示 "1" 为正常，如图 4-14b 所示，如果有电阻数值显示，说明三相绕组与铁心之间有短路。

a) 三相绕组的电阻测量

b) 三相绕组的短路测量

图 4-14 定子绕组的测量检查

（2）转子的检查测量 将数字万用表旋钮调至 200Ω 档，用两表笔分别测量转子的两只集电环，如图 4-15a 所示，如果电阻值在 2~6Ω 之间为正常。

将数字万用表旋钮调至 20kΩ 档，用任意一只表笔测转子集电环，另一只表笔测转子铁心，如图 4-15b 所示，如果万用表显示 "1" 为正常，如果有电阻数值显示，说明转子线圈与铁心之间有短路。

a) 转子线圈的断路测量

b) 转子线圈的短路测量

图 4-15 转子线圈的测量检查

（3）二极管的检测 将数字万用表旋钮调至二极管档，如果测量三只正二极管，红表笔测二极管引线，黑表笔测二极管外壳，如果万用表显示数值（0.422），如图 4-16a 所示，说明二极管正向导通正常，导通所需要的电压为 0.422V。黑表笔测二极管引线，红表笔测二极管外壳时万用表显示为 "1"，说明二极管反向截止正常，如图 4-16b 所示。

如果测量三只负二极管，黑表笔测二极管引线，红表笔测二极管外壳，如果万用表显示数值（0.443），说明二极管正向导通正常，导通所需要的电压为 0.443V。如图 4-17a 所示。红表笔测二极管引线，黑表笔测二极管外壳时万用表显示为 "1"，说明二极管反向截止正常，如图 4-17b 所示。

a) 二极管正向导通

b) 二极管反向截止

图 4-16　测量正二极管

a) 二极管正向导通

b) 二极管反向截止

图 4-17　测量负二极管

（4）电刷的检查测量　用数字万用表 200Ω 档测量电刷与接线柱之间的电阻，应不大于 1Ω，如图 4-18 所示，如果电阻值过大应检查连接情况。

思考：在不测量的情况下如何分辨出发电机整流器上的正二极管和负二极管呢？

八管、九管交流发电机原理见视频。

图 4-18 电刷的测量

(四) 发电机控制电路

丰田卡罗拉发电机控制电路由蓄电池、发电机、熔断丝、仪表（充电指示灯）、点火开关、空调控制模块及连接线束等组成。

丰田卡罗拉发电机输出端为 +B，与蓄电池正极经过总熔断器和 120A 的熔丝相连接，接线的方式采用接线柱式，发电机的控制和信号端采用的是 4 端子的插头，如图 4-19 所示。

图 4-19 电源接线柱和连线插头

发电机的控制电路图如图 4-20 所示。

B 接线柱：蓄电池正极→发动机舱内总熔断器→120A 熔丝→发电机 +B 接线柱。导线颜色为白色（W），导线直径 3.0mm。

4 端子插头：

1 号端子为蓄电池电源，用字母 S 表示，导线颜色为白色（W）。

电路：蓄电池正极→发动机舱内 7.5A 熔丝→1 号端子。

2 号端子为点火开关控制电源，用字母 IG 表示，导线颜色为绿色（G）。

电路：点火开关 ON→驾驶室内 10A 熔丝→2 号端子。

3 号端子为电脑信号，用字母 M 表示，导线颜色为红色（P）。

电路：空调控制模块 25 号端子→3 号端子。

4 号端子为充电指示灯，用字母 L 表示，导线颜色为蓝色（L）。

电路：点火开关→7.5A 熔丝→仪表 33 号端子→充电指示灯→仪表 39 号端子→4 号端子。

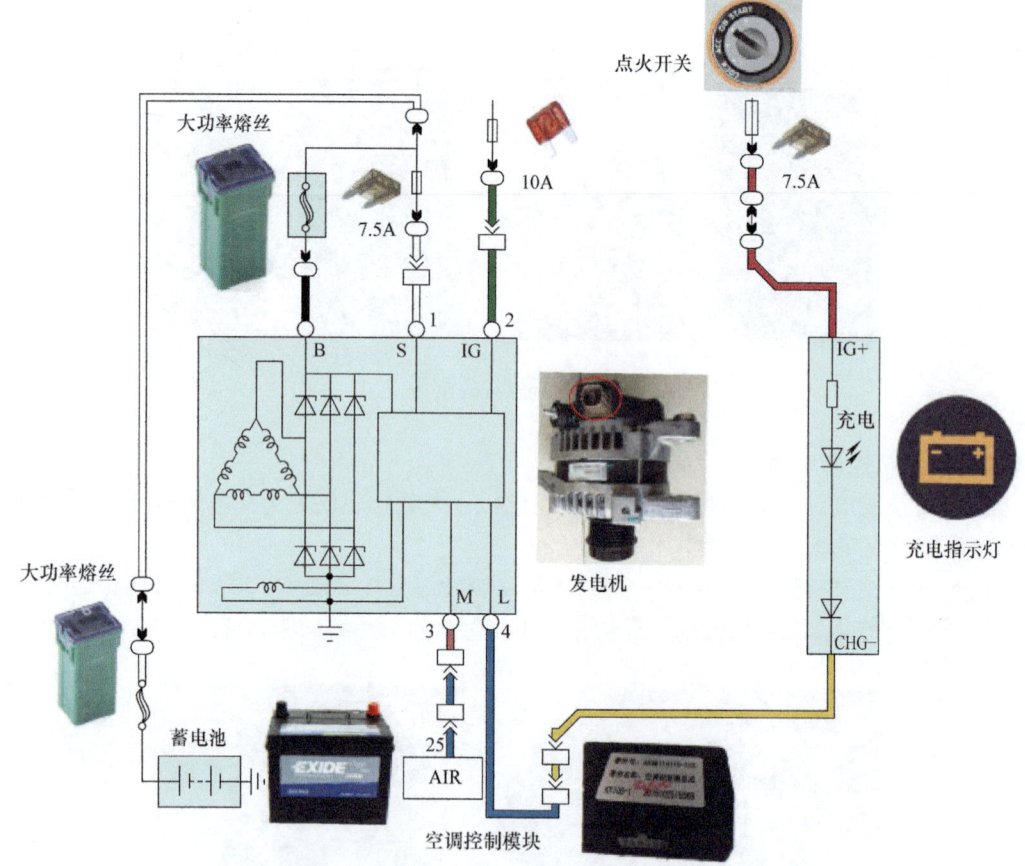

图 4-20　丰田卡罗拉发电机控制电路

发电机的故障检修、更换见相关视频。

三、充电系统常见故障的检修

【故障案例】

一辆 2010 款丰田卡罗拉 1.6L 轿车，已经行驶 12 万 km，驾驶人反映行驶过程中充电指示灯突然点亮，重新起动后也不熄灭。

任务四 充电系统常见故障的检修

【故障可能的原因】

机电维修小组通过对充电系统相关知识的学习，结合派工单的故障描述，分析出故障原因并制定了实施方案：

1)_____。
2)_____。
3)_____。

【故障检修过程】

具体步骤如下：_____
_____
_____
_____。

故障为_____。

【复查与验收】

1)_____。
2)_____。
3)_____。
4)_____。

【整理清洁】

1)_____。
2)_____。
3)_____。

【总结】

_____
_____
_____
_____。

任务五 起动系统常见故障的检修

【派工单】
　　一辆2010款1.6L卡罗拉轿车，行驶12万km，近来出现起动机空转的现象，多次起动后能勉强起动着车，来到维修站进行检修。
　　服务顾问记录故障后将车和记录单交给车间主管，车间主管将工单派给机电维修小组。

一、起动机的分解认知

通过对起动机的分解，了解起动机的结构、部件名称及作用，为更好地掌握起动机维修技术打下基础。

（一）分解前的准备工作

1. 准备工具

一字及十字槽螺钉旋具、内六角扳手、呆扳手、钳子、锤子等起动机分解装配工具，如图5-1所示。

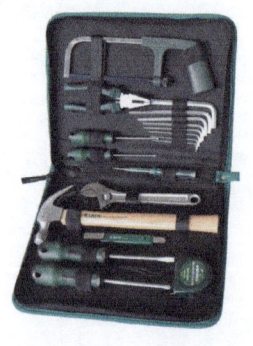 

图 5-1　起动机分解装配工具

2. 清洁起动机

用棉纱或清洗液对起动机外壳进行清洁，便于检查和维修。

（二）起动机的分解步骤

1. 分解步骤（观看相应视频）

分解步骤（如图5-2所示）：拆下电动机导线→取下电枢轴护盖→拆下限位卡簧→拆前后端

固定螺钉→取下前端盖(电刷架)→取电刷→拆下定子总成(机壳)→拆下电磁开关固定螺钉→拆下驱动端盖固定螺钉,取下壳体→抽出电枢(电枢),取下拨叉→退下卡簧座圈→取下卡簧和座圈→取下啮合器(单向离合器)→拆卸完毕。

a) 拆下电动机连接线

b) 取下前端电枢轴护盖和限位卡簧

c) 拆下电刷端盖固定螺钉　　　　　　d) 取下电刷和端盖

e) 取下止推垫

图 5-2　起动机分解步骤

f) 拆下电磁开关

g) 拆下驱动端盖固定螺钉

h) 抽出电枢和拨叉

i) 退下卡簧座圈　　　　　　　　　　j) 取下卡簧

图 5-2　起动机分解步骤（续）

k) 取下卡簧座圈

l) 取下单向离合器

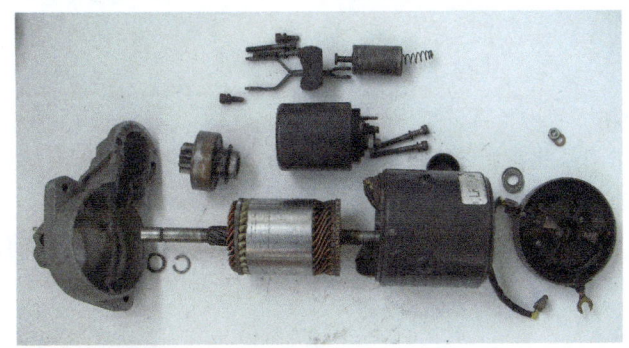
m) 分解完毕

图 5-2　起动机分解步骤（续）

2. 装配步骤

按分解相反的顺序进行装配，具体操作在训练中体会完成。

重点：规范操作，不要急于求成以免丢三落四。

二、起动机的相关知识

汽车起动机的作用是将蓄电池的电能转变为机械能，驱动发动机飞轮旋转实现发动机的起动。起动机安装在发动机飞轮壳体上，如图 5-3 所示。

图 5-3　起动机的安装位置

起动机由直流电动机、传动机构和控制装置三大部分组成，如图 5-4 所示。

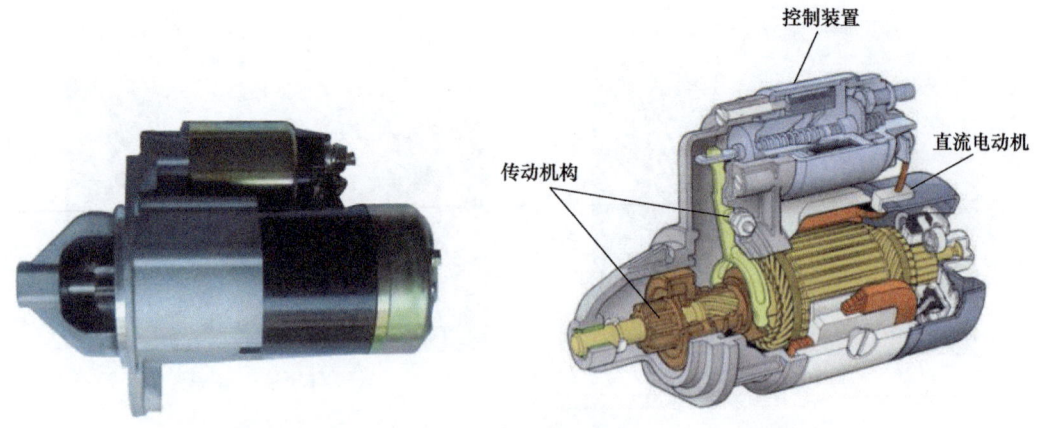

图 5-4　起动机

（一）直流电动机

直流电动机的作用是将蓄电池提供的电能转变为机械能，产生电磁转矩。

1. 直流电动机的结构

起动机的直流电动机主要由定子总成、转子、电刷架、电刷及前后端盖组成，如图 5-5 所示。

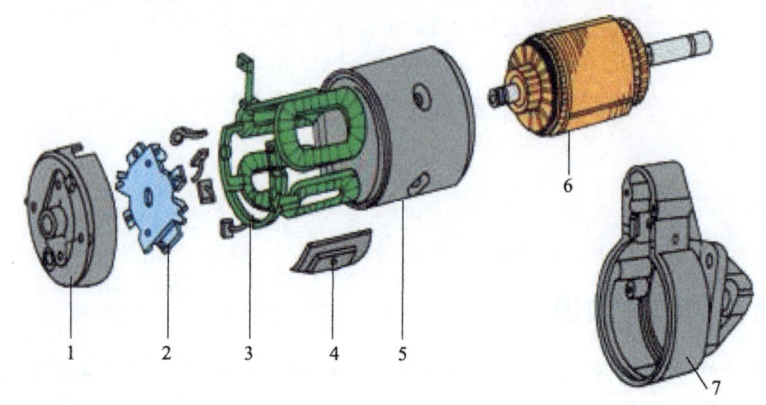

图 5-5　直流电动机

1—前端盖　2—电刷架　3—定子线圈　4—定子铁心　5—机壳　6—转子　7—后端盖

（1）定子　定子的作用是产生磁场，分电磁式和永磁式两类。为增大转矩，汽车起动机通常采用四个磁极或六个磁极，磁极分别相对交错安装。

电磁式起动机的磁极用低碳钢铸造而成，如图 5-6 所示。它的磁场是靠绕在外面的励磁绕组（定子线圈）通电而建立的。磁极（定子铁心）用螺钉或铆钉紧固在

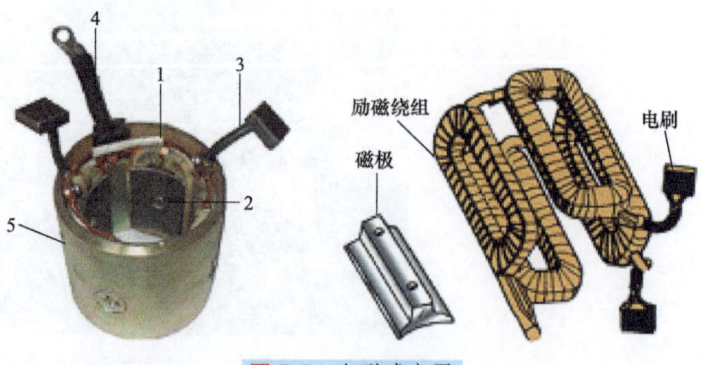

图 5-6　电磁式定子

1—励磁绕组　2—磁极　3—电刷　4—绕组接线柱　5—机壳

机壳上，励磁绕组用扁铜带绕制而成，其匝数一般为6~10匝；铜带之间用绝缘纸绝缘，并用布带包扎后浸上绝缘漆烘干而成。励磁绕组与电枢绕组相串联，故称串励式电动机。

永磁式起动机的磁极是条形永久磁铁，粘接在机壳内壁上或用片弹簧均匀地固定在机壳内表面上，如图5-7所示。它的主要优点是质量轻、成本低，适合在小功率起动机上使用。由于结构尺寸及永磁材料性能的限制，永磁式起动机的功率一般不大于2kW，不适合在大功率发动机上使用。

（2）转子 转子的作用是产生电磁转矩。由换向器、铁心、转子绕组和转子轴组成，如图5-8所示。

图5-7 永磁式定子

图5-8 起动机转子

1—换向器 2—转子绕组 3—铁心
4—转子齿轮 5—转子轴

转子铁心由硅钢片固定在转子轴上，铁心外围均匀开有线槽，用以放置转子绕组。转子绕组由较大矩形截面的铜带或粗铜线绕制而成。转子绕组的端头均匀地焊在换向片上，为防止绕组短路，在铜线与铜线之间及铜线与铁心之间用性能良好的绝缘纸隔开。

换向器由铜片（换向片）和云母叠压而成，压装于转子轴前端，铜片间绝缘，铜片与转子轴之间也必须绝缘，换向片与线头采用锡焊连接。

转子轴驱动端有螺旋形花键，用以套装传动机构中的单向离合器。

（3）电刷及电刷架 电刷用铜粉（80%）和石墨粉（20%）压制而成，以减少电阻并提高耐磨性，如图5-9a所示。电刷架上有盘形弹簧，用以压紧电刷，如图5-9b所示。其中两只与电刷架外壳相连接的电刷为负极电刷，另外两只与电刷架外壳绝缘的电刷为正极电刷，正极电刷与励磁绕组相连接。

a) 电刷

b) 电刷架

图5-9 起动机电刷及电刷架

1—负极刷架 2—负极电刷 3—盘形弹簧 4—绝缘垫 5—正极电刷架

（4）前后端盖 后端盖用钢板压制而成，中间轴承多用青铜石墨制成，轴承又称铜套，如图 5-10a 所示。前端盖一般用铝合金或铸铁制造而成。后端盖的轴承多用青铜石墨轴承，轴承一般采用滑动式，以承受起动机工作时的冲击性载荷，如图 5-10b 所示。

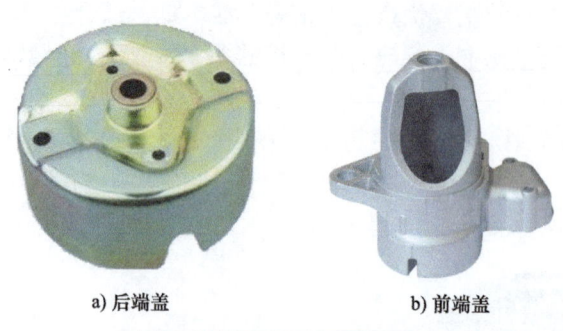

a) 后端盖　　　　　　b) 前端盖

图 5-10　起动机前后端盖

2. 直流电动机的工作原理

串励式直流电动机是一种将电能转变为机械能的装置，是根据通电导体在磁场中受磁场力的原理制作而成，其工作原理如图 5-11 所示。

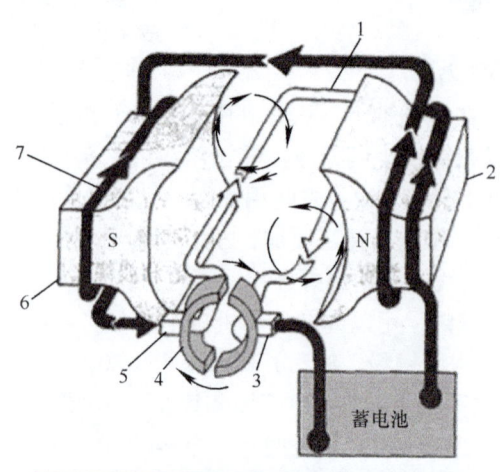

图 5-11　串励式直流电动机的工作原理图

1—转子绕组　2—磁极 N　3—负极电刷　4—换向器　5—正极电刷　6—磁极 S　7—串励式励磁绕组

原理：当电路接通时，蓄电池正极→励磁绕组→正极电刷→换向器→转子绕组→换向器→负极电刷→蓄电池负极，此时励磁绕组产生电磁场。根据左手定则可知，电流流过转子绕组时同样产生磁场，与磁极 S、N 极性相同相互排斥，从而使转子绕组产生逆时针方向的电磁转矩。当转子绕组旋转半周后，由于电刷是固定不动的，虽然换向器、转子绕组与电刷之间产生了改变，但电流方向和极性并没有改变，故旋转方向仍为逆时针。

为了增大电磁转矩和提高电动机的平顺性，电动机采用了多组转子绕组和相应的换向器，同时用多对磁极来增大磁场强度。

（二）传动机构

起动机的传动机构主要包括单向离合器（啮合器）和拨叉。它的作用是将驱动齿轮与发动机飞轮齿圈啮合和分离，从而达到传递和切断动力的目的，如图 5-12 所示。

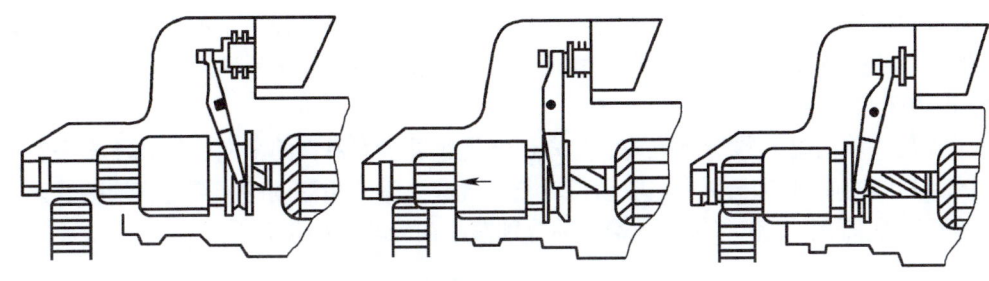

图 5-12　传动机构的工作过程

1. 拨叉

拨叉一般用钢片或塑料铸造而成，如图 5-13 所示。它的作用是在活动铁心的作用力下将驱动齿轮和发动机飞轮齿圈相啮合。

2. 单向离合器

单向离合器又称啮合器，起动机单向离合器的结构主要有滚柱式、弹簧式、摩擦片式等几种。

（1）滚柱式单向离合器　滚柱式单向离合器通过改变滚柱在楔形槽中的位置实现接合和

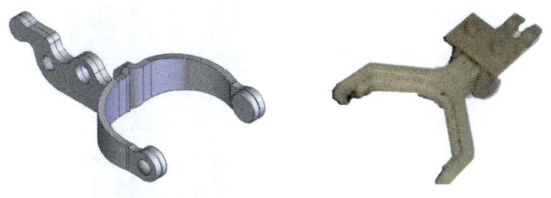

图 5-13　拨叉

分离。滚柱式单向离合器主要由驱动齿轮、外壳、外座圈、滚柱、弹簧、卡簧、移动衬套等组成，其结构如图 5-14 所示。驱动齿轮和内座圈制成一体，传动导管和外座圈制成一体，驱动齿轮内座圈安装在外座圈空腔内，通过外壳将它们安装在一起。

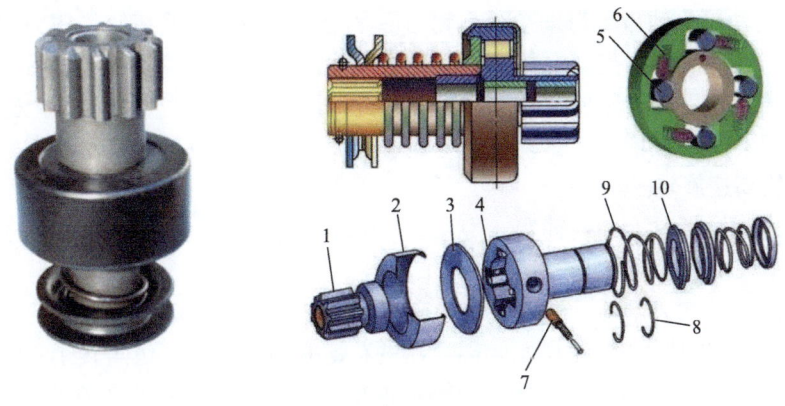

图 5-14　滚柱式单向离合器

1—驱动齿轮　2—外壳　3—垫片　4—十字块　5—滚柱　6—复位弹簧　7—锁销　8—卡簧　9—弹簧　10—移动衬套

原理：起动电路接通时，活动铁心在电磁开关的作用力下带动拨叉将单向离合器沿电枢轴螺旋槽旋转移动，驱动齿轮与发动机飞轮齿圈进入啮合。这时，电枢轴通过螺旋键槽带动传动导管和外座圈转动，驱动齿轮的啮合使得内座圈处于制动状态，滚柱被挤到楔形槽的窄端，使外座圈与驱动齿轮形成一体，电动机转矩带动发动机旋转。发动机起动后，当飞轮转动速度超越驱动齿轮速度时，飞轮带动转子旋转，此时滚柱被退到楔形槽的宽端，出现了间隙。外座圈和驱动齿轮开始打滑空转，起到了保护转子的作用。

滚柱式单向离合器不能传递大转矩，一般用于小功率（2kW 以下）的起动机上，否则滚柱容易变形、卡死造成单向离合器不能分离或分离不彻底。由于其结构简单、成本低等优点，目前广泛用于中小型发动机上。

（2）弹簧式单向离合器　弹簧式单向离合器是通过扭力弹簧的径向收缩和放松来实现接合和分离的，其结构如图 5-15 所示。驱动齿轮与花键套筒间采用浮动的半圆键相连接。驱动齿轮柄和花键套筒外圆柱面上包有扭力弹簧，并分别箍紧在齿轮柄和套筒上。

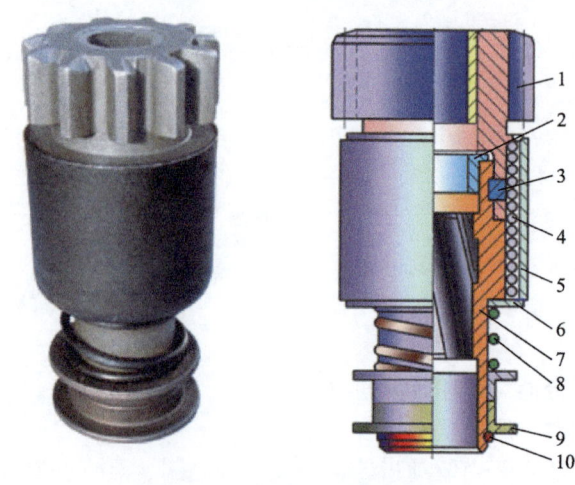

图 5-15　弹簧式单向离合器

1—驱动齿轮　2—挡圈　3—半圆键　4—扭力弹簧　5—外壳　6—花键套筒　7—内衬套
8—复位弹簧　9—移动衬套　10—卡簧

原理：当起动机驱动齿轮与发动机飞轮齿圈啮合时，扭力弹簧扭紧。扭力弹簧借助摩擦力将驱动齿轮柄和花键套筒紧抱成一体，把起动机转矩传给飞轮。发动机起动后，飞轮转动线速度超过驱动齿轮线速度，飞轮便驱动驱动齿轮，此时，扭力弹簧受力方向与上述情况相反，弹簧朝旋松方向扭转，内径增大，驱动齿轮与花键套筒分开而打滑，于是驱动齿轮空转，因而转子不会跟着飞轮高速旋转。

弹簧式单向离合器具有结构简单、寿命长、成本低等特点。扭力弹簧圈数较多，轴向尺寸较大，故多用于大中型起动机。

（3）摩擦片式单向离合器　摩擦片式单向离合器是通过主从动摩擦片的压紧和放松来实现接合和分离的，其结构如图 5-16 所示。离合器的花键套筒通过内螺纹与转子花键轴相连接，内接合鼓的螺旋花键槽与驱动齿轮柄螺旋花键相连接。主动摩擦片内齿卡在内接合鼓的切槽中，组成了离合器主动部分。外接合鼓和驱动齿轮是一个整体，带凹坑的从动摩擦片外齿卡在外接合鼓的切槽中，形成了离合器的从动部分。主、从动摩擦片交错安装，并通过特殊螺母、弹性圈和压环限位，在压环和摩擦片间装有调整垫片。

原理：当起动机驱动齿轮与发动机飞轮齿圈啮合时，内接合鼓沿花键套筒上的螺旋花键向飞轮方向旋进，将摩擦片压紧，把外结合鼓和内结合鼓抱在一起，将起动机转矩传给发动机。发动机起动后，当飞轮以较高转速带动驱动齿轮旋转时，内接合鼓沿螺旋花键退出，摩擦片打滑，使驱动齿轮空转，因而转子不跟着飞轮高速旋转。

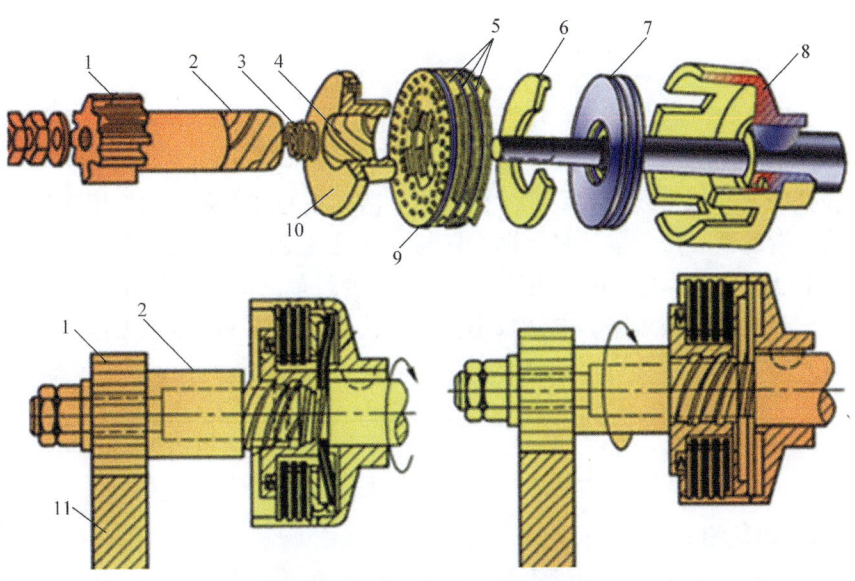

图 5-16 摩擦片式单向离合器

1—驱动齿轮　2—螺旋花键　3—缓冲弹簧　4—螺旋花键槽　5—主动摩擦片　6—压环　7—弹簧圈　8—外结合鼓　9—从动摩擦片　10—内结合鼓　11—飞轮齿圈

摩擦片式单向离合器传递的转矩可通过增减调整垫片进行调整，但结构较复杂，在较大功率起动机上应用比较广泛。

（三）控制装置

起动机控制装置主要指的是电磁开关。它的作用是接通或切断蓄电池与电动机之间的主电路。

1. 电磁开关的组成

电磁开关由吸拉线圈、保持线圈、活动铁心、主开关接触盘及复位弹簧等组成。其中吸引线圈与电动机励磁绕组串联，保持线圈与励磁绕组并联。活动铁心与拨叉相连接。电磁开关如图 5-17 所示。

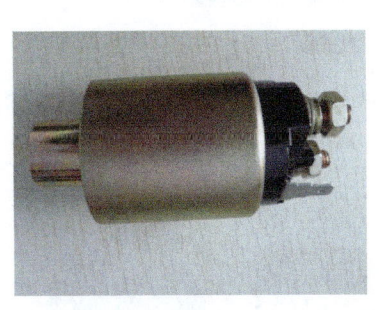
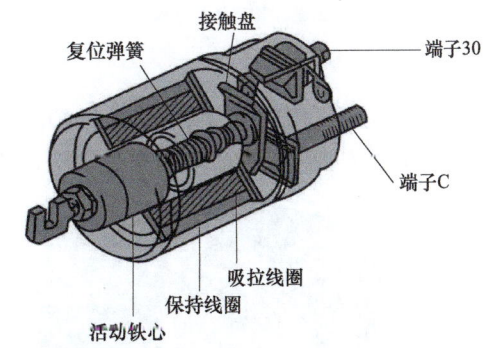

图 5-17 电磁开关

2. 电磁开关的原理

起动机不工作时，起动机驱动齿轮与发动机飞轮齿圈处于脱开位置，电磁开关中的接触盘与触点分开。

当起动开关接通时，蓄电池经起动控制电路向起动机电磁开关的保持线圈和吸拉线圈同时供电，其电路如下：

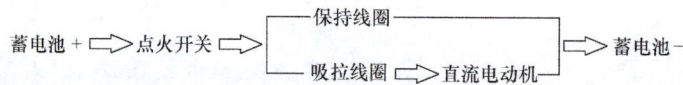

此时，吸拉线圈和保持线圈共同产生电磁力。活动铁心在电磁力的作用下克服复位弹簧的弹力向内移动，活动铁心带动拨叉将驱动齿轮与发动机飞轮齿圈强制啮合；同时接触盘将触点接通，起动机主电路接通，直流电动机产生强大转矩通过单向离合器带动发动机飞轮齿圈旋转。主开关接通后，吸拉线圈被短路，电流减小，活动铁心在保持线圈电磁力作用下保持在吸合位置，其电路如下：

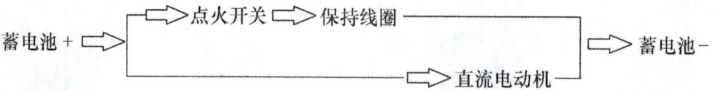

（四）起动机的检测

起动机在使用中如果出现驱动齿轮与发动机飞轮齿圈不能正常啮合、异响或起动机旋转无力等现象，应拆下起动机进行分解检测与维修。

1. 部件测量

（1）电枢的检测　用数字万用表 200Ω 档测量转子绕组之间是否断路，如图 5-18a 所示。用 20kΩ 档测量绕组与铁心之间是否短路，如图 5-18b 所示。

a) 转子绕组的断路测量　　　　b) 转子绕组的短路测量

图 5-18　转子绕组的测量检查

（2）定子的检测　用数字万用表 200Ω 档测量定子的励磁绕组是否断路，如图 5-19a 所示。用 20kΩ 档测量励磁绕组与铁心之间是否短路，如图 5-19b 所示。

a) 励磁绕组的断路测量　　　　b) 励磁绕组的短路测量

图 5-19　励磁绕组的测量检查

（3）电磁开关的检测　用数字万用表200Ω档测量保持线圈是否断路，电阻值2Ω左右，如图5-20a所示。测量吸拉线圈1Ω左右，如图5-20b所示。

a）保持线圈的测量

b）吸拉线圈的测量

图5-20　电磁开关的测量检查

2. 部件检查

（1）轴承套的检查　检查前后端和中间支撑板轴承套与转子轴的径向间隙，如有松旷，应更换，如图5-21所示。

a）前端轴承套的检查

b）后端轴承套的检查

图5-21　轴承衬套的间隙检查

（2）电刷架的检查　检查是否有松动，必要时进行铆固，如图5-22所示。

（3）定子和励磁绕组的检查　检查磁极是否有松动或励磁绕组绝缘层有无磨损，必要时进行紧固、包扎或更换，如图5-23所示。

图5-22　电刷架的检查

图5-23　定子及励磁绕组的检查

（4）转子的检查　检查转子轴是否弯曲变形，必要时进行矫正；检查换向器是否烧蚀或脏污，必要时用细砂纸打磨；检查转子绕组固定是否良好，必要时进行固定，如图5-24所示。

（5）单向离合器的检查　检查驱动齿轮的磨损情况，检查单向离合器自由转动和锁止是否正常，内齿磨损等情况，如图 5-25 所示。

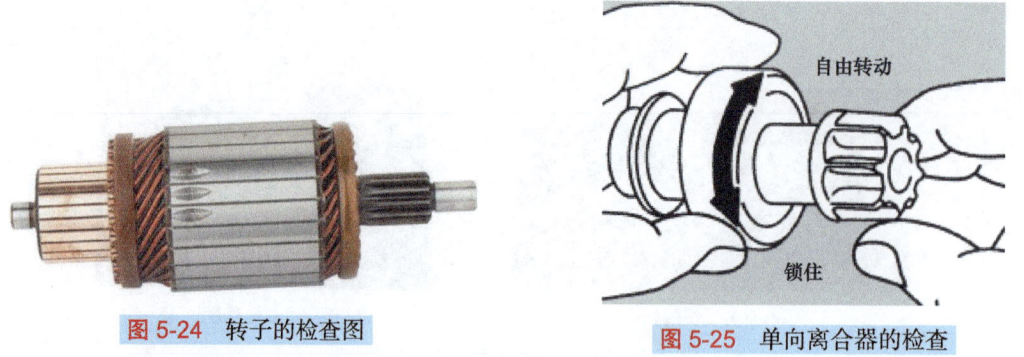

图 5-24　转子的检查图　　　　　图 5-25　单向离合器的检查

（五）起动机的控制电路

常见的起动机控制电路有起动开关直接控制、经过继电器控制、经过档位开关、经过离合器开关控制和电脑控制继电器等形式。丰田卡罗拉起动机电路图 5-26 所示。

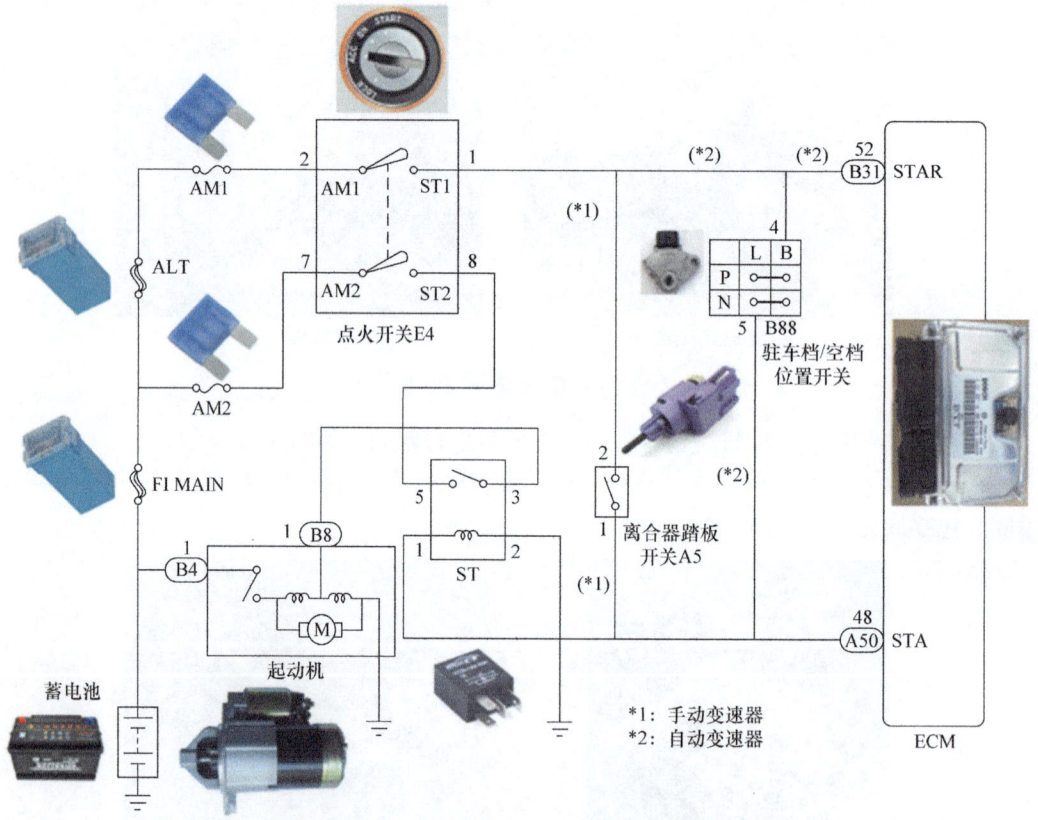

图 5-26　丰田卡罗拉起动机控制电路

在自动变速器的汽车上，变速器上装有空档起动开关，空档起动开关串联于起动继电器线圈的供电端。只有自动变速器变速杆处于停车（P）档和空（N）档时才接通，其他档位时均处于断开状态，防止车辆在档位上起动时造成不安全。

三、起动机常见故障的检修

【故障案例】

2009 款 1.6L 丰田卡罗拉轿车，行驶 15.2 万 km，近来出现起动机旋转无力的现象，但能勉强起动着车，近几天起动发动机越来越困难，刚刚更换了蓄电池也没有解决问题。

【故障可能的原因】

机电维修小组通过对起动机系统相关知识的学习，结合派工单的故障描述，分析出故障原因并制定了实施方案：

1）_____。
2）_____。
3）_____。

【故障检修过程】

具体步骤如下：_____
_____
_____
_____。

故障为_____。

【复查与验收】

1）_____。
2）_____。
3）_____。
4）_____。

【整理清洁】

1）_____。
2）_____。
3）_____。

【总结】

_____
_____
_____。

任务六　点火系统常见故障的检修

> **【派工单】**
> 一辆 2013 款丰田卡罗拉轿车已行驶 10.5 万 km，近来发动机起动后怠速抖动明显，并有加速不良的现象，为此来到维修站进行检修。
> 服务顾问记录故障后将车和记录单交给车间主管，车间主管将工单派给机电维修小组。

一、点火系统的相关知识

（一）点火系统的作用

汽油自燃温度高，难以被压燃，因此汽油发动机设置了点火系统，依靠高压电火花点燃可燃混合气。

点火系统的作用是将汽车电源供给的低电压 12V 转变为 17~30kV 的高压电，按照发动机的做功顺序与点火时间要求准确地配送给各缸的火花塞，并在火花塞电极之间产生电火花，点燃气缸内的可燃混合气。

（二）点火系统的分类

汽车点火系统按其组成和产生高压电的方式不同可分为传统式点火系统、电子式点火系统和微机控制式点火系统三种类型。

1. 传统式点火系统

传统点火系统的特点是结构简单，成本低廉，但故障率高，性能差，效率低，现已被淘汰。

2. 电子式点火系统

电子式点火系统是指初级电路的通断由点火控制器控制的点火系统，也称"电子点火系统"。电子点火系统的特点是性能好、结构简单、质量轻、体积小。但随着微机控制点火系统的诞生，带有分电器的电子点火系统也逐渐被淘汰。

3. 微机控制式点火系统

微机控制点火系统是根据曲轴位置传感器、凸轮轴位置传感器、空气流量传感器或进气压力传感器、冷却液温度传感器、进气温度传感器、氧传感器、爆燃传感器等输入的信号，经过微机控制模块进行转换、存储、数学运算和逻辑准确的点火时刻控制。微机控制点火系统是当前最先进的点火系统，应用非常广泛，其基本原理如图 6-1 所示。

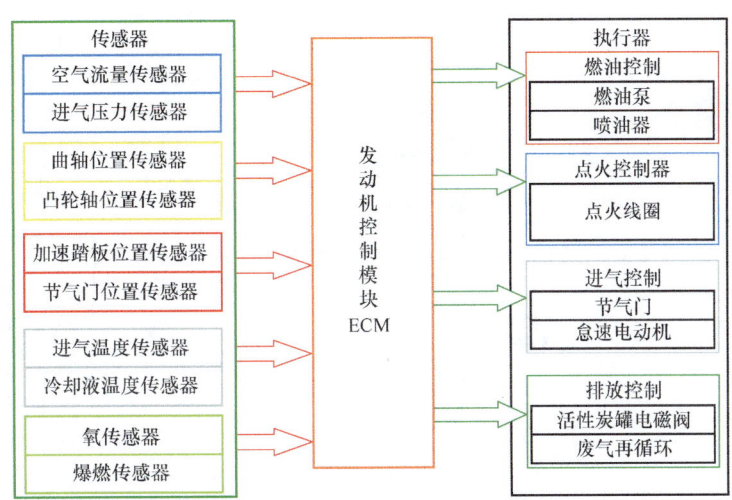

图 6-1 微机控制点火系统基本原理

（三）微机控制点火系统的组成

现在的微机控制点火系统主要由发动机控制模块（ECM）、点火控制器、点火线圈、火花塞、高压线和各种传感器等组成。

1. 发动机控制模块（ECM）

发动机控制模块（ECM）一般安装在发动机舱内蓄电池附近，一部分车辆安装在发动机舱内风窗玻璃前面盖板下面，还有一部分车辆安装在驾驶室内的仪表板下面，如图 6-2 所示。

它的作用就是接受传感器传来的信号，然后进行分析运算，最后发出控制指令给执行器，让执行器执行相关的动作，来完成控制任务。

图 6-2 发动机控制模块 (ECM) 及安装位置

2. 点火线圈

点火线圈的主要作用是产生高压电，点燃气缸内的混合气。现代汽车上的点火线圈主要有独立式点火线圈和双缸同时点火式点火线圈。

（1）独立式　独立式点火线圈是指一个气缸配装一个点火线圈和一个火花塞，点火线圈通过火花塞单独向气缸直接点火，点火过程由发动机控制模块直接控制。独立式点火系统的主要优点是能量损失少、效率高、电磁干扰小。

1）结构组成。独立式点火线圈由初级绕组、次级绕组、铁心、弹簧、高压端、外壳、点火器等组成，如图 6-3a 所示。它的安装位置如图 6-3b 所示。

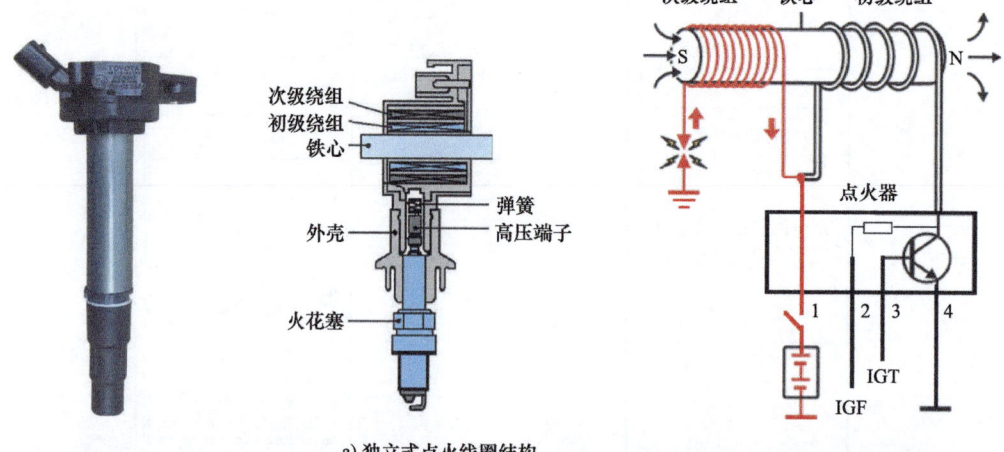

a) 独立式点火线圈结构

b) 独立式点火线圈的安装位置

图 6-3 独立式点火线圈

2）工作原理。打开点火开关（ON），蓄电池正极→点火开关→点火控制器 1 号端子→初级绕组→点火控制器→晶体管（集电极），如图 6-4 所示。起动发动机，发动机控制模块（ECM）接收到曲轴位置传感器或凸轮轴位置传感器的正时信号，给一缸点火控制器 3 端子（晶体管基极）提供正向电压，这时，蓄电池正极→点火开关→点火控制器 1 号端子→初级绕组→点火控制器→晶体管（集电极）→晶体管（发射极）→蓄电池负极构成回路，初级绕组使铁心产生磁场。

当发动机控制模块（ECM）根据曲轴位置传感器或凸轮轴位置传感器的正时信号确定一缸点火时刻后，断开一缸点火控制器 3 端子（晶体管基极）供电的正向电压，初级绕组因断电使铁心磁场迅速消失，磁通量变化使次级绕组产生高压电（1.5 万~3 万 V），并在火花塞间隙中产生火花，从而点燃一缸内可燃混合气。

曲轴旋转 2 圈凸轮轴旋转 1 圈，4 缸发动机点火顺序分别是 1-3-4-2 或 1-2-4-3，6 缸发动机点火顺序分别是 1-5-3-6-2-4 或 1-4-2-6-3-5。

（2）双缸同时点火式　双缸同时点火式点火线圈又称为点火线圈组件，四缸发动机的点火线圈组件有两个连在一起的点火线圈组成，每个点火线圈分别给两个缸的火花塞点火。它的主要优点是成本低，两个同相位的气缸使用一组点火线圈，ECM 的驱动电路也相对简单。缺点是不能使用在技术先进的发动机上，且一组点火线圈损坏后，两个气缸都不能工作。

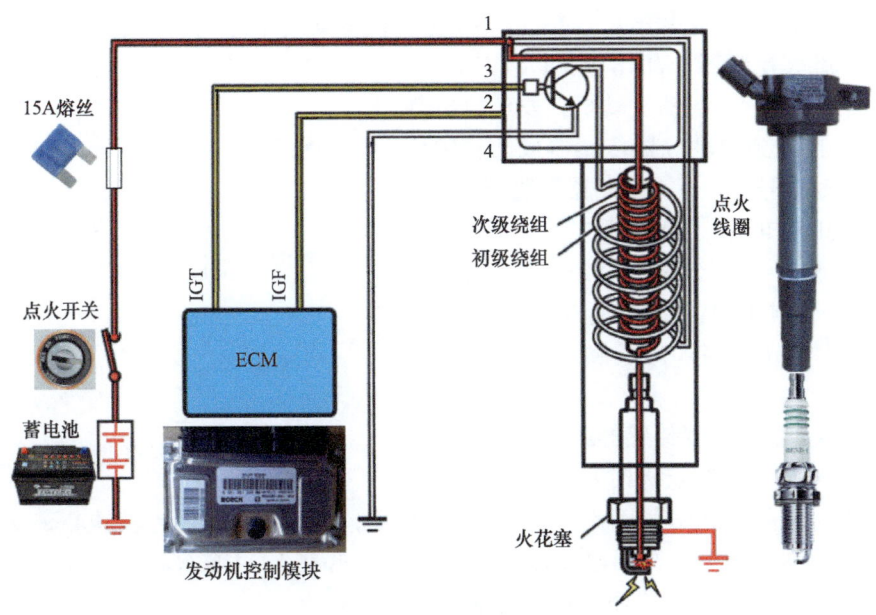

图 6-4 独立式点火线圈原理图

1)结构组成。双缸同时点火式点火线圈由初级绕组、次级绕组、铁心、外壳、点火控制器等组成,具体如图 6-5a 所示。安装位置一般在发动机机体附近,如图 6-5b 所示。

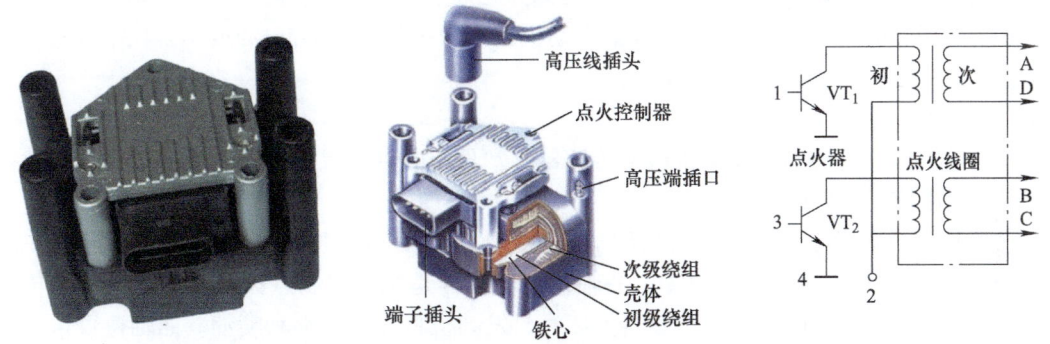

a) 双缸同时点火式点火线圈的结构

b) 双缸同时点火式点火线圈的安装位置

图 6-5 双缸同时点火式点火线圈

2）工作原理。打开点火开关（ON），蓄电池正极→点火开关→点火线圈2号端子→初级绕组（2个）→点火控制器→晶体管VT_1、VT_2（集电极），如图6-6所示。起动发动机，发动机控制模块（ECM）接收到曲轴位置传感器或凸轮轴位置传感器的正时信号，给点火控制器1端子（晶体管基极）提供正向电压，这时，蓄电池正极→点火开关→点火线圈2号端子→初级绕组→点火控制器→晶体管V1（集电极）→晶体管VT_1（发射极）→蓄电池负极构成回路，初级绕组使铁心产生磁场。

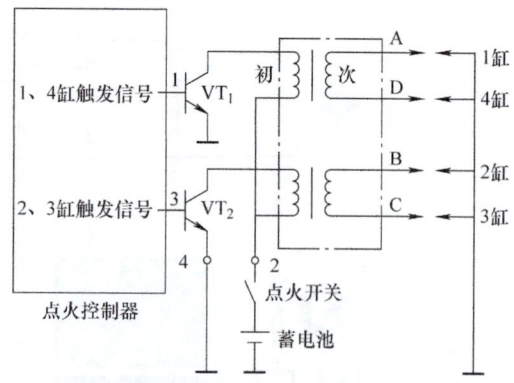

当ECM根据曲轴位置传感器或凸轮轴位置传感器的正时信号确定1缸点火时刻后，断开1、4缸点火控制器1端子（晶体管基极）供电的正向电压，初级绕组因断电使铁心磁场迅速消失，磁通量变化使次级绕组产生高压电（1.5万~3万V），并在1、4缸火花塞间隙中产生火花，1缸为点火正时是有效点火，4缸不在点火时刻为无效点火。

图6-6 双缸同时点火式控制电路原理

随着曲轴转角的变化，ECM根据曲轴位置传感器或凸轮轴位置传感器的正时信号确定3缸点火时刻后，断开2、3缸点火控制器3端子（晶体管基极）供电的正向电压，初级绕组因断电使铁心磁场迅速消失，磁通量变化使次级绕组产生高压电，并在2、3缸火花塞间隙中产生火花，3缸为点火正时是有效点火，2缸不在点火时刻为无效点火。

曲轴旋转2圈凸轮轴旋转1圈，4缸发动机点火顺序分别是1-3-4-2或1-2-4-3，6缸发动机点火顺序分别是1-5-3-6-2-4或1-4-2-6-3-5。

3. 传感器

（1）曲轴位置传感器（发动机转速传感器） 常见的曲轴位置传感器有磁感应式和霍尔式两种。现在应用较广的是霍尔式。

它的作用是根据齿轮的齿数判断出各缸上止点，通过波形电压信号的方式传给ECM，ECM根据此信号计算各缸点火时刻。曲轴位置传感器是微机控制点火系统中最主要的传感器之一，大部分汽车上的曲轴位置传感器损坏时，发动机将无法点火和喷油。曲轴位置传感器如图6-7所示。

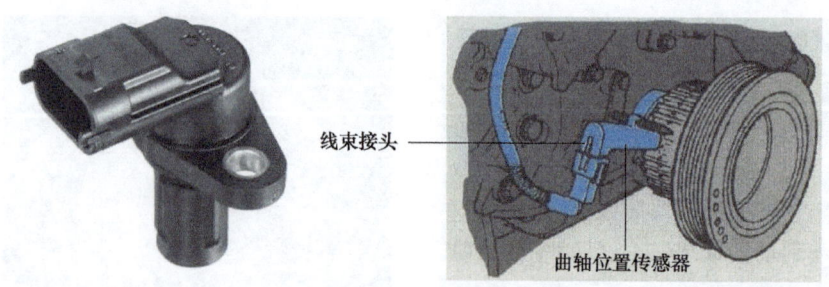

图6-7 曲轴位置传感器

（2）凸轮轴位置传感器 安装在凸轮轴的正时齿轮附近，如图6-8所示。它的工作原理和曲轴位置传感器相似。

它的作用是根据凸轮轴的位置信号判断一缸压缩上止点，以波形电压信号的方式传给

ECM，ECM通过此信号修正点火正时。在部分汽车上，当曲轴位置传感器损坏时，凸轮轴位置传感器可以代替曲轴位置传感器工作，避免发动机熄火。

图6-8 凸轮轴位置传感器

（3）氧传感器，一般安装在排气管的前端或三元催化器的后面（如图6-9a所示），主要是测量尾气中氧气的含量，并通过电压（0~1V）信号的方式传给电脑，电脑通过此信号修正点火时刻和调整喷油量。

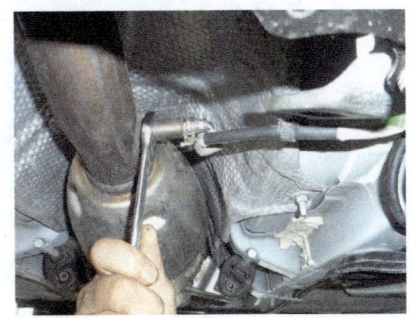

a) 氧传感器的安装位置

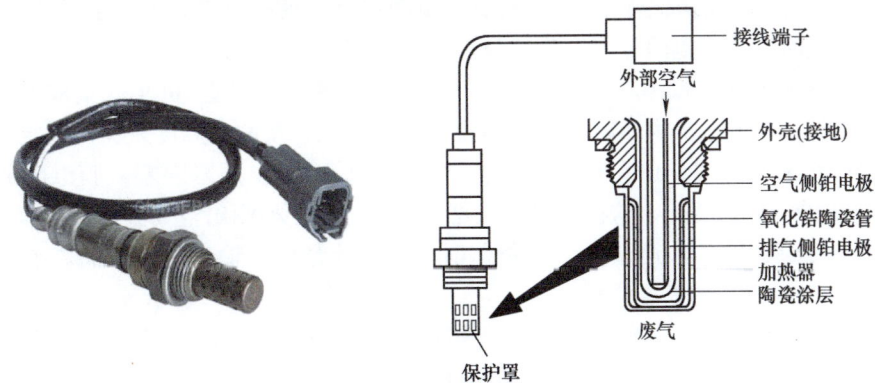

b) 氧传感器的结构

图6-9 氧传感器

氧传感器核心元件是一种多孔的二氧化锆陶瓷管（图6-9b），它是一种固态电解质，两侧面分别烧结上多孔铂电极。在一定温度下，由于两侧氧浓度不同，高浓度侧的氧分子被吸附在铂电极上与电子结合形成氧离子，使该电极带正电，离子通过电解质中的氧离子空位迁移到低氧浓度侧（废气侧），使该电极带负电，即产生电位差，且浓度差越大，电位差越大。

（4）空气流量传感器 一般安装在进气管和空气滤清器之间，如图6-10所示。它的作用是测量进入发动机气缸的空气流量，通过电压信号方式传给电脑，电脑根据此信号修正点火时刻和调整喷油量。

a) 空气流量传感器及安装位置

b) 空气流量传感器的结构

图 6-10　空气流量传感器

热膜式空气流量计的工作原理：热膜电阻和进气温度计（又称温度补偿电阻）与精密电阻共同构成惠斯顿电桥。集成电路用于控制热膜电阻电流，使进气温度与热膜温度相差 100℃。发动机工作进气时，热膜电阻通电产生热量被进气空气流吸收带走，因而热膜温度下降。空气流量越大，热膜损失的热量越多，要保持进气温度与热膜温度相差 100℃，集成电路将根据进气温度和空气流量的大小加大或减小通过热膜电阻的电流，使两者温度差保持恒定。当热膜电阻的电流通过精密电阻时，便在精密电阻上产生电压降，此电压降随着热膜电阻通过的电流（亦即空气量）的变化而变化，这样就可以根据其输出电压，检测出空气流量。急速工况时，空气流量较小，传感器输出电压较低；大负荷时，空气流量大，输出电压较高。空气流量计向 ECU 提供一个 0.3~4.5V 的电压信号。

（5）节气门位置传感器　现代的轿车越来越多地采用电子节气门来控制进气量，使电脑更准确地控制喷油量和调整点火时刻，如图 6-11 所示。

工作原理：当操纵加速踏板时，加速踏板位置传感器产生相应的电压信号输入节气门控制单元，控制单元首先对输入的信号分析，然后根据踏板移动量和变化率计算出对发动机转矩的基本需求，得到相应的节气门转角的基本期望值。再经过 CAN 总线和整车控制单元进行通信，获取其他工况信息以及各种传感器信号如发动机转速、档位、节气门位置、空调能耗等，由此计算出整车所需求的全部转矩，通过对节气门转角期望值进行补偿，得到节气门的最佳开度，并把相应的电压信号发送到驱动电路模块，驱动控制电动机使节气门达到最佳的开度位置。

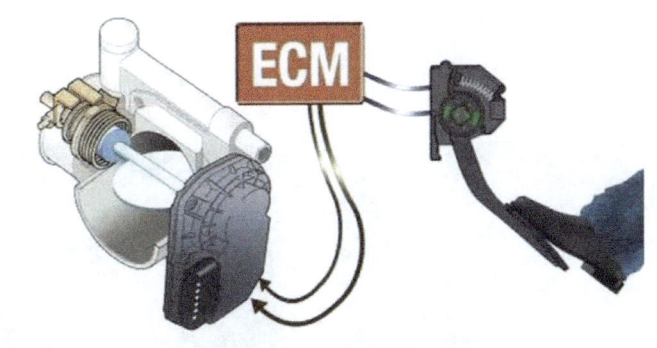

a) 电子式节气门控制系统

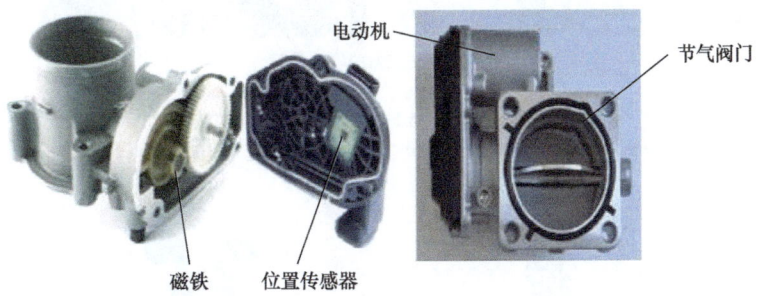

b) 电子节气门的结构

图 6-11　节气门位置传感器

（6）冷却液温度传感器　一般安装在缸体水道上，如图 6-12 所示。

工作原理：当发动机冷却液温度上升时，冷却液温度传感器内部的热敏电阻值减小，即温度越高电阻值越小，施加在冷却液温度传感器上的 5V 电压也随温度的变化而变化，即温度高电压越低，温度低电压越高，电脑根据此电压的变化来修正点火时刻，调整喷油量。

a) 冷却液温度传感器安装位置

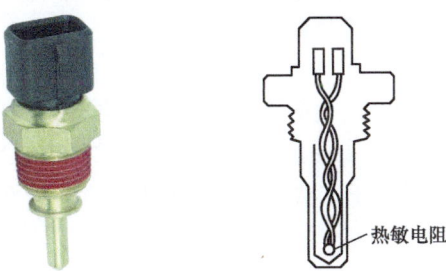

b) 冷却液温度传感器

图 6-12　冷却液温度传感器

（7）进气温度传感器　一般安装在进气管前方，如图 6-13a 所示。它的主要元件是负温度系数的热敏电阻，其结构如图 6-13b 所示。

a) 进气温度传感器的安装位置

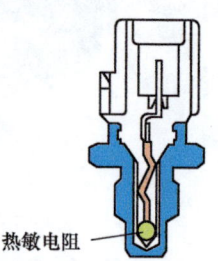

b) 进气温度传感器

图 6-13　进气温度传感器

工作原理：随着进气管温度的变化热敏电阻值也随之变化，即温度越高电阻值越小，发动机电控单元（ECU）施加在进气温度传感器上的 5V 电压也随之变化，温度高电压低，温度低电压高，ECU 根据此电压的变化来修正点火时刻和调整喷油量。

（8）爆燃传感器　一般安装在缸体上，如图 6-14a 所示。低标号燃油，点火过早等原因引起的发动机爆燃会造成发动机损坏。

爆燃传感器的作用是将发动机爆燃以电信号的形式传递给 ECU，作为 ECU 调整点火正时以阻止进一步爆燃的重要依据。

工作原理：当产生爆燃频率约 6000Hz 左右时，压电元件受到惯性配重的压力而产生变形，内部产生了电荷极化的现象，在元件的上下两表面便产生极性相反、大小相等的电荷，且电荷量和所受到压力的大小成正比，电荷量越大电压越高，传感器将输出的爆燃信号电压送至 ECU、ECU 及时修正点火时间，避免爆燃的产生。

4. 火花塞

火花塞的作用是将点火线圈产生的高压电引入燃烧室，并在其间隙中产生火花，点燃可燃混合气。其外形如图 6-15 所示，主要由陶瓷绝缘体、中心电极导电杆、裙部、裙部螺纹、电极和壳体等组成。火花塞一般安装在发动机气缸体的上部，如图 6-16 所示。

a) 爆燃传感器及安装位置

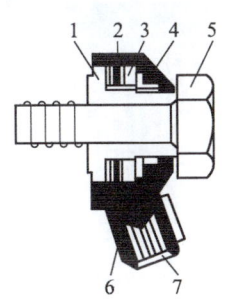

b) 爆燃传感器的结构

图 6-14 爆燃传感器

1—底座 2—压电元件 3—惯性配重 4—塑料壳体 5—固定螺栓 6—导线插座 7—导线端子

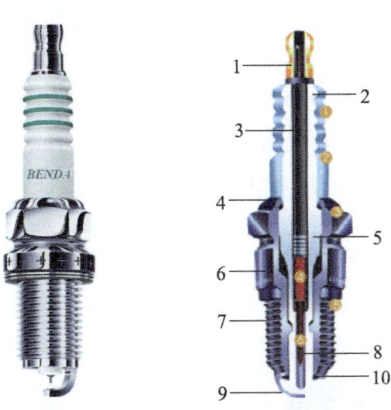

图 6-15 火花塞

1—接线螺母 2—陶瓷绝缘体 3—中心电极导电杆 4—内垫圈 5—去干扰电阻 6—钢制壳体
7—裙部螺纹 8—中心电极 9—侧电极 10—裙部

（1）火花塞的型号及热特性 火花塞的型号由数字或字母组成。如 BKR6E-11，B 代表螺纹直径 14mm；R 代表内有电阻；K 代表外侧 2 个电极；6 代表热值为中，最常用的一种；E 代表螺纹长度 19mm；11 代表电极间隙 1.1mm。

火花塞的热特性主要取决于绝缘体裙部的长度。绝缘体裙部长的火花塞，受热面积大，传热距离长，散热慢，裙部温度高，称为热型火花塞；相反，裙部短的火花塞，散热较快，称为冷型火花塞；裙部介于两者之间的则称为中热型火花塞。如图 6-17 所示。

图 6-16 火花塞的安装位置

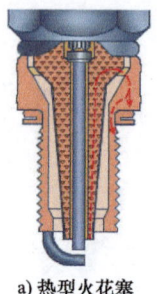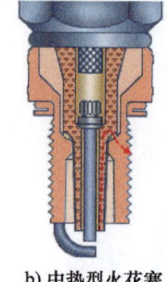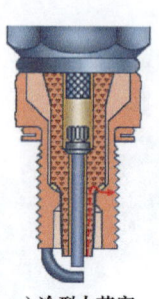

a) 热型火花塞　　　b) 中热型火花塞　　　c) 冷型火花塞

图 6-17 火花塞热特性

（2）火花塞的类型　火花塞从电极材质上来区分有三种，分别是铜镍合金火花塞、铂金火花塞、铱金火花塞三大类。

铜镍合金火花塞的中心电极直径为 2mm，使用寿命在 3 万~5 万 km 左右，修理厂价格在 30 元左右。

铂金火花塞的中心电极直径为 0.8mm，由于使用了铂金作为电极材质，使用寿命和点火效能比铜镍合金火花塞好很多，铂金火花塞价格在 60 元左右。

铱金火花塞的中心电极直径为 0.6mm，由于电极材质使用了铱金，使用寿命达到 10 万 km 以上，铱金火花塞价格在 100 元以上。

（3）火花塞的检查及更换　当发动机出现怠速抖动、加速不良等现象时，应检查火花塞的工作情况。火花塞电极的颜色为灰白色，如图 6-18 所示。如果出现油污或积炭，则说明该缸存在点火故障，如图 6-19 所示。

图 6-18 正常火花塞　　　　　　　　图 6-19 不正常火花塞

普通火花塞的间隙一般在 0.7~0.9mm 之间，贵金属材质火花塞间隙在 1.1~1.5mm 之间，检查间隙大小可用塞尺进行测量，如图 6-20 所示。如间隙过大，可用螺钉旋具柄轻轻敲打外电极，使其间隙正常；间隙过小时，可用一字槽螺钉旋具或金属片插入电极间向外扳动，图 6-21 所示。

图 6-20 测量火花塞间隙

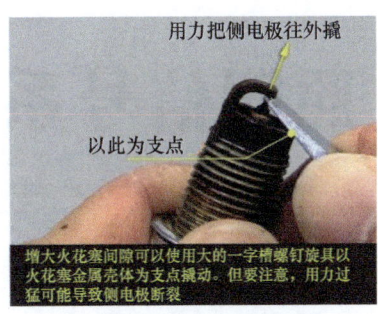

图 6-21 调整火花塞间隙

点火系统故障检修、更换点火线圈和火花塞参见视频。

二、点火系统常见故障的检修

【故障案例】

一辆 2013 款丰田卡罗拉轿车已行驶 10.5 万 km,近来发动机起动后怠速抖动明显,并有加速不良的现象,为此来到维修站进行检修。

【故障可能的原因】

机电维修小组通过对点火系统相关知识的学习,结合派工单的故障描述,分析出故障原因并制定了实施方案:

1)_____。
2)_____。
3)_____。

【故障检修过程】

具体步骤如下:_____
_____
_____
_____。

故障为_____。

【复查与验收】

1)_____。
2)_____。
3)_____。
4)_____。

【整理清洁】

1)_____。
2)_____。
3)_____。

【总结】

_____
_____
_____
_____。

任务七 照明信号系统常见故障的检修

一、前照灯故障的检修

【派工单】
一辆丰田卡罗拉轿车已行驶 12 万 km，打开前照灯开关时发现左前照灯远光灯不亮，其他灯光均正常，为此来到维修站进行检修。
服务顾问记录故障后将车和记录单交给车间主管，车间主管将工单派给机电维修小组。

关于汽车照明灯的知识我们知道多少呢？如果其他的照明灯出现故障我们怎么进行维修呢？下面让我们来学习一下照明灯的相关知识吧。

（一）汽车照明灯的认知

1. 汽车灯具的分类及用途

汽车灯具按功能可分为照明灯和信号灯两大类；按安装位置可分为外部灯具和内部灯具。

（1）外部灯具 常见的外部灯具有前照灯、雾灯、牌照灯、倒车灯、制动灯、转向灯、示宽灯、停车灯和警示灯等。外部灯具光色一般采用白色、橙黄色和红色。执行特殊任务的车辆，如消防车、警车、救护车、抢修车，则采用具有优先通过权的红色、黄色或蓝色闪光警示灯。机动车应按时参加安全检测和综合检测，确保外部灯具齐全有效。

1）前照灯。前照灯俗称大灯，装在汽车前部两侧，夜间用来照亮前方的道路。每只远光灯灯泡的功率为 40~100W，每只近光灯灯泡的功率为 30~90W，前照灯外形如图 7-1 所示。

 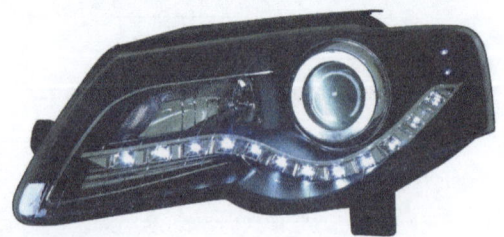

图 7-1 前照灯

2）雾灯。雾灯（图 7-2）安装在汽车前部和尾部，在雾天、雨雪天或尘埃弥漫等情况下使用，用来改善车前道路的照明情况。每只前雾灯灯泡的功率为 35W 左右，光色为黄色和白色，前雾灯一般安装在前保险杠上面。后雾灯功率为 21W 左右，光色为红色，一般安装在后保险杠或后组合灯上面。

图 7-2　前雾灯和后雾灯

3）倒车灯。倒车灯安装在汽车尾部的左右两侧，如图 7-3 所示。灯罩颜色为白色，每只倒车灯灯泡功率为 21W 左右，发光二极管 LED 灯功率为 11W 左右。

倒车时，变速器上的倒车灯开关将电路接通，倒车灯点亮，从而起到照明与信号的作用。

图 7-3　倒车灯

4）制动灯。制动灯安装在汽车尾部，高位制动灯安装在后风窗玻璃内侧，如图 7-4 所示。制动灯灯罩颜色为红色，每只制动灯灯泡功率为 21W 左右，采用发光二极管（LED）的制动灯功率为 4~5W。

当踩下制动踏板时，制动灯开关将电路接通，制动灯点亮，警示后面的车辆或行人保持一定的安全距离。

图 7-4　制动灯

5）转向灯和紧急信号灯。转向灯一般安装在汽车前部、尾部和两侧，用来指示车辆行驶趋向，如图 7-5 所示。转向灯光色一般为琥珀色，每只灯泡的功率为 21W 左右，侧转向灯灯泡功率为 5W 左右，采用发光二极管（LED）的转向灯功率为 4~5W。当打开转向灯开关时，在闪光继电器的控制下，转向灯发出明暗交替的闪烁信号。

紧急信号灯又称危险警告信号灯，如遇到危险或紧急情况时，打开紧急信号灯开关，使前、后、左、右及两侧转向灯同时闪烁，向其他车辆和行人发出警告信号。

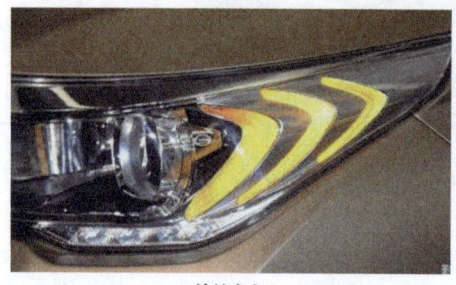
a) 前转向灯

b) 后转向灯

图 7-5　前后转向灯

6）示宽灯、尾灯和牌照灯。示宽灯又称"小灯"，安装在汽车前面和侧面，夜间点亮时指示车辆的宽度。示宽灯灯泡功率为3~8W，采用发光二极管（LED）的功率一般在1~5W，示宽灯的光色为白色或蓝色，如图7-6所示。

尾灯安装在汽车尾部左右两侧，灯罩颜色为红色，灯泡功率为8W，采用发光二极管（LED）的功率一般在1~5W。尾灯和示宽灯、牌照灯都受车灯开关控制。

牌照灯颜色为日光色，夜间点亮时照亮车牌号。

a) 前示宽灯(小灯)

b) 后示宽灯(尾灯)、牌照灯

图 7-6　示宽灯（小灯）

（2）内部灯具

常见的内部灯具有室内照明灯（顶灯）、阅读灯、行李舱灯、门灯、踏步灯、仪表照明灯、工作灯、仪表板警告灯等。

1）室内照明灯（顶灯）。轿车一般装1~2只顶灯，除了用作室内照明外，还有监视车门是否可靠关闭的作用。灯泡功率一般为5~15W，公共汽车或客车顶灯一般采用荧光灯，如图7-7所示。

图 7-7　顶灯

2)阅读灯。阅读灯装于乘客顶部或侧面,照明范围较小,有些还具有方向调节功能,阅读灯点亮时不会给驾驶人产生眩目现象,如图7-8所示。

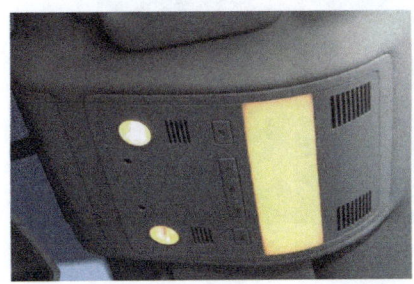 

图7-8 阅读灯

3)行李舱照明灯。行李舱灯装在轿车或客车行李舱内,当开启行李舱盖时,开关接通使行李舱灯点亮。灯泡功率一般为5~10W,如图7-9所示。

图7-9 行李舱照明灯

4)门灯。装于轿车车门内侧,开启车门时,门灯点亮,以告警后面行人、车辆注意安全。光色为红色,功率一般为5W左右,如图7-10所示。

图7-10 门灯

5)仪表照明灯。仪表照明灯装在仪表板背面,用来照明仪表工作情况,功率为2W。仪表照明灯一般与示宽灯、牌照灯并联。大部分车辆的仪表照明灯亮度都可以通过调节开关进行调节,如图7-11所示。

2. 汽车照明灯与信号灯装置的基本要求

1)照明与信号装置安装可靠,开关安装位置便于操作。

2)除前照灯远光外,其他灯光不得眩目。

图 7-11 仪表照明灯

3）小灯、尾灯、牌照灯和仪表照明灯应同时打开或关闭，不能经过点火开关控制，发动机熄火后仍能点亮。

4）危险警告灯电路不能经过点火开关或其他开关控制。

5）制动灯电路不能经过点火开关或其他开关控制。

6）转向灯或危险警告灯点亮时，应能在 100m 之内可以看到。

7）前照灯和尾灯夜间天气良好的情况下，能在 300m 之内看到。

8）倒车灯电路要经过点火开关控制，防止忘记摘下倒档使倒车灯长亮。

（二）前照灯的相关知识

1. 前照灯的结构

前照灯主要由反射镜、配光镜、壳体、后盖、调整螺钉和灯泡等部分组成。如图 7-12 所示。

（1）反射镜　反射镜的作用是将灯泡发出的光线聚合成平行光反射向前方，如图 7-13 所示。反射镜一般用钢板、玻璃、塑料等材料制成。其内表面镀银、镀铝或镀铬，并经过抛光工艺加工，从而提高其反射能力。镀铝的反射系数可以达到 94% 以上，机械强度高，使用前景比较广阔。

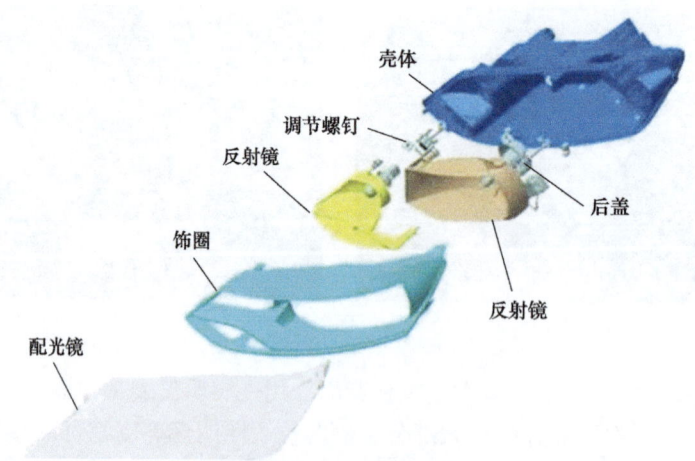

图 7-12　前照灯的结构

前照灯灯丝功率仅 40~100W，发出的亮度有限，若无反射镜，只能照亮汽车前方 6~10m 左右的路面。加装反射镜之后，可使照明亮度增强数百倍，能够照亮前方 50~200m 以上的路面。

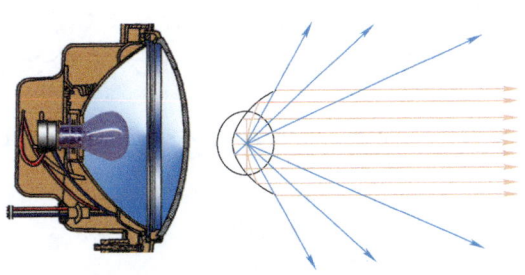

图 7-13　前照灯的反射镜

（2）配光镜　配光镜的作用是将反射镜反射出的平行光束进行折射，使车前路面有良好而均匀的光照，同时也是灯的外罩，如图 7-14 所示。

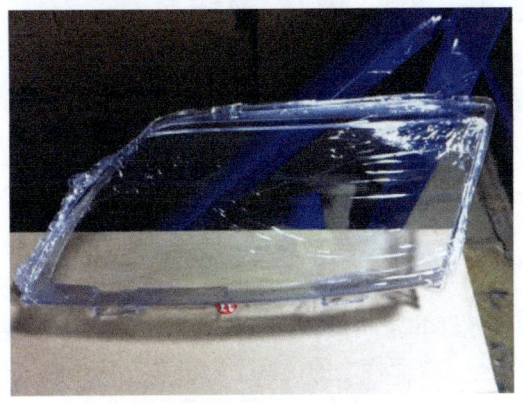

图 7-14　前照灯的配光镜

（3）前照灯灯泡　目前汽车前照灯的光源有白炽灯、卤素灯、氙气灯和 LED 灯四种。

1）白炽灯泡。由于亮度低、能耗大、使用寿命短，现在应用较少。

2）卤素灯泡。目前汽车前照灯多采用卤素灯泡，灯泡内的惰性气体中渗入碘、氟、氯、溴等某种卤族元素气体，防止钨的蒸发和灯泡的黑化。

卤素灯泡尺寸较小，壳体用耐高温、机械强度较高的石英玻璃制作而成。在相同功率的情况下，卤素灯的亮度是白炽灯的 1.5 倍，而寿命是白炽灯的 2~3 倍。卤素灯泡的外形与结构如图 7-15 所示。

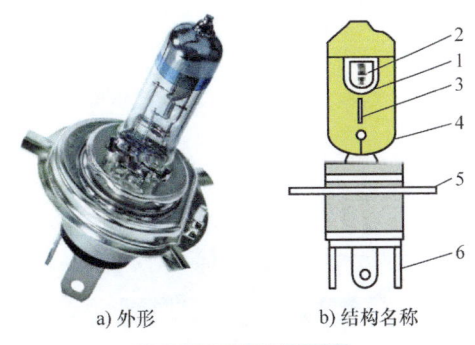

a) 外形　　b) 结构名称

图 7-15　卤素灯泡

1—配光屏　2—近光灯丝　3—远光灯丝　4—玻璃外壳　5—定焦盘　6—插头

3）高压放电氙气灯。为了减轻汽车蓄电池的负载，延长蓄电池的使用寿命，更主要的是为了提高汽车照明质量，减轻驾驶人的视觉疲劳，保证行车安全，在部分高档汽车上已安装了高压放电氙气灯。

高压放电氙气灯简称氙气灯，主要由氙气灯泡、升压镇流器、电子控制器三部分组成。如图 7-16 所示。

图 7-16　高压放电氙气灯

氙气灯发出的光色和日光灯非常相似，亮度是卤素灯泡的三倍左右，使用寿命是卤素灯泡的五倍。氙气灯泡里没有灯丝，取而代之的是两个电极和充满惰性气体的氙气及微量金属元素。

当前照灯电路接通时，电子控制器使升压镇流器瞬间产生 23kV 的高压电，高压电在氙气灯两电极间放电，激活灯泡的氙气形成电弧光，氙气灯正常点亮后，升压镇流器电压降到 80V 保持恒压供电。氙气灯泡的功率一般在 35~55W 之间。

由于具有亮度高、功率小、寿命长、节能、环保等优点，将来会在更多的车辆上安装和使用。

4）LED 灯。LED 灯由发光二极管组成，主要优点是亮度高、功率小、寿命长、节能、环保。随着 LED 技术的不断成熟，它将是未来照明信号系统的主要替代者，如图 7-17 所示。

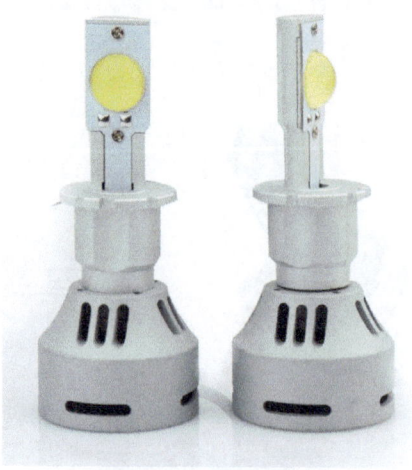

图 7-17　LED 前照灯

2. 前照灯的防眩目装置

夜间会车时，强光束会导致迎面车辆的驾驶人眩目而发生交通事故。为了避免此类事情的发生，汽车前照灯必须具有良好的防眩目装置，从而保证夜间行车安全。

前照灯的配光方式分为对称式配光和非对称式配光两种。

（1）对称式配光　远光灯丝功率为40~100W，位于反射镜的焦点位置，射出的光线远而亮，如图7-18a所示；近光灯丝功率为30~90W，位于反射镜焦点的上方并稍向右偏斜，由于其光线弱，且经反射镜反射后光线大部分向下倾斜，从而减少了对迎面来车驾驶人的眩目作用，如图7-18b所示。美国、日本等国家采用这一配光方式。

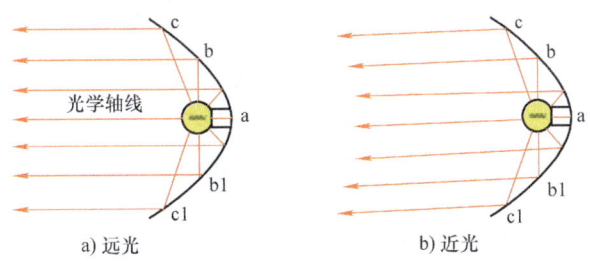

图 7-18　对称式配光

（2）非对称式配光　近光灯丝位于焦点前方，照亮前方50m左右，其灯丝下方装有金属配光屏，近光灯丝射向反射镜上部的光线，反射后倾向路面，而配光屏挡住了灯丝射向反射镜下半部的光线，没有向上反射的光线所以起到了防眩目的作用，如图7-19a所示。远光灯丝位于反射镜的焦点处，照亮前方200m左右，远光灯不具有防眩目，如图7-19b所示。国产汽车前照灯一般采用非对称配光方式，夜间照射路面情况如图7-19c所示。

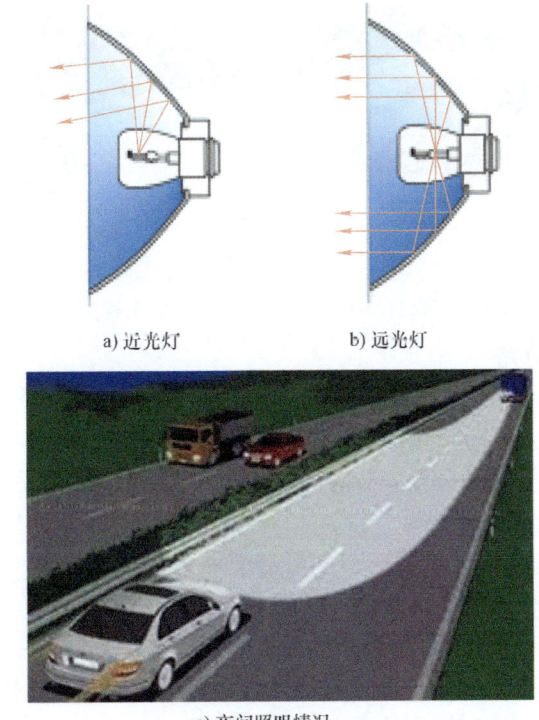

图 7-19　非对称式配光

3. 前照灯类型

按光学组件的结构不同，可将前照灯分为半封闭式、封闭式两种。

（1）封闭式前照灯　封闭式前照灯的反射镜和配光镜用玻璃制成一体，里面充以惰性气体。灯丝焊在反射镜底座的灯丝支架上，反射镜的反射面经真空镀铝，其结构如图7-20所示。

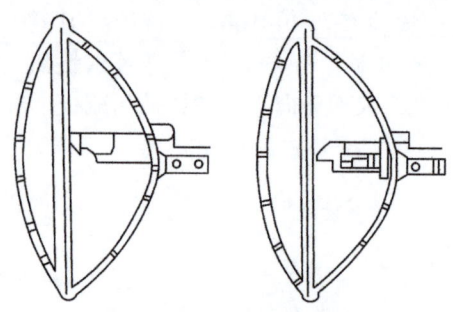

图7-20　封闭式前照灯

由于封闭式前照灯有制造工艺复杂、制造成本高、耐机械强度差、易损坏等缺点，现在已经很少使用。

（2）半封闭式前照灯

半封闭式前照灯的结构如图7-21所示。其配光镜是靠密封胶紧固在反射镜上，两者之间垫有橡胶密封圈，灯泡从反射镜后端装入。由于半封闭式前照灯维修方便，现在使用较广泛。

图7-21　半封闭式前照灯的结构图

1—车灯插头　2—反射镜高低调整螺钉　3—远光灯安装座　4—反射镜左右调整螺钉　5—近光灯安装座

（三）前照灯的控制电路

汽车前照灯的控制电路由点火开关、灯光总开关、变光开关、继电器、熔丝、前照灯、导线插接器等组成，如图7-22所示。丰田卡罗拉灯光开关和变光开关安装在一起为组合式开关，大众车系的灯光开关和变光开关分开安装。

丰田卡罗拉远、近光灯电路（图7-23）：

蓄电池正极→近光继电器1、5端子→2号端子→大灯开关2档→负极，近光继电器触点闭合→近光继电器3号端子→左右10A熔丝→左右近光灯→负极。

蓄电池正极→远光继电器2、3端子→1号端子→变光开关→负极，远光继电器触点闭合→远光继电器5号端子→左右10A熔丝→左右远光灯→负极，同时远光指示灯→负极。

大众车系前照灯电路、照明灯泡的更换见参考视频。

任务七　照明信号系统常见故障的检修

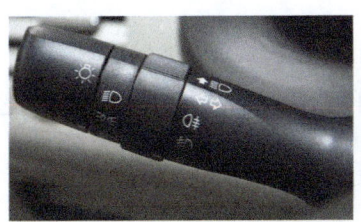
a) 灯光开关和变光开关

b) 前组合灯总成

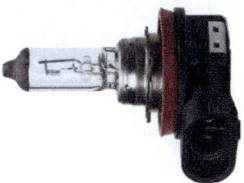
c) 卤素灯泡

d) 熔丝盒

e) 继电器

图 7-22　前照灯电路组成

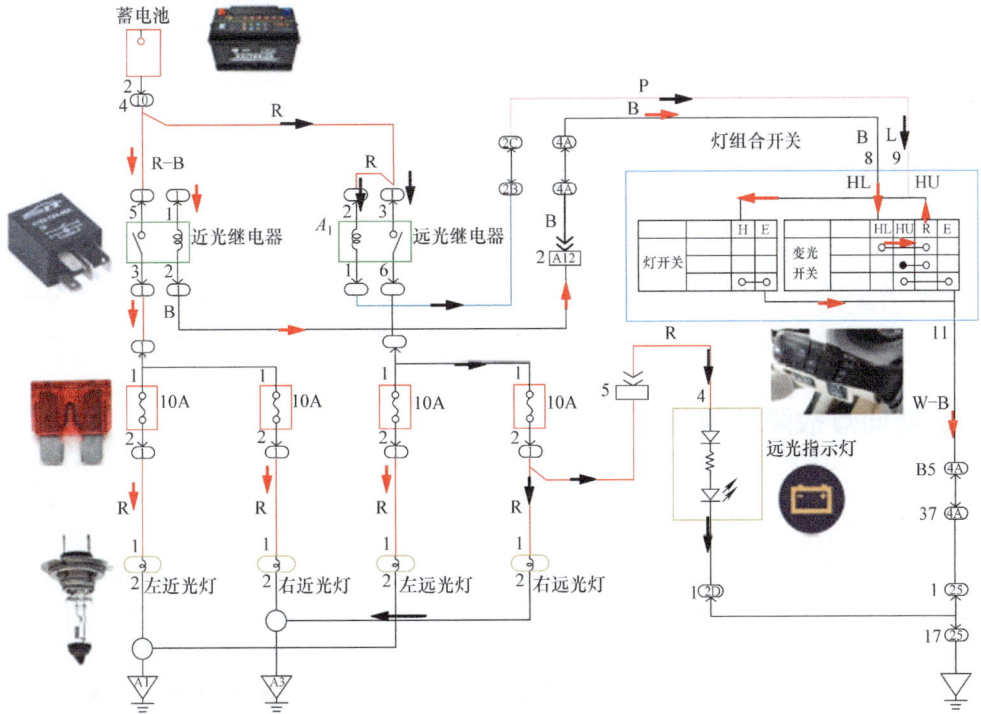

图 7-23　前照灯控制电路

（四）前照灯的故障检修

【故障案例】

一辆卡罗拉轿车已行驶 12 万 km，打开前照灯开关时发现左前照灯远光灯不亮，其他灯光均正常。

维修接待人员详细记录故障现象，并询问了发生故障时的一些情况，最后把工单交给机电维修小组。

【故障可能的原因】

机电维修小组通过对汽车前照灯相关知识的学习，结合派工单的故障描述，分析出故障原因并制定了实施方案：

1) _____。
2) _____。
3) _____。

【故障检修过程】

具体步骤如下：_____
_____
_____
_____

故障为_____。

【复查与验收】

1) _____。
2) _____。
3) _____。
4) _____。

【整理清洁】

1) _____。
2) _____。
3) _____。

【总结】

_____
_____
_____
_____。

二、转向灯故障的检修

【派工单】

一辆 2010 款丰田卡罗拉 1.6L 轿车在行驶转弯时，打开转向灯开关没有听到闪光继电器工作的声音，仪表的转向指示灯也不亮，停车检查发现，打开左右转向灯开关或紧急信号灯开关，转向信号灯均不亮。

服务顾问记录故障后将车和记录单交给车间主管，车间主管将工单派给机电维修小组。

关于转向灯和紧急信号灯的知识我们知道多少呢？下面让我们来学习一下相关知识吧。

（一）转向灯与紧急信号灯的相关知识

在汽车转弯、变更车道或路边停车时，接通转向信号灯以示汽车的趋向，提醒周围车辆和行人注意安全。转向信号灯装置由闪光继电器（简称闪光器）、转向开关、转向灯和转向指示灯等组成。

紧急信号灯是车辆遇到紧急情况下使用的信号灯。开关接通后，前、后、左、右及侧面转向信号灯同时闪烁，向其他车辆及行人发出警告信号。紧急信号灯装置由闪光器、紧急信号灯开关及各转向灯等组成。

1. 闪光器

闪光器有热丝式、电容式、翼片式和电子式四种类型。热丝式、电容式和翼片式由于功率小、易发热、寿命短、易损坏等缺点，现已被淘汰。电子式闪光器结构简单、体积小、闪光频率稳定、监控作用明显（工作时伴有响声），故被广泛使用。

常用的电子式闪光器有晶体管式闪光器和集成电路闪光器。

（1）晶体管式闪光器　晶体管式闪光器主要由晶体管开关电路和小型继电器组成。其外形和结构如图7-24所示。

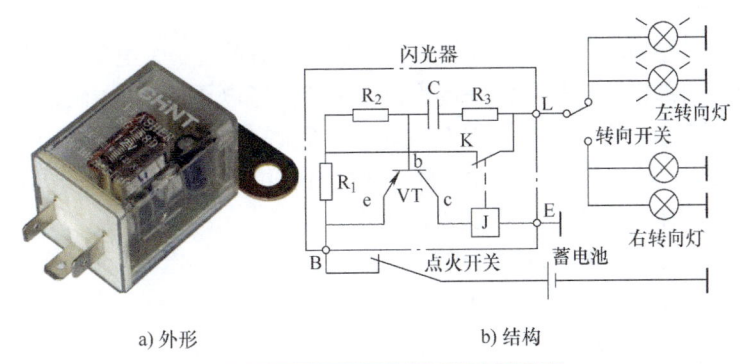

图 7-24　带继电器的晶体管闪光器

工作原理：当接通点火开关、左转向信号灯开关时，电流由蓄电池正极→点火开关→闪光器端子B→电阻R_1→继电器的常闭触点K→闪光器端子L→转向灯开关→左转向信号灯→搭铁E→蓄电池负极构成回路，左转向信号灯亮。当电流通过电阻R_1时，在电阻R_1上产生电压降，晶体管VT因正向偏压而导通，集电极电流通过继电器线圈J，使继电器的常闭触点断开，左转向信号灯随之熄灭。电路为电流由蓄电池正极→点火开关SW→闪光器端子B→晶体管的发射极e→集电极c→继电器线圈J→搭铁E→蓄电池负极。晶体管VT导通时向电容C充电，充电电路为蓄电池正极→点火开关SW→闪光器端子B→晶体管的发射极e→基极b→电容器C→电阻R_3→端子L→转向灯开关→左转向灯→搭铁→蓄电池负极构成回路。

随着电容器电荷的积累，充电电流逐渐减小，晶体管的集电极电流也随之减小，当线圈中产生的电磁力不足以维持触点的打开时，继电器触点重新闭合，转向灯又再次点亮。这时电容器C通过电阻R_2、继电器触点K和电阻R_3再次放电。当放电结束时，R_1上的电压降为晶体管VT提供正向偏压使其导通。就这样，电容器C不断地充电和放电，晶体管不断地导通与截止，控制继电器触点反复地打开和闭合，使转向灯不停地闪烁。

（2）集成电路闪光器　在桑塔纳、捷达、奥迪等汽车上使用的是集成电路闪光器，其外形和结构原理如图 7-25 所示。

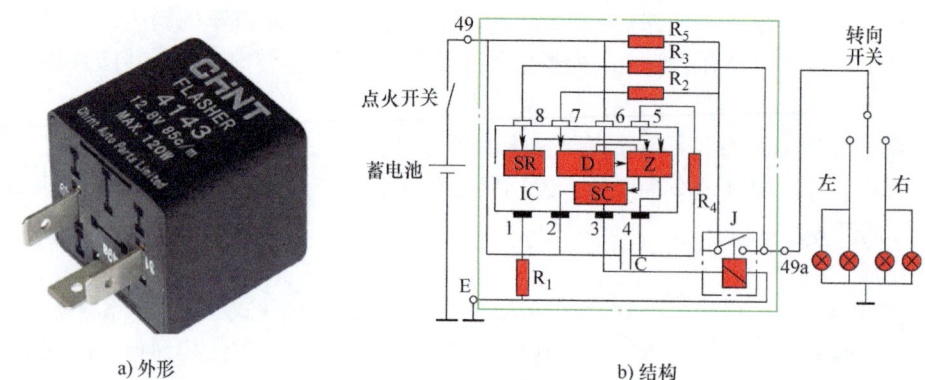

a) 外形　　　　　　　　　　　　　b) 结构

图 7-25　集成电路闪光器

IC—集成电路块　SR—输入检测　D—电压检测　Z—振荡器　SC—输出极

  IC 集成块是一块低功率、高精度的汽车电子闪光器专用集成电路。IC 的标准电压为 12V，实际工作电压范围为 9~18V。内部电路主要由输入检测器 SR、电压检测器 D、振荡器 Z 及功率输出级 SC 四部分组成。

  输入检测器用来检测转向信号灯开关是否接通。振荡器由一个电压比较器、外接的电阻 R_4 和电容器 C 构成。内部电路比较器的一端提供了一个参考电压，其值由电压检测器控制，比较器的另一端则由外接的电阻 R_4 和电容器 C 提供一个变化的电压，从而形成电路的振荡。振荡器工作时，输出级的矩形波便控制继电器线圈的电路并使继电器触点反复打开和闭合。于是转向信号灯和转向指示灯闪烁，频率为 85 次/min。

  如果一只转向灯烧坏，则流过取样电阻 R_S 的电流减小，其电压降减小，经电压检测器识别后，便控制振荡器电压比较器的参考电压，从而改变振荡频率，使转向指示灯的闪光频率加快一倍，以提示驾驶人及时检修。

  2. 转向灯开关和紧急信号灯开关

  转向灯和紧急信号灯开关一般分开安装。转向灯开关安装在转向盘下面，如图 7-26 所示。紧急信号灯开关则安装在仪表台的面板上，如图 7-27 所示，它的主要特点是操作方便、醒目并美观。

图 7-26　转向灯开关

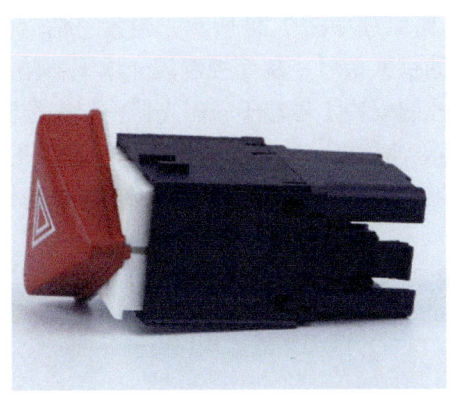

图 7-27　紧急信号灯开关

（二）丰田卡罗拉转向灯与紧急信号灯电路

汽车转向及紧急信号灯电路共同的特点是共用一个闪光继电器，由两道电源控制，转向信号灯电源经过点火开关控制；紧急信号灯是常通电源，不受任何开关控制。常用的控制电路有转向灯开关和紧急信号灯开关组合式控制、转向灯开关和紧急信号灯开关分开式控制。

1. 转向灯控制电路

打开点火开关，将转向灯开关置于左侧或右侧，转向灯闪烁。电路原理如图 7-28 所示，当转向灯开关位于左侧位置时，仪表控制模块 10 号端子接收到负极信号，使闪光器控制左侧转向灯工作，电路为：蓄电池正极→点火开关→10A 熔丝→仪表控制单元 40 号端子→闪光器→左转向灯→蓄电池负极，这时闪光器控制左转向灯闪亮。

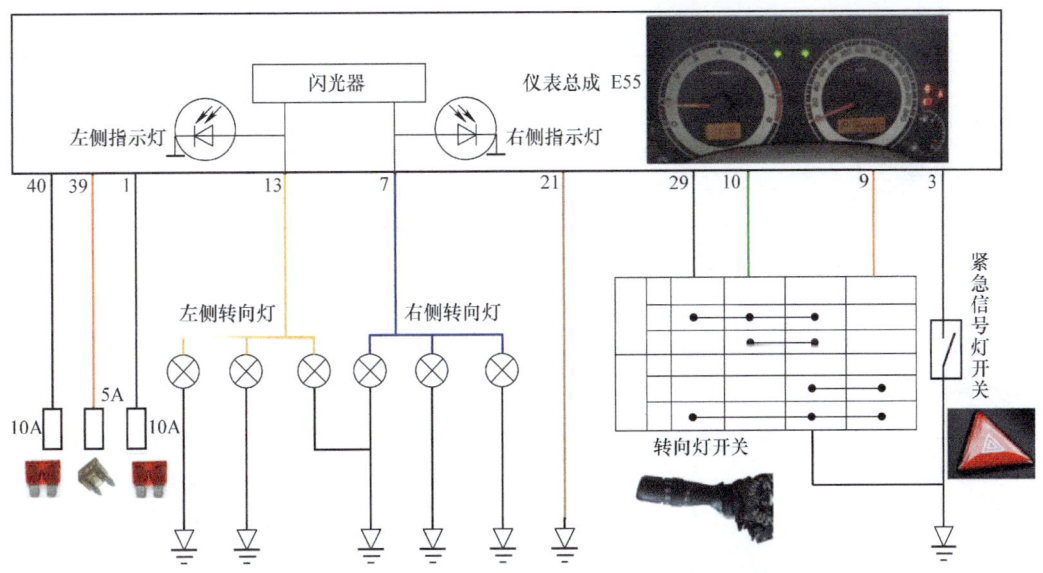

图 7-28　丰田卡罗拉转向灯及紧急信号灯电路原理图

当转向灯开关位于右侧位置时，仪表控制模块 9 号端子接收到负极信号，使闪光器控制左侧转向灯工作，电路为：蓄电池正极→点火开关→10A 熔丝→仪表控制单元 40 号端子→闪光器→右转向灯→蓄电池负极，这时闪光器控制右转向灯闪亮。

2. 紧急信号灯控制电路

打开紧急信号灯开关，左右转向灯闪烁。电路原理如图 7-28 所示，当紧急信号开关打开时，仪表控制模块 3 号端子接收到紧急信号开关的搭铁信号，从而控制闪光继电器给左右转向灯供电，电路为：蓄电池正极→熔丝 10A →仪表控制模块 1 号端子→闪光器→仪表控制模块 13 号、7 号端子→左转向灯和右转向灯 7 号端子→蓄电池负极。这时左右转向灯同时闪亮。

转向灯的控制电路是经过点火开关（15）供电的，而紧急信号灯控制电路是经过电源（30）供电的。

转向灯开关的更换、转向灯故障检修参见视频。

（三）转向灯的故障排除

【故障案例】

一辆 2010 款丰田卡罗拉轿车，行驶过程中使用转向灯时，发现左侧转向灯闪烁频率过快，紧急信号灯闪烁频率正常。

【故障可能的原因】

机电维修小组通过对转向灯相关知识的学习，结合派工单的故障描述，分析出故障原因并制定了实施方案：

1）_____。
2）_____。
3）_____。

【故障检修过程】

具体步骤如下：_____
_____
_____
_____

故障为_____。

【复查与验收】

1）_____。
2）_____。
3）_____。
4）_____。

【整理清洁】

1）_____。
2）_____。
3）_____。

【总结】

_____
_____
_____
_____。

三、倒车信号装置和制动灯的故障检修

【派工单】

一辆 2010 款丰田卡罗拉轿车，倒车时发现倒车影像没有显示，倒车灯也不亮，制动灯右侧不亮，其他灯光均正常，为此来到维修站检修。

服务顾问记录故障后将车和记录单交给车间主管，车间主管将工单派给机电维修小组。

关于制动灯和倒车信号的知识我们知道多少呢？下面让我们来学习一下相关知识吧。

（一）倒车信号装置和制动灯的相关知识

1. 倒车信号装置

倒车信号装置包括倒车灯、倒车灯开关、倒车蜂鸣器、倒车雷达和倒车影像等。它的作用是汽车倒车时，倒车灯点亮、倒车蜂鸣器鸣叫或影像显示，帮助驾驶人掌握车辆与障碍物之间的安全距离，同时也警告车辆后方的行人或车辆注意安全。

（1）倒车灯开关　倒车灯开关主要由接线端子、弹簧、触点、钢球等组成，其外形与结构如图 7-29a、b 所示。手动档的车，倒车灯开关一般安装在变速器上通过倒档轴来控制。自动档车，倒车灯开关安装在档位操控杆装置上，当挂入 R 位时倒车灯开关接通。

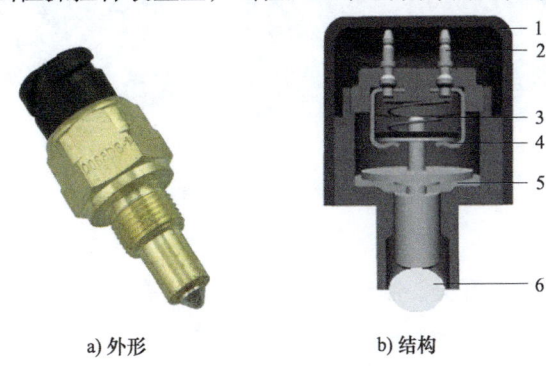

a) 外形　　　　　　b) 结构

图 7-29　倒车灯开关

1—外壳　2—接线端子　3—复位弹簧　4—触点　5—活动挺杆　6—钢球

（2）倒车雷达　倒车雷达组件主要包括蜂鸣器、控制器、侦测器和导线等，如图 7-30a 所示。

作用：倒车时如果后面有障碍物，蜂鸣器会鸣叫以提醒驾驶人及时停止倒车，防止发生撞车事件。当车辆离障碍物稍远时，蜂鸣器发出频率较慢、声音较小的报警蜂鸣。当车辆离障碍物较近时，蜂鸣器发出频率较快、声音较大的报警蜂鸣。

原理：当车辆挂入倒档时，倒车雷达系统电路被接通，侦测器开始检测汽车后部障碍物，通过发射器反射的超声波频率，（40kHz），如图 7-30b 所示。当超声波遇到障碍物时，会产生反射波，接收器接收到反射波后，控制器就会计算出障碍物与雷达发射器的距离，并据此采取相应的报警提示。

（3）倒车影像　倒车影像包括显示屏、摄像头、导线等，如图 7-31 所示。

摄像头一般安装在车辆的尾部，它是一种半导体成像器件，通过光反射捕获画面。部分摄像头带有照明灯，便于晚上倒车时能看清后面的障碍物。

显示屏安装在仪表台上或室内镜上,把摄像头捕获的画面通过影像呈现出来。一体机显示屏还具有 CD 播放、GPS 导航等功能。

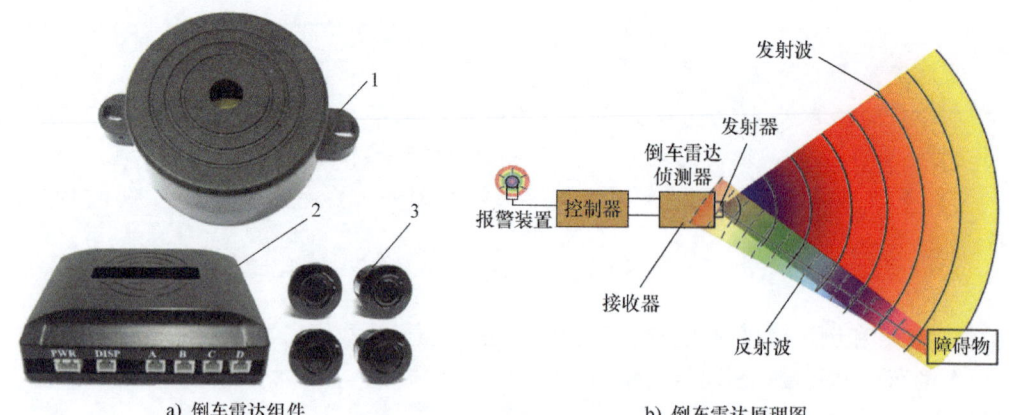

图 7-30 倒车雷达及原理图

1—蜂鸣器　2—控制器　3—倒车雷达侦测器

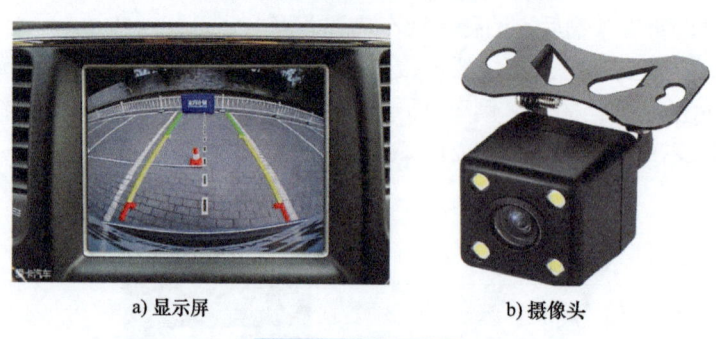

图 7-31 倒车影像

2. 制动灯装置

制动灯装置主要由制动灯开关、制动灯、熔丝和导线等组成。

(1) 制动灯开关　制动灯开关一般安装在制动踏板上方,如图 7-32 所示。当踏下制动踏板时,制动灯开关在弹簧的作用力下使触点闭合。

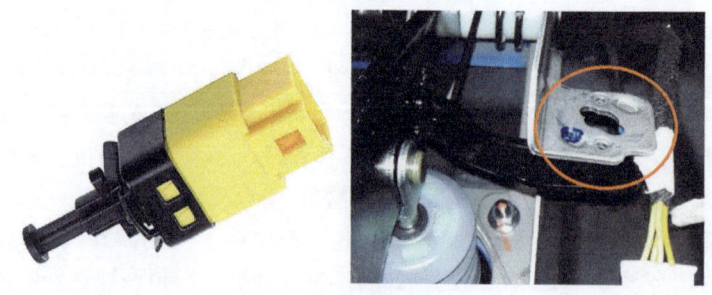

图 7-32 制动灯开关

(2) 制动灯　制动灯安装在尾灯内部,和后小灯形成双丝灯泡,功率大于后小灯,即使在夜间开小灯的情况下,制动灯点亮时也能有明显的信号醒目特征。制动信号灯还配有高位制动灯,如图 7-33 所示。

任务七 照明信号系统常见故障的检修 | 93

图 7-33 制动灯

（二）倒车信号装置和制动灯电路

1. 倒车灯及倒车影像

当挂入倒档时，倒档轴的移动使倒车灯开关钢球释放，触点在弹簧的作用力下闭合，倒车灯点亮。电路为蓄电池正极→点火开关→熔丝→倒车灯开关→倒车灯→蓄电池负极，电路如图 7-34 所示。

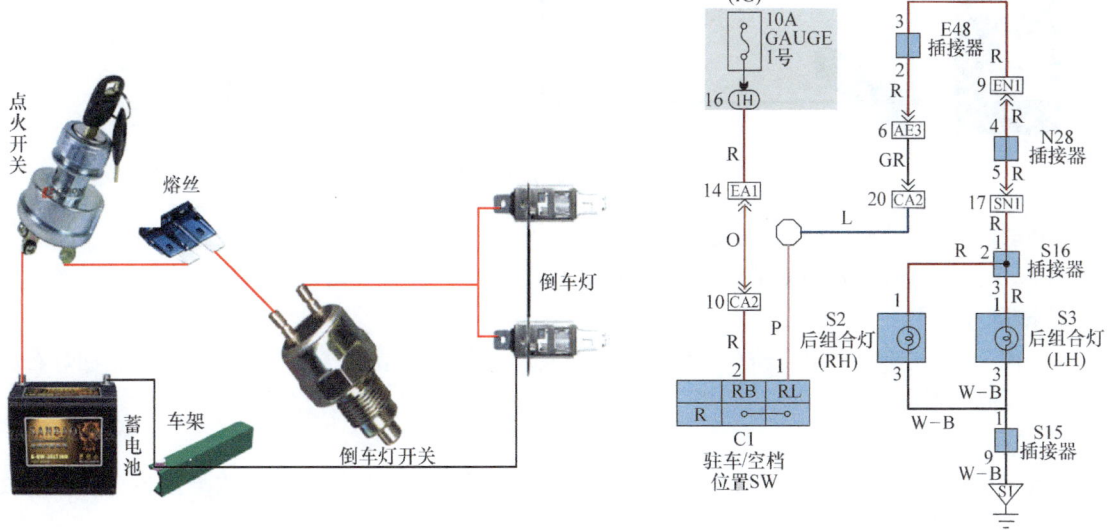

图 7-34 倒车灯电路

当车辆倒车时，倒车灯开关使倒车影像电路接通，倒车影像通过安装在后面的摄像头显示影像，屏幕上带有刻度显示障碍物距离，电路如图 7-35 所示。

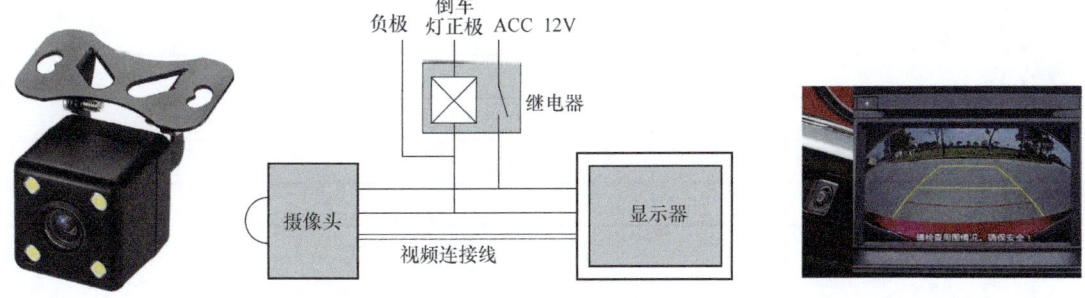

图 7-35 倒车影像系统

当挂入空挡或其他档位时,倒档轴使倒车开关触点断开,倒车灯和倒车影像关闭。

2. 制动灯的电路

踩下制动踏板时,制动灯开关接通使制动灯点亮,制动踏板复位后使制动灯开关触点断开,制动灯熄灭。

电路为蓄电池正极→熔丝→制动灯开关→制动灯→蓄电池负极,如图 7-36 所示。

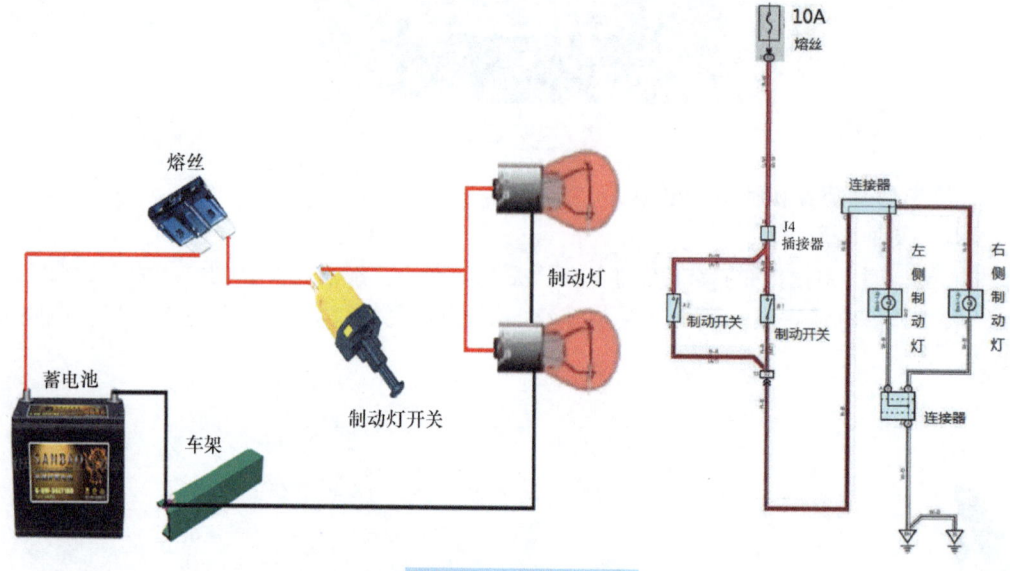

图 7-36　制动灯电路

制动灯开关和倒车灯开关的更换参见视频。

(三)倒车信号装置和制动灯的故障排除

【故障案例】

一辆 2010 款丰田卡罗拉轿车,倒车时发现倒车影像没有显示,倒车灯也不亮,制动灯右侧不亮,其他灯光均正常。

【故障可能的原因】

机电维修小组通过对制动灯和倒车灯相关知识的学习,结合派工单的故障描述,分析出故障原因并制定了实施方案:

1)_____。

2)_____。

3)_____。

【故障检修过程】

具体步骤如下:_____

_____

_____。

故障为_____。

【复查与验收】

1)_____。

2）_____。
3）_____。
4）_____。

【整理清洁】
1）_____。
2）_____。
3）_____。

【总结】
_____
_____
_____
_____。

四、电喇叭常见故障的检修

【派工单】
　　一辆2008款一汽捷达轿车，行驶过程中按电喇叭按钮时发现电喇叭不响，其他功能没有异常，为此来到维修站进行检查。
　　服务顾问记录故障后将车和记录单交给车间主管，车间主管将工单派给机电维修小组。

关于电喇叭的知识我们知道多少呢？下面让我们来学习一下电喇叭的相关知识吧。

（一）电喇叭的相关知识

1. 电喇叭的结构原理

电喇叭是汽车的信号装置，用来警告行人和其他车辆，以确保行车安全。电喇叭按外形分螺旋形、筒形、盆形三种类型。按声频分高音和低音两种。

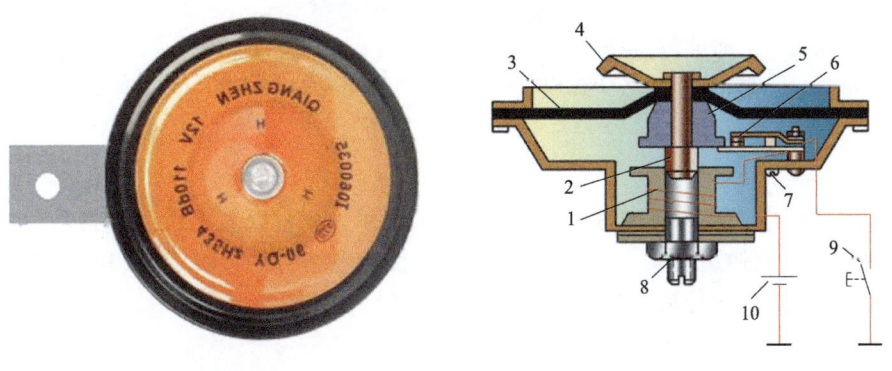

a) 电喇叭外形　　b) 电喇叭结构

图 7-37　盆形电喇叭

1—电磁线圈　2—活动铁心　3—膜片　4—共鸣板　5—振动块　6—触点
7—音量调节螺钉　8—音调调节螺母　9—按钮　10—蓄电池

（1）盆形电喇叭　盆形电喇叭的外形如图7-37a所示，它主要由膜片、共鸣板、振动块、电磁线圈、触点、铁心和外壳等组成，电喇叭的结构如图7-37b所示。电磁线圈绕在固定铁心上，活动铁心与振动块、膜片、共鸣板固定在一起，振动块下缘与动触点臂相接触，活动铁心向下移动时，动触点臂也随之移动，触点由闭合状态转变为断开。

当按下电喇叭按钮时，电磁线圈电路接通，电路为蓄电池正极→电磁线圈→触点→按钮→蓄电池负极，电磁线圈产生吸力使活动铁心向下移动。活动铁心向下移动使触点断开，电磁线圈的电流被切断，磁场消失。活动铁心在膜片的弹力的作用下复位，触点重新闭合，电路再次接通。

就这样如此反复，活动铁心不断上下移动，带动膜片振动产生一定频率的声波，并与膜片连成一体的共鸣板产生共鸣，从而发出比较集中的谐音。

（2）螺旋形电喇叭　螺旋形电喇叭的结构原理如图7-38所示，其扬声筒为螺旋管形状，故称螺旋形电喇叭，它的工作原理和盆形电喇叭相似。

螺旋形电喇叭通电后，电流经过线圈产生电磁吸力使铁心和衔铁吸合，在衔铁的带动下调节螺母使触点断开，线圈断电，衔铁与铁心分开，触点又闭合，如此反复使膜片和扬声筒发出和谐悦耳的声音。

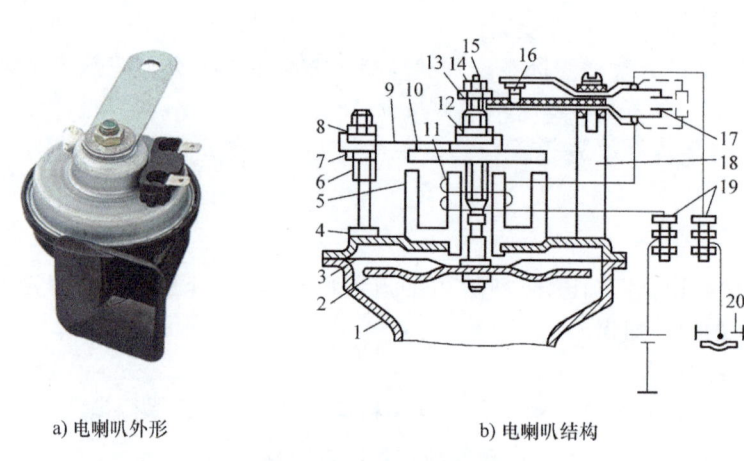

a）电喇叭外形　　　　　　　　b）电喇叭结构

图7-38　螺旋形电喇叭

1—扬声筒　2—共鸣板　3—膜片　4—底板　5—铁心　6—螺钉　7、13—调节螺母　8、12、14—锁紧螺母　9—弹簧片　10—衔铁　11—电磁线圈　15—中心螺杆　16—触点　17—电容　18—支架　19—接线柱　20—按钮

2. 电喇叭按钮

电喇叭按钮一般安装在转向盘上，如图7-39a所示。少数安装在组合开关上，如图7-39b。它主要由触点和复位弹簧组成，如图7-39c，用来控制电喇叭的负极或控制电喇叭继电器的负极。电喇叭按钮通常经过螺旋电缆与电喇叭电路相连接，如图7-39d所示。

3. 电喇叭继电器

电喇叭继电器主要起保护按钮的作用，它一般安装在继电器盒上。它主要由线圈、铁心、动触点、静触点、复位弹簧、接线端子等组成，如图7-40所示。

任务七 照明信号系统常见故障的检修 97

a) 安装在方向盘上

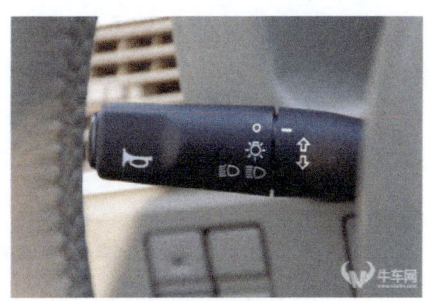
b) 安装在组合开关上

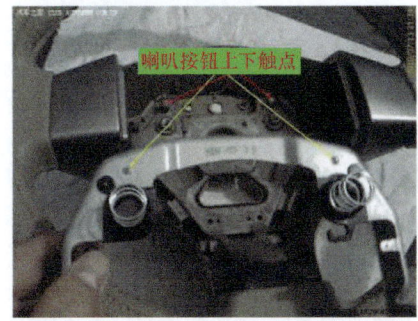

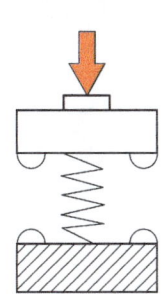
c) 弹簧和触点

d) 螺旋电缆

图 7-39 电喇叭按钮

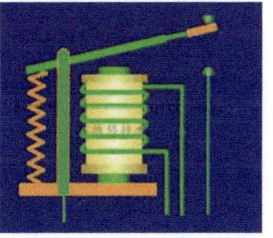

图 7-40 电喇叭继电器

（二）电喇叭控制电路

按下电喇叭按钮时，电喇叭继电器线圈通电，继电器铁心产生电磁场，将继电器触点闭合，给电喇叭供电，喇叭发音。如图 7-41 所示，电路为蓄电池正极→继电器 85→继电器线圈→继电器 86→喇叭按钮→蓄电池负极，这时继电器触点闭合，蓄电池向电喇叭供电；电路为蓄电池正极→继电器 30→触点→继电器 87→电喇叭→蓄电池负极，电喇叭发音。松开电喇叭按钮时，继电器线圈断电，铁心电磁吸力消失，触点在自身弹力作用下张开，切断了电喇叭电路，电喇叭停止发音。

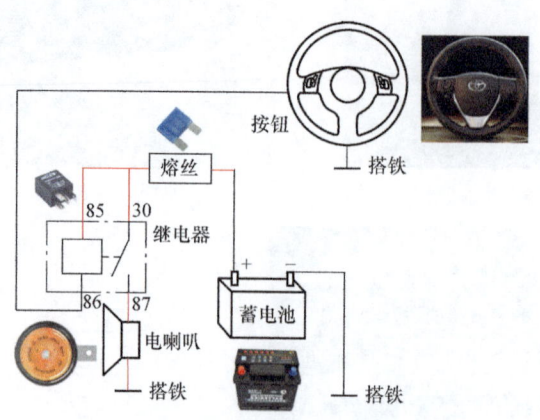

图 7-41　继电器控制双音电喇叭电路

（1）电喇叭音调的调节　音调的调节是通过转动固定铁心来调节的，顺时针旋转时铁心间隙小，膜片的振动频率高（即音调高）；逆时针旋转时铁心间隙大，膜片的振动频率低（即音调低）。铁心间隙一般在 0.7~1.5mm 之间。盆形电喇叭铁心间隙的调节如图 7-42 所示，调节时应先松开锁紧螺母，然后旋转音量调节螺钉进行调整。

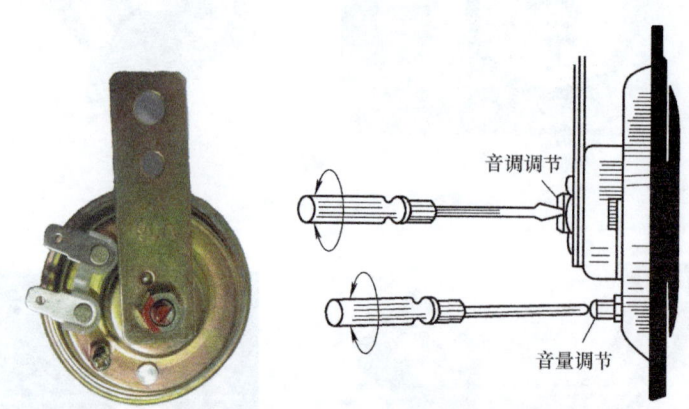

图 7-42　盆形电喇叭音量和音调的调节

（2）音量的调节　电喇叭声音的大小与通过喇叭线圈的电流大小有关。当触点压力增大时，触点闭合的时间较长，流过电喇叭线圈的电流增大，使电喇叭产生的音量增大。反之，音量减小。调节方法如图 7-42 所示，先将调节螺钉固定螺母松开，然后逆时针方向旋转音量调节螺钉，一般每次转动调节螺钉不多于 1/10 圈。将锁紧螺母紧固，按动电喇叭按钮，检查电喇叭音量是否增大，反复调节使电喇叭音量达到最佳效果。

蜗牛电喇叭只有音量调节螺钉，出厂时已经调到最佳并用胶密封，如果确定是电喇叭音量问题，可以取下密封胶进行调整，方法和盆型电喇叭一样，音量调节螺钉如图 7-43 所示。

图 7-43　蜗牛电喇叭音量调节螺钉

电喇叭故障的检修、更换参见视频。

（三）电喇叭常见故障的排除

【故障案例】

一辆 2008 款一汽捷达轿车，行驶过程中按电喇叭按钮时发现电喇叭不响，其他功能没有异常。

【故障可能的原因】

机电维修小组通过对电喇叭理论知识的学习，结合派工单的故障描述，分析出故障原因并制定了实施方案：

1)＿＿＿＿＿＿＿＿＿＿＿＿＿＿＿＿＿＿＿＿＿＿＿＿＿＿＿＿＿＿＿＿＿＿＿＿。
2)＿＿＿＿＿＿＿＿＿＿＿＿＿＿＿＿＿＿＿＿＿＿＿＿＿＿＿＿＿＿＿＿＿＿＿＿。
3)＿＿＿＿＿＿＿＿＿＿＿＿＿＿＿＿＿＿＿＿＿＿＿＿＿＿＿＿＿＿＿＿＿＿＿＿。

【故障检修过程】

具体步骤如下：＿＿＿＿＿＿＿＿＿＿＿＿＿＿＿＿＿＿＿＿＿＿＿＿＿＿＿＿
＿＿＿＿＿＿＿＿＿＿＿＿＿＿＿＿＿＿＿＿＿＿＿＿＿＿＿＿＿＿＿＿＿＿＿＿＿＿＿
＿＿＿＿＿＿＿＿＿＿＿＿＿＿＿＿＿＿＿＿＿＿＿＿＿＿＿＿＿＿＿＿＿＿＿＿＿＿＿
＿＿＿＿＿＿＿＿＿＿＿＿＿＿＿＿＿＿＿＿＿＿＿＿＿＿＿＿＿＿＿＿＿＿＿＿＿。

故障为＿＿＿＿＿＿＿＿＿＿＿＿＿＿＿＿＿＿＿＿＿＿＿＿＿＿＿＿＿＿＿＿＿。

【复查与验收】

1)＿＿＿＿＿＿＿＿＿＿＿＿＿＿＿＿＿＿＿＿＿＿＿＿＿＿＿＿＿＿＿＿＿＿＿＿。
2)＿＿＿＿＿＿＿＿＿＿＿＿＿＿＿＿＿＿＿＿＿＿＿＿＿＿＿＿＿＿＿＿＿＿＿＿。
3)＿＿＿＿＿＿＿＿＿＿＿＿＿＿＿＿＿＿＿＿＿＿＿＿＿＿＿＿＿＿＿＿＿＿＿＿。
4)＿＿＿＿＿＿＿＿＿＿＿＿＿＿＿＿＿＿＿＿＿＿＿＿＿＿＿＿＿＿＿＿＿＿＿＿。

【整理清洁】

1)＿＿＿＿＿＿＿＿＿＿＿＿＿＿＿＿＿＿＿＿＿＿＿＿＿＿＿＿＿＿＿＿＿＿＿＿。
2)＿＿＿＿＿＿＿＿＿＿＿＿＿＿＿＿＿＿＿＿＿＿＿＿＿＿＿＿＿＿＿＿＿＿＿＿。
3)＿＿＿＿＿＿＿＿＿＿＿＿＿＿＿＿＿＿＿＿＿＿＿＿＿＿＿＿＿＿＿＿＿＿＿＿。

【总结】

＿＿＿＿＿＿＿＿＿＿＿＿＿＿＿＿＿＿＿＿＿＿＿＿＿＿＿＿＿＿＿＿＿＿＿＿＿＿＿
＿＿＿＿＿＿＿＿＿＿＿＿＿＿＿＿＿＿＿＿＿＿＿＿＿＿＿＿＿＿＿＿＿＿＿＿＿＿＿
＿＿＿＿＿＿＿＿＿＿＿＿＿＿＿＿＿＿＿＿＿＿＿＿＿＿＿＿＿＿＿＿＿＿＿＿＿＿＿
＿＿＿＿＿＿＿＿＿＿＿＿＿＿＿＿＿＿＿＿＿＿＿＿＿＿＿＿＿＿＿＿＿＿＿＿＿。

任务八 仪表系统常见故障的检修

【派工单】

一辆 2010 款丰田卡罗拉轿车已行驶 16 万 km，加满燃油后发现燃油表不指示，为此到维修站检修。

服务顾问记录故障后将车和记录单交给车间主管，车间主管将工单派给机电维修小组。

一、汽车仪表系统的认知

汽车仪表是为驾驶人提供汽车运行重要信息的装置，同时也是维修人员发现和排除故障的重要依据。一般汽车仪表有冷却液温度表、燃油表、发动机转速表、车速里程表等。仪表总成如图 8-1、图 8-2 所示。

冷却液温度表的作用是指示发动机冷却液的温度。发动机正常工作情况下，冷却液温度表指示值应在 85~105℃之间。它由装在发动机水道上的冷却液温度传感器配合工作，常用的指针式冷却液温度表有电热式和电磁式两类，电磁式冷却液温度表又分双线圈式和三线圈式两种。

1. 电热式冷却液温度表

（1）电热式冷却液温度表的结构　电热式冷却液温度表又称双金属片式冷却液温度表，主要由两种不同膨胀系数的金属制成。电热式冷却液温度表的外形和结构如图 8-3 所示，双金属片一端固定在支架上，另一端挂在指针的缺口上，指针缺口下端挂有弹簧片作为支撑。双金属片上绕有加热线圈，当有电流通过加热线圈时，产生的热量就会使双金属片膨胀变形，从而带动指针偏转。

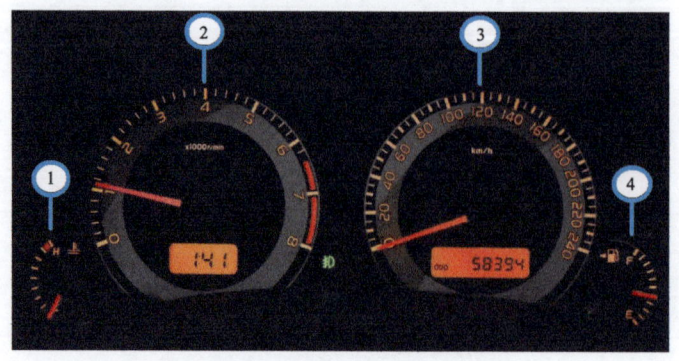

图 8-1　丰田卡罗拉组合式仪表

1—冷却液温度表　2—发动机转速表　3—车速里程表　4—燃油表

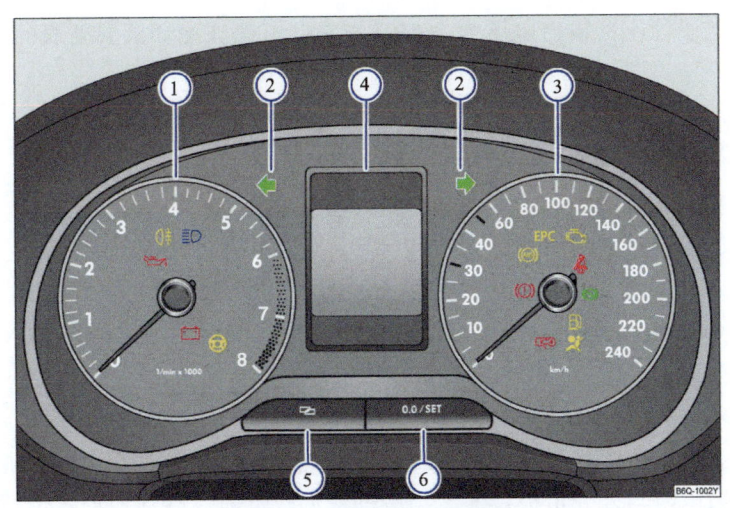

图 8-2　大众车系仪表板

1—发动机转速表　2—左右转向指示灯　3—车速里程表　4—多功能显示器（燃油表、时钟、室外温度、档位显示、里程总数及计数器等）　5—时钟调节按钮　6—计数器清零及里程转换按钮

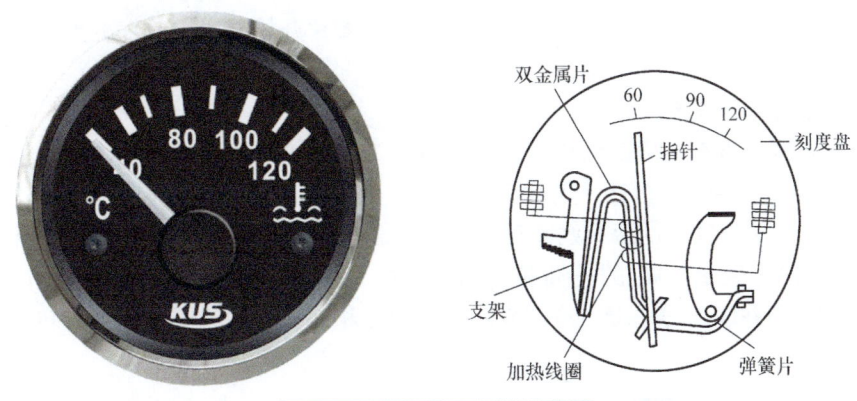

图 8-3　电热式冷却液温度表

（2）冷却液温度传感器的结构　目前汽车上使用的冷却液温度传感器多为负温度系数的热敏电阻式传感器。当发动机冷却液温度较低时，传感器热敏电阻值较大；冷却液温度变高时，传感器热敏电阻值变小。热敏电阻式冷却液温度传感器主要由热敏电阻、接线柱、弹簧、壳体等部分组成。热敏电阻下端与壳体接触，通过壳体搭铁，上端通过弹簧与导电柱、接线柱相通。冷却液温度传感器外形和结构如图 8-4 所示。

（3）电热式冷却液温度表的工作原理　电热式冷却液温度表的电路由电子稳压器、冷却液温度传感器、冷却液温度表等组成。由于电热式冷却液温度表在工作时经常受到电源电压波动的影响而产生指示不准确的现象。为了使电热式仪表正常稳定的工作，通常在仪表的后端加上一个稳压器。目前电热式仪表采用的稳压器

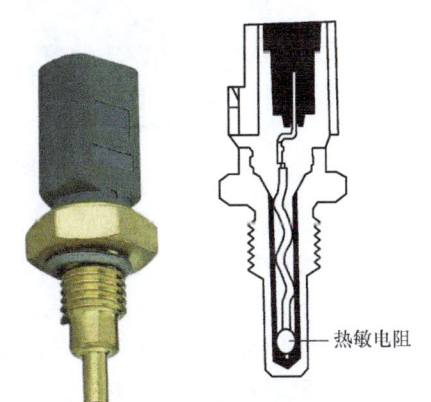

图 8-4　冷却液温度传感器

一般为电子式，电子稳压器输出电压为 7~10V 左右。电热式冷却液温度表的电路原理如图 8-5 所示。

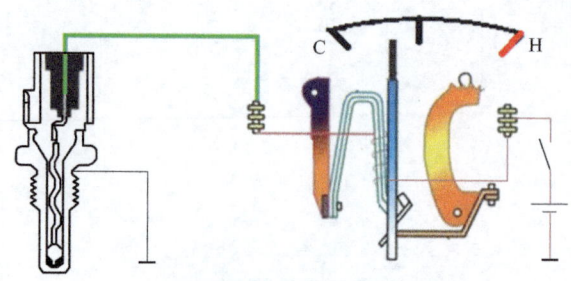

图 8-5　电热式冷却液温度表电路原理

点火开关闭合后，电流经过电子稳压器给冷却液温度表加热线圈通电，加热线圈经过冷却液温度传感器热敏电阻与外壳负极接通。当冷却液温较低时，冷却液温度传感器热敏电阻阻值较大，加热线圈流过的电流较小，双金属片变形小，指针指示低温区。随着温度的增高，冷却液温度传感器热敏电阻阻值变小，加热线圈流过的电流变大，双金属片变形量增大，指针指示较高温度。

点火开关关闭后，加热线圈的电流被切断，双金属片开始降温并收缩变形，带动指针回到原位。

2. 电磁式冷却液温度表

（1）电磁式冷却液温度表的结构　电磁式冷却液温度表又称双线圈式冷却液温度表，它主要由左右电磁线圈、转子、指针、刻度盘等组成。电磁式冷却液温度表的外形和结构如图 8-6 所示。电磁式冷却液温度表的两只线圈对称安装在表盘的左右两侧，左侧电磁线圈用 W_1 表示，右侧电磁线圈用 W_2 表示。W_1 的一端和 W_2 相并联，由点火开关控制，另一端与负极相连接。W_2 的一端和 W_1 相并联，另一端与冷却液温度传感器相连接。两线圈中间置有转子，转子上连有指针。

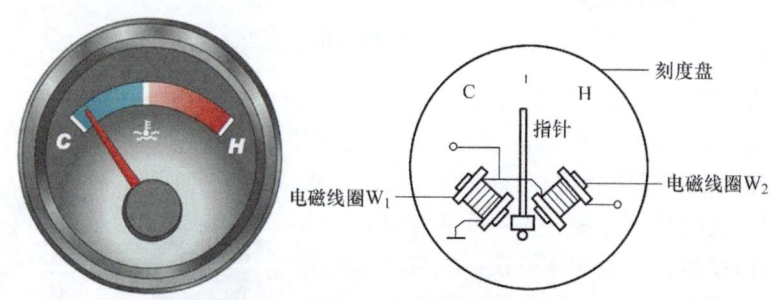

图 8-6　电磁式冷却液温度表

（2）电磁式冷却液温度表的工作原理　电磁式冷却液温度表也采用负温度系数的热敏电阻式冷却液温度传感器。当发动机冷却液温度发生变化时，热敏电阻传感器直接控制左、右线圈中的电流大小，从而带动指针偏转，指示相应的温度值，如图 8-7 所示。

点火开关闭合后，蓄电池给电磁式冷却液温度表供电。电路为蓄电池正极→点火开关→电磁式式冷却液温度表正接线柱→左侧线圈 W_1→负极→蓄电池负极，由于左、右两侧线圈相并联；另一支路为电磁式式冷却液温度表正极接线柱→右侧线圈 W_2→冷却液温度传感器→负极蓄电池负极。

当发动机冷却液温度较低时，冷却液温度传感器电阻值较大，右侧线圈 W_2 磁场较弱，左侧线圈 W_1 磁场较强，指针转子被吸引到左侧指示低温。

当发动机冷却液温度较高时，冷却液温度传感器电阻值变小，右侧线圈 W_2 磁场变强，左侧线圈 W_1 磁场变弱，指针转子被吸引到右侧指示高温。

点火开关关闭后，指针在转子偏心力的作用下回到低位。

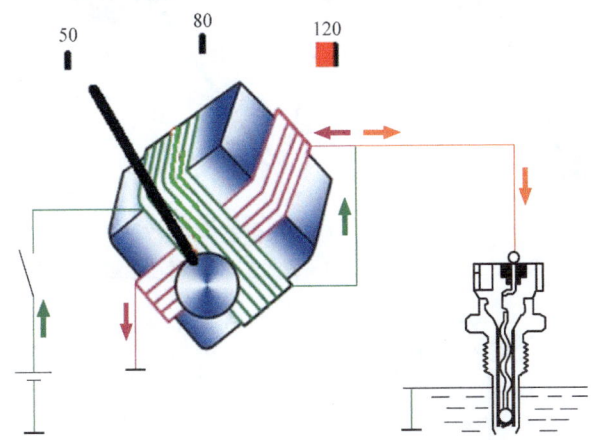

图 8-7　电磁式冷却液温度表电路原理

二、燃油表的检修

（一）燃油表的相关知识

燃油表用来指示汽车油箱中储存的燃油量。它与装在油箱内的燃油传感器配合工作。指针式燃油表根据类型可分为电磁式和电热式两种。

1. 电磁式燃油表

（1）电磁式燃油表的结构　电磁式燃油表又称双线圈燃油表，它主要由两个电磁线圈组成，其外形与结构如图 8-8 所示。燃油表的两只线圈对称安装在表盘的左右两侧，中间置有转子，转子上连有指针。

 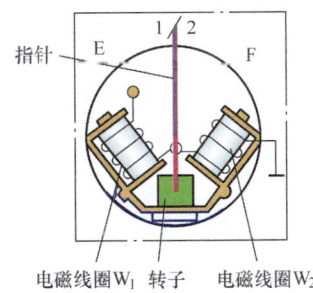

图 8-8　电磁式燃油表

（2）燃油传感器的结构　可变电阻式传感器由电阻器、滑片、浮子等组成，如图 8-9 所示。浮子漂浮在油面上，随油面的高低而起落，带动滑片使电阻器的阻值随之改变。

触点式燃油传感器由串联电阻、触点、带有永久磁铁的浮子等组成，如图 8-10 所示。浮子随着燃油量的多少上下移动,当浮子到达某电阻触点时触点闭合,从而改变燃油传感器的电阻值。

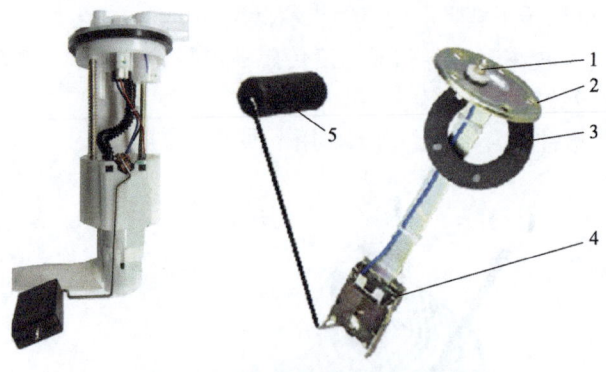

图 8-9　带滑动电阻的燃油传感器

1—接线柱　2—固定盖板　3—密封垫　4—滑动电阻　5—浮子

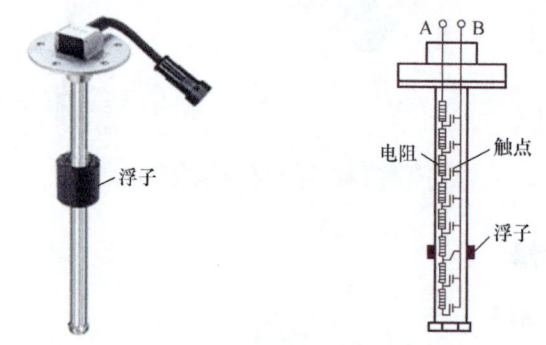

图 8-10　触点式燃油传感器

（3）电磁式燃油表的工作原理　当油箱内无油时,浮子下降到最低位置,传感器上的电阻器被短路,同时右线圈也被短路。左侧线圈电流较大磁强度也较强,吸引转子带动指针偏向最左端,指在"0"位上,如图 8-11 所示。

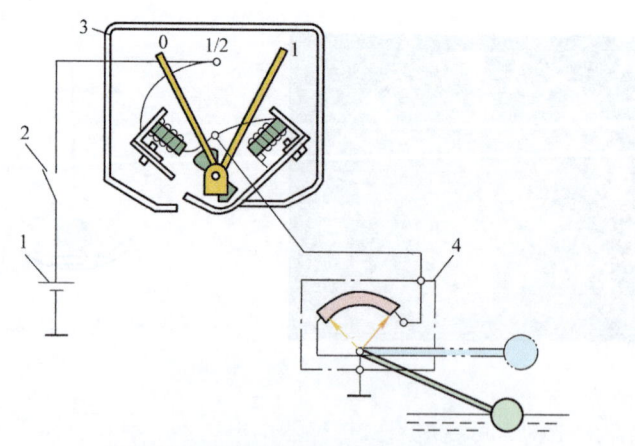

图 8-11　电磁式燃油表电路原理图

1—蓄电池　2—点火开关　3—电磁式燃油表　4—燃油传感器

当向油箱中加油时，随着油量的增多，浮子也上升，电阻逐渐变大。左线圈中的电流逐渐减小，电磁强度相对减弱。右线圈中电流逐渐增大，电磁强度相对增强，两线圈的合成磁场偏向右方，吸引指针转子顺时针偏转，指示一定油量的刻度。

当油箱加满油时，浮子上升到最高处，传感器的电阻值最大，这时左线圈中的电流最小，而右线圈中的电流最大，电磁力也达到最大，在两线圈的合成磁场作用下，带动指针偏向最右端指在"1"的刻度上，表示油箱已加满。

传感器的可变电阻末端搭铁，可避免滑片与可变电阻接触不良时产生火花，引起火灾。

2. 电热式燃油表

电热式燃油表的结构和电热式冷却液温度表相似，其外形和结构原理如图 8-12 所示。电热式燃油表和电热式冷却液温度表共用一个稳压器。

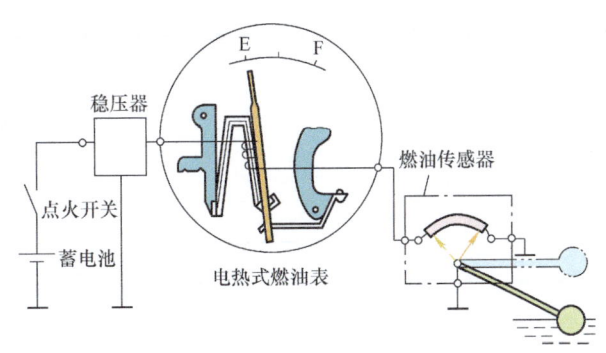

图 8-12　电热式燃油表

当燃油量较多时，浮子上升，传感器阻值减小，流过指示表电热线圈中的电流较大，双金属片变形大，指针指向燃油较多方向"F"；相反燃油较少时，浮子下降，传感器电阻较大，流过电热线圈中的电流较小，双金属片变形小，指针指向燃油较少方向"E"。

当点火开关关闭时，加热线圈电流被切断，双金属片开始降温并收缩变形，带动指针回到原位。

（二）燃油表的故障排除

【故障案例】

一辆 2010 款丰田卡罗拉轿车已行驶 16 万 km，加满燃油后发现燃油表不指示，其他仪表工作正常。

【故障可能的原因】

机电维修小组通过对燃油表理论知识的学习，结合派工单的故障描述，分析出故障原因并制定了实施方案：

1)_____。

2)_____。

3)_____。

【故障检修过程】
具体步骤如下：_____
_____
_____
_____○

故障为_____○
【复查与验收】
1)_____○
2)_____○
3)_____○
4)_____○
【整理清洁】
1)_____○
2)_____○
3)_____○
【总结】
_____
_____
_____
_____○

三、车速表故障的检修

【派工单】
　　一辆 2012 款一汽捷达轿车已行驶 15 万 km，在行驶过程中发现车速表不指示，到了一定车速中控也不落锁，但不影响正常行驶为此到维修站检修。
　　服务顾问记录故障后将车和记录单交给车间主管，车间主管将工单派给机电维修小组。

（一）车速表和转速表的相关知识

1. 发动机转速表

为了检查和监视发动机工作情况，合理地选择换档时机，在汽车的仪表板上装有发动机转速表。

发动机指针转速表按其结构不同可分为机械式和电子式两种。机械式转速表由于故障率高、易损坏、指示不准确等缺点，现已经停止使用。电子式转速表因指示平稳、工作可靠、安装方便，应用较为广泛。电子式转速表外形和结构如图 8-13 所示。

目前汽车上普遍使用的发动机转速表均为指针电子控制式，按照转速传感器的信号形式可分为磁感应式、霍尔式、光电式等几种。其中霍尔式和磁感应式应用较为广泛。

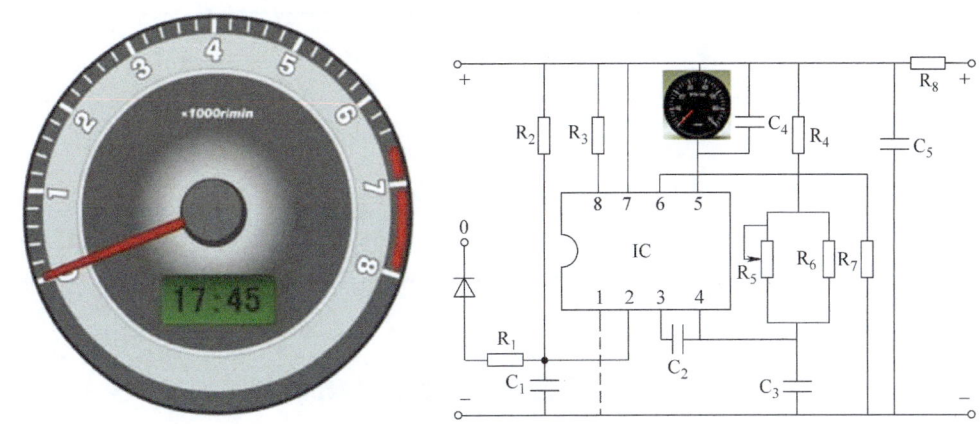

图 8-13 发动机转速表

（1）霍尔式发动机转速表 霍尔式发动机转速表主要由霍尔式转速传感器、电子控制集成电路和转速表等组成，如图 8-14 所示。霍尔式转速传感器安装在正时齿轮的外壳上，与正时齿轮顶保持 1.02~2.03mm 的间隙，传感器与转速表电子控制集成电路相连接。转速表的正极端经过 R_1 由点火开关控制，转速表的负极端与集成电路 IC 连接。

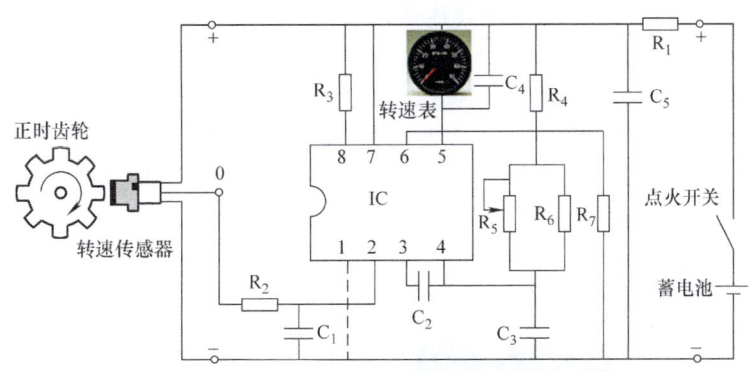

图 8-14 霍尔式发动机转速表

工作原理：当点火开关闭合后，霍尔式转速传感器正负极电路接通。发动机起动时，当正时齿轮位于齿底位置时，穿过霍尔元件的磁力线分散，磁场相对较弱；而当正时齿轮位于齿顶位置时，穿过霍尔元件的磁力线集中，磁场相对较强，使得穿过霍尔元件的磁力线密度发生变化，因而引起霍尔电压的变化，霍尔元件将输出一个毫伏 (mV) 正弦波电压。此信号由电子集成电路进行放大整形后控制转速表的电流大小，从而使转速表准确的指示发动机转速。

在汽油电控发动机上，发动机转速传感器不但给转速表提供转速信号同时也给发动机控制模块（ECM）提供点火正时信号。为了确保发动机的正常工作，发动机转速表的信号首先要经过发动机控制模块控制，然后再向转速表输送信号。

（2）磁感应式发动机转速表 磁感应式发动机转速表主要由磁感应式传感器、电子集成电路和转速表等组成，如图 8-15 所示。

磁感应式传感器内部包含永久磁铁和感应线圈，它与正时齿轮的间隙大约在 1~2mm 左右。当齿盘旋转时，间隙处的磁阻就发生变化，在线圈上可感应出电脉冲信号。

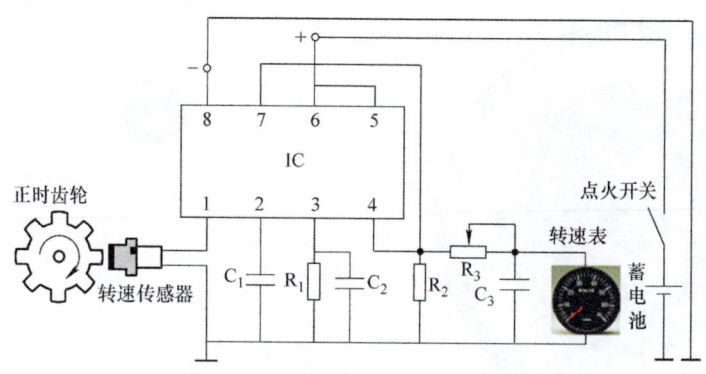

图 8-15 磁感应式发动机转速表

工作原理：当曲轴转动时，正时齿轮不断地与磁感应式传感器的永久磁铁发生电磁感应现象，于是在感应线圈中感应出交变电动势。该交变电动势的频率与齿轮齿数成正比。磁感应式转速传感器输出的近似正弦波频率信号，经集成电路处理后，输出具有一定幅值和宽度的矩形波，用来驱动毫安表。

由于输入的信号频率与正时齿轮齿数成正比，信号的频率和幅值与发动机转速成正比。当发动机转速升高时，频率也随之升高，幅值增大，使通过毫安表中的平均电流增大，则指针摆动角度也相应增大，于是转速表指示的转速就高。

2. 车速里程表

车速里程表分为机械式、机电式、电子式三种。

（1）机械式车速里程表 机械式车速里程表中的软轴在高速下旋转，其运动的迟滞性及受到钢丝交变应力极限的限制，高速行驶的车辆常常造成钢丝软轴疲劳断裂，从而使里程表功能失效，因此纯机械式里程表已经慢慢退出市场。

（2）机电式车速里程表 机电式车速里程表电路主要由车速传感器、电子电路、车速表和里程计数器四部分组成，如图 8-16 所示。

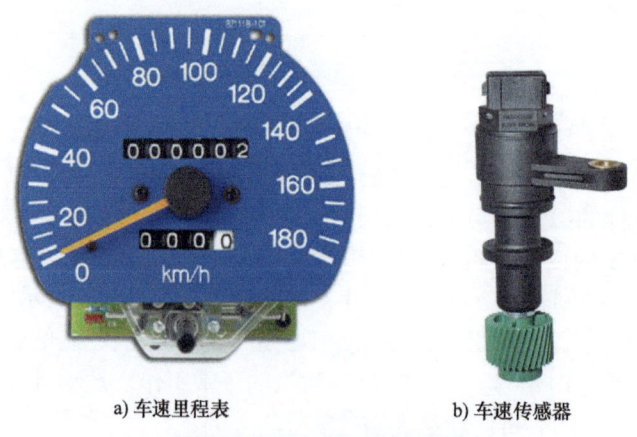

a) 车速里程表 b) 车速传感器

图 8-16 电磁式车速传感器

车速传感器由变速器驱动，能够产生正比于汽车行驶速度的开关信号。它由一个弹片开关和一个含有四对磁极的转子组成，如图 8-17 所示。转子每转一周，弹片触点闭合 8 次，产生八个脉冲信号，汽车每行驶 1km，车速传感器将输出 4127 个脉冲。

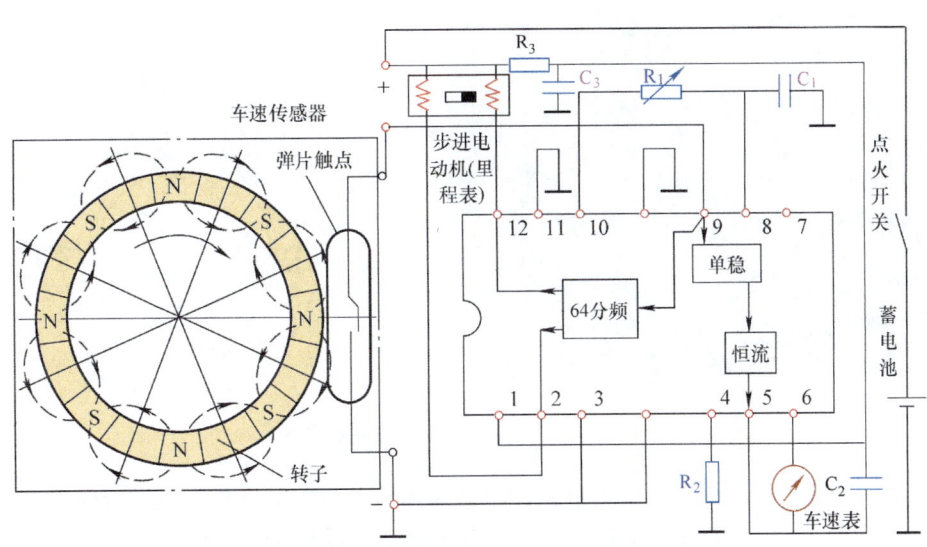

图 8-17 电磁式车速里程表工作原理

电子电路由单稳态触发电路、恒流电路、64 分频电路、功率放大电路以及电源稳压等电子电路组成。汽车运行时，电子电路将车速传感器输入的脉冲信号整形、处理后转变为电流信号，并加以放大，以驱动车速表指示车速；同时它还将脉冲信号经分频和功率放大，转变为一定频率的脉冲信号，以驱动里程表步进电机的轴转动，记录汽车的行驶里程。

（3）电子式车速里程表　电子式车速里程表电路主要由车速传感器、车速表和里程显示器等部分组成，如图 8-18 所示。

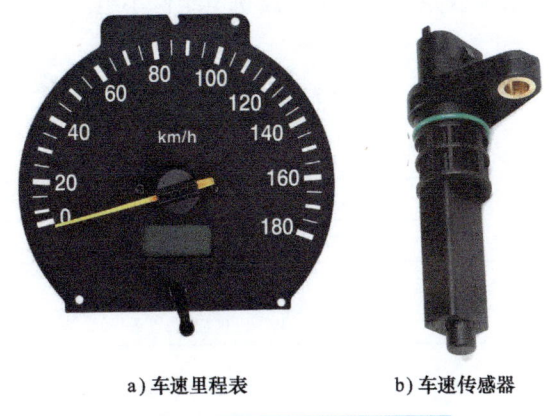

a) 车速里程表　　　b) 车速传感器

图 8-18　电子式车速里程表

车速传感器一般安装在变速器输出轴附近，与转子齿轮之间有一定的间隙（1.4mm ± 0.6mm），如图 8-19 所示。

当汽车行驶时，变速器输出主轴转动，齿轮每转动一周，传感器就有 8 个方波脉冲信号输出，经连接线束传给车速里程表。车速表以一个磁电式电流表作为指示表，汽车以不同的车速运行时，信号处理电路将车速传感器输入的脉冲信号转变为与车速成正比的电流信号，使电流表的指针偏转，指示出相应的车速。

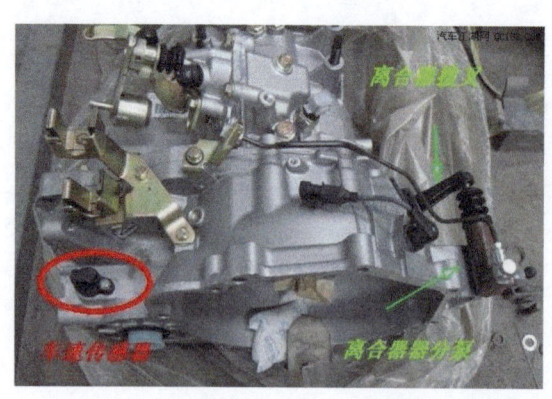 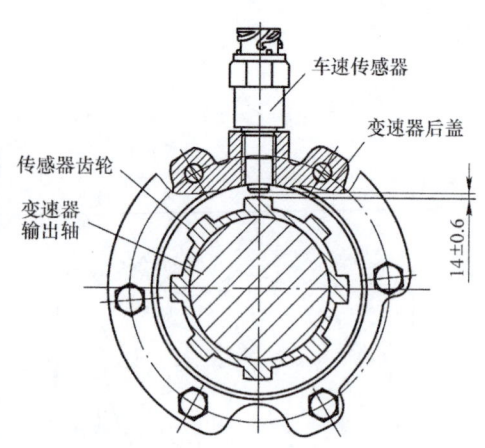

图 8-19 传感器的安装位置

里程表由步进式电动机、六位十进制计数器及内传动齿轮等组成。汽车行驶时车速传感器输出的脉冲信号，经信号处理、电路分频和功率放大，驱动电动机轴转动，里程表十进制计数器的六个计数轮依次转动，记录汽车行驶的总里程和单程行驶里程。当需要消除短里程时，只需按一次复位杆，短里程表就会归零。

更换车速传感器、仪表总成的更换见视频。

（二）车速表的故障排除

【故障案例】

一辆 2012 款一汽捷达轿车已行驶 15 万 km，在行驶过程中发现车速表不指示，到了一定车速中控也不落锁，但不影响正常行驶。

车间管理人员详细记录故障现象后把工单派给机电维修小组。

【故障可能的原因】

机电维修小组通过对车速表相关知识的学习，结合派工单的故障描述，分析出故障原因并制定了实施方案：

1）_____。
2）_____。
3）_____。

【故障检修过程】

具体步骤如下：_____
_____
_____
_____。

故障为_____。

【复查与验收】

1）_____。
2）_____。
3）_____。
4）_____。

【整理清洁】

1)＿＿＿＿＿＿＿＿＿＿＿＿＿＿＿＿＿＿＿＿＿＿＿＿＿＿＿＿＿＿＿＿＿＿＿＿＿＿＿。

2)＿＿＿＿＿＿＿＿＿＿＿＿＿＿＿＿＿＿＿＿＿＿＿＿＿＿＿＿＿＿＿＿＿＿＿＿＿＿＿。

3)＿＿＿＿＿＿＿＿＿＿＿＿＿＿＿＿＿＿＿＿＿＿＿＿＿＿＿＿＿＿＿＿＿＿＿＿＿＿＿。

【总结】

＿＿＿

＿＿＿

＿＿。

四、警告灯点亮故障的检修

【派工单】

一辆2012款一汽大众捷达轿车已行驶8万km，在行驶过程中仪表警告灯点亮，驾驶人不知道警告灯代表什么含义，担心出现严重故障，为此到维修站检修。

服务顾问记录故障后将车和记录单交给车间主管，车间主管将工单派给机电维修小组。

（一）仪表报警信号装置的相关知识

仪表警告灯一般由传感器和红色或黄色警告指示灯组成。当被检测的部件或系统工作不正常时，警告灯电路自动接通，以点亮或闪亮的方式报警，提醒驾驶人采取相应的措施。如机油压力过低警告灯、冷却液温度过高警告灯、燃油量过少警告灯、轮胎气压过低警告灯和制动液液面过低警告灯等。

1. 机油压力过低警告灯

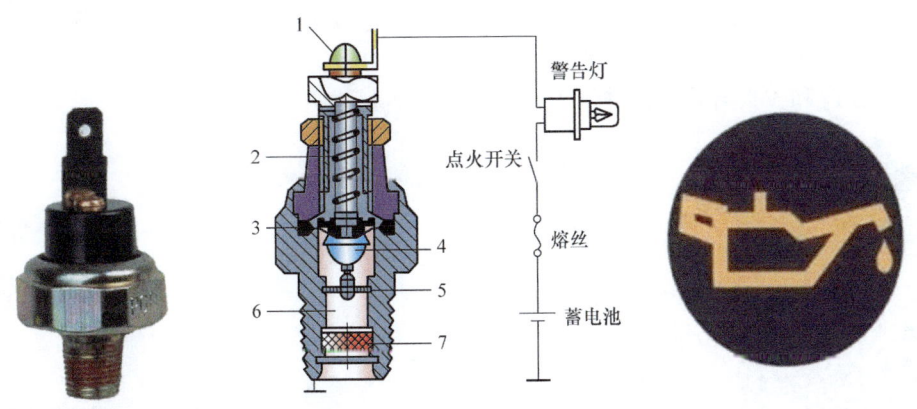

图8-20 膜片式机油压力过低警告灯电路

1—接线柱 2—复位弹簧 3—膜片 4—动触点 5—静触点 6—油道 7—过滤器

机油压力过低警告灯为红色警告灯，其功用是当润滑系统的机油压力降到一定值时，警告灯电路自动接通并点亮，提醒驾驶人及时检查与维修，避免损坏发动机。机油压力过低警告灯传感器的外形与结构如图 8-20 所示。传感器通过螺纹安装在发动机润滑系统的主油道上,主油道润滑油压力通过传感器中间孔直接作用到膜片上。膜片与动触点和弹簧连在一起,弹簧与接线柱相连接。

工作原理:当发动机工作时,汽油机机油压力一般在 200~400kPa,如果机油压力低于 50~90kPa,油压警告传感器中的触点在弹簧的作用力下与连在外壳上的触点相闭合,接通油压报警电路,警告灯点亮。

在部分大众车系的发动机上,主油道和汽缸盖凸轮轴位置各安装一个机油压力报警传感器,主油道安装的为高压报警传感器,凸轮轴分支油道安装的是低压报警传感器。发动机工作时,如果主油道机油压力低于 180kPa,警告灯点亮并有警告蜂鸣器响起;如果凸轮轴分支油道机油压力低于 30kPa,警告指示灯点亮。

2. 燃油不足警告灯

燃油不足警告灯为红色或黄色,其功用是油箱燃油储存量少于规定值时,警告灯点亮,提醒驾驶人及时补充燃油。汽车常用燃油不足警告灯的控制方式有热敏电阻控制式和电子控制式两种。

(1)热敏电阻式燃油不足警告灯 热敏电阻式传感器安装在燃油箱上,其电路原理如图 8-21 所示。

工作原理:点火开关闭合后,当油箱内燃油量多时,负温度系数的热敏电阻元件浸没在燃油中散热快,温度较低,电阻值较大。因此电路中流过的电流较小,不能使警告灯点亮。

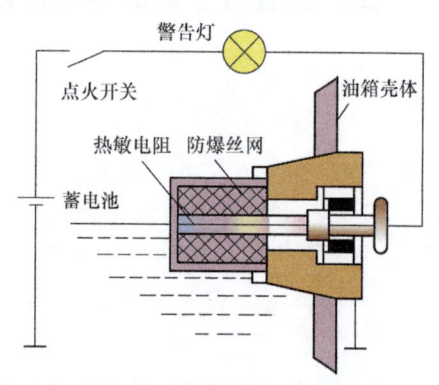

图 8-21 热敏电阻式燃油不足警告灯电路

当燃油减少到规定值以下时,热敏电阻元件露出油面,散热较慢,温度升高,电阻值减小,电路中电流增大,则警告灯点亮。

(2)电子控制式燃油不足警告灯 电子控制式燃油不足警告灯根据燃油表的不同控制方法也有区别。如电磁式燃油表配合使用燃油不足警告灯电路如图 8-22 所示,闭合点火开关,当油箱燃油量低时,浮子下沉滑动电阻值变大,晶体管 VT_1 截止,晶体管 VT_2 和 VT_3 截止,晶体管 VT_4 导通,警告灯点亮。当油箱燃油量增加时,浮子上升,传感器电阻值变小,晶体管 VT_1 导通,晶体管 VT_2 和 VT_3 导通,晶体管 VT_4 截止,警告灯熄灭。

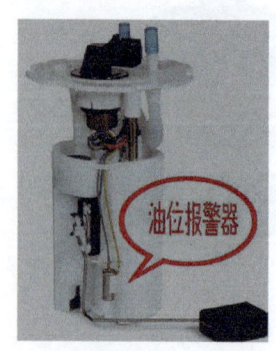
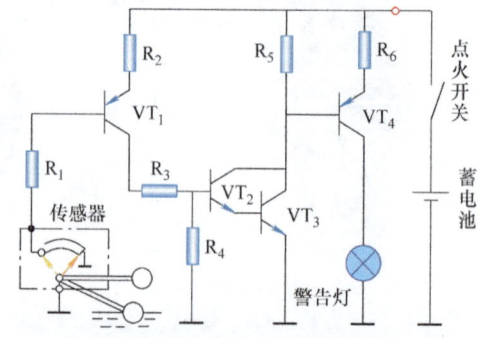

图 8-22 电子控制式燃油不足警告灯电路

3. 冷却液不足警告灯

电路原理如图 8-23 所示,闭合点火开关,当冷却液少于标准值时,冷却液位置传感器与负极之间断开，晶体管 VT_1 截止，晶体管 VT_2 和 VT_3 截止，电流经过 R_5、VD_1 和 VD_2 给警告灯供电，这时冷却液不足警告灯点亮。当冷却液达到标准值时，冷却液位置传感器与负极接通，晶体管 VT_1 导通，晶体管 VT_2 和 VT_3 导通，VD_1 和 VD_2 截止，警告灯熄灭。

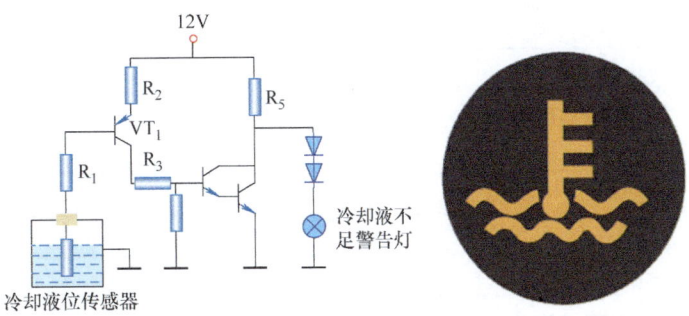

图 8-23　冷却液不足警告灯

4. 制动液液面过低警告灯

电路原理如图 8-24 所示，闭合点火开关，当冷却液少于标准值时，浮子随液面下降到规定值以下时，永久磁铁吸动触点开关使之闭合，接通电路，警告灯点亮，以示告警。当液面在规定值以上时，浮子上升，因磁铁吸力不足，干簧开关在自身弹力作用下，使电路断开，警告灯熄灭。

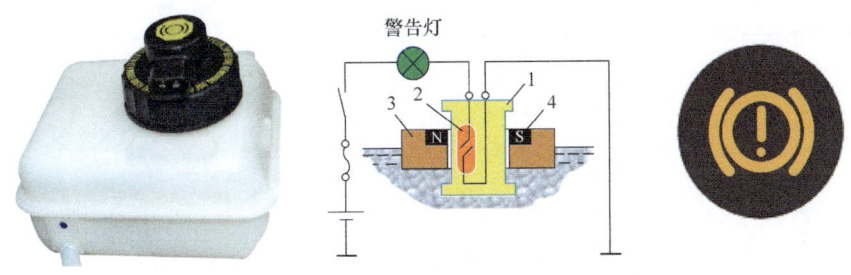

图 8-24　制动液液面过低报警装置

1—传感器外壳　2—弹片式触点　3—浮子　4—永久磁铁

冷却液警告灯闪烁的故障检修见视频。

（二）**警告灯点亮的故障排除**

【故障案例】

一辆 2010 款一汽捷达轿车已行驶 8 万 km，起动车后发现仪表冷却液警告灯点亮，建议检查冷却液液面，并检查冷却风扇是否工作。

【故障可能的原因】

机电维修小组通过对仪表警告灯相关案例的查阅，结合派工单的故障描述，分析出故障原因并制定了实施方案：

1）＿＿＿＿＿＿＿＿＿＿＿＿＿＿＿＿＿＿＿＿＿＿＿＿＿＿＿＿＿＿＿＿＿＿＿＿＿＿。
2）＿＿＿＿＿＿＿＿＿＿＿＿＿＿＿＿＿＿＿＿＿＿＿＿＿＿＿＿＿＿＿＿＿＿＿＿＿＿。
3）＿＿＿＿＿＿＿＿＿＿＿＿＿＿＿＿＿＿＿＿＿＿＿＿＿＿＿＿＿＿＿＿＿＿＿＿＿＿。

【故障检修过程】

具体步骤如下：_____
_____
_____
_____。

故障为_____。

【复查与验收】

1）_____。
2）_____。
3）_____。
4）_____。

【整理清洁】

1）_____。
2）_____。
3）_____。

【总结】

_____
_____
_____
_____。

任务九 辅助电器系统常见故障的检修

一、刮水器故障的检修

【派工单】
　　一辆 2010 款丰田卡罗拉轿车，打开刮水器开关时，发现只有低速档工作，高速档时刮水器电动机不转，但自动回位正常，间歇正常，洗涤器工作正常，为此来到维修站进行检修。
　　服务顾问记录故障后将车和记录单交给车间主管，车间主管将工单派给机电维修小组。

（一）风窗玻璃清洗装置的相关知识

为了保证驾驶人在雨天、雪天和雾天有良好的视线，确保行车安全，汽车在前风窗玻璃处装备了玻璃清洗装备。

清洗装置包括电动刮水器总成、洗涤器和控制装置，如图 9-1 所示。

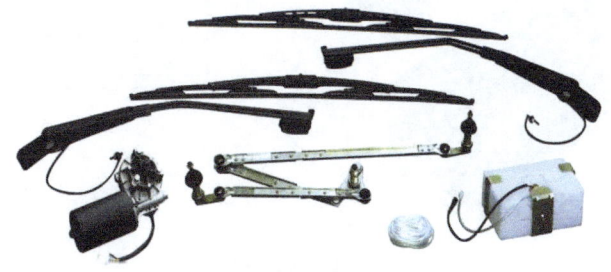

a) 刮水器总成和洗涤器

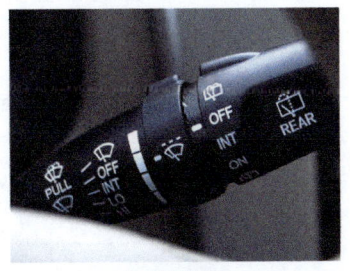

b) 控制装置

图 9-1　前风窗玻璃清洗装置

1. 电动刮水器总成

电动刮水器总成主要由电动机、联动机构、刮水器臂、刮水器片等组成，如图 9-2 所示。

a）电动机

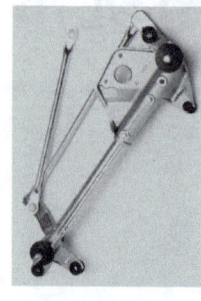
b）联动杆

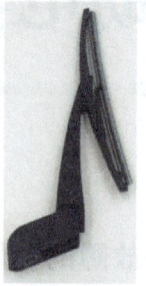
c）刮水器片

图 9-2　电动刮水器总成结构

（1）刮水器电动机　刮水器电动机由定子、转子、电刷等组成。按磁场结构来分，电动机有励磁式和永磁式两种，永磁式电动机具有体积小、质量轻、结构简单的特点，被广泛地应用在轿车上，其外形和结构如图 9-3 所示。

（2）刮水器电动机的工作原理　永磁式电动机磁场的强弱不能改变，为了改变工作速度可采用三刷式电动机，利用三个电刷改变正负电刷之间串联的转子线圈个数实现变速。转子绕组反向电动势高低一定时，转速和正负电刷之间串联的转子线圈个数成反比，正负电刷之间串联的转子线圈个数越多，转速越低，反之，正负电刷之间串联的转子线圈个数越少，转速越高。其变速原理如图 9-4 所示。

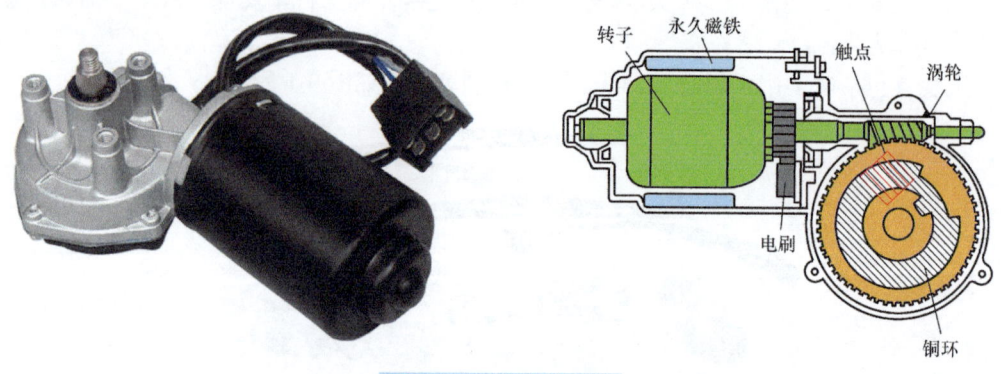

图 9-3　刮水器电动机

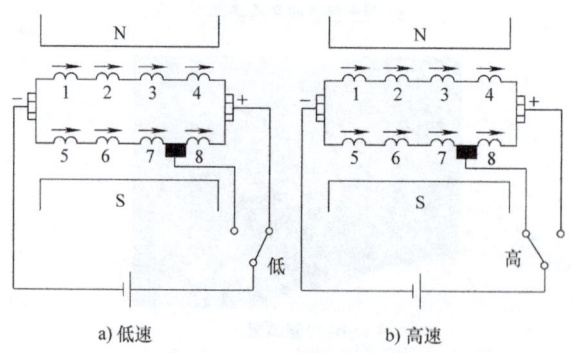

a）低速　　　b）高速

图 9-4　电动机变速原理

当刮水器开关拨至低速档时，如图9-4a所示，电源电压加在"+"与"-"电刷之间，使其内部形成两条对称的并联支路，一条支路由线圈1、2、3、4串联组成，另一条支路由线圈5、6、7、8串联组成，两条支路产生对称的反电动势保持平衡稳定，此时电动机低速运转。

当刮水器开关拨至高速档时，电源电压加在"-"电刷与偏置电刷之间，从9-4b图中可以看出转子绕组的一条支路由五个线圈1、2、3、4、8串联，另一条支路由三个线圈5、6、7串联，其中线圈8与线圈1、2、3、4的反电动势方向相反，互相抵消后相当于只有三对线圈串联，由于反电动势的减小，使转子的转速上升，故此时电动机高速运转。

2. 洗涤器

洗涤器的主要作用是将玻璃水喷洒到前风窗玻璃上，再通过刮水器将风窗玻璃上的灰尘刮拭干净，确保驾驶人和乘客有良好的视线。洗涤器主要由储液壶、电动机、洗涤泵、管子、喷头、控制开关等组成，如图9-5所示。

电动机和洗涤泵安装在一起，当电动机工作时带动洗涤泵旋转，洗涤泵将储液罐内的玻璃水通过管路和喷头喷洒在风窗玻璃上，如图9-6所示。

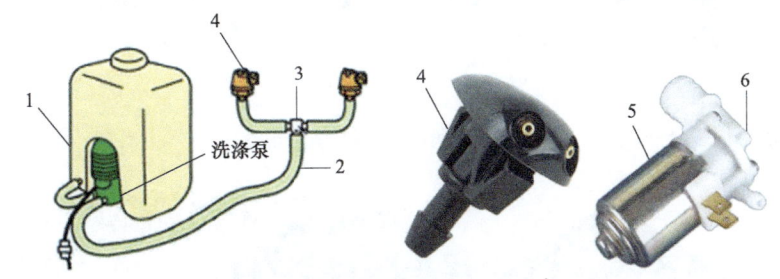

图9-5 洗涤器

1—储液罐 2—管子 3—三通接头 4—喷头 5—电动机 6—洗涤泵

图9-6 洗涤器工作图

3. 控制装置

（1）控制开关 刮水器开关具有控制刮水器电动机停止工作（OFF）、刮一次（MIST）、自动（AUTO）、间歇工作（INT）、低速工作（LO）、高速工作（HI）、间歇时间最小（MIN）、间歇时间最大（MAX）、后刮水器间歇等功能；洗涤器开关还具有控制前后洗涤器喷水和刮水器电动机低速同步工作的功能。刮水器开关和洗涤器开关如图9-7所示。

（2）间歇继电器 间歇继电器主要由继电器和电子元件组成。主要用在雾天或小雨天，它是按照一定的周期停止和动作，每次间歇2~12s，这样既可以保障良好的视线，又避免了驾驶人频繁操作刮水器开关所带来的不便，间歇继电器的外形和结构如图9-8a所示。丰田卡罗拉的间歇继电器安装在刮水器开关内部，其电路原理如图 9-8b 所示。

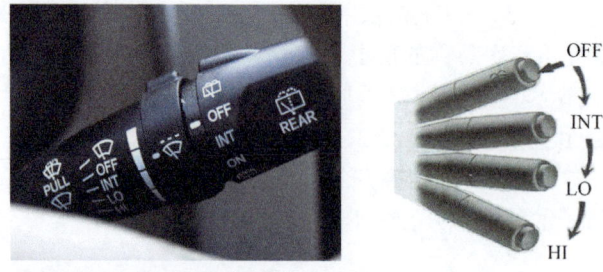

a）带间歇功能的刮水器开关

b）带自动功能的刮水器开关

图 9-7　刮水器及洗涤器开关

a）间歇继电器　　　　　　b）间歇继电器安装在开关内部

图 9-8　间歇继电器

（二）刮水器、洗涤器间歇控制电路

刮水器及洗涤器控制电路主要由蓄电池、点火开关、刮水器及洗涤开关、间歇继电器、刮水器电动机、洗涤器电动机、熔丝、导线等组成。

1．间歇档（INT）

当刮水器开关打到 INT 档，如图 9-9 所示，电源→25A 熔丝→刮水器开关 8 号端子→间歇继电器内部电阻 R_1→电容 C_1 充电→刮水器开关 6 号端子→F6 刮水器电动机 3 号端子→F6 刮水器电动机 5 号端子→搭铁。

当电容 C_1 充满电后，刮水器开关 8 号端子→R_1→经过刮水器开关（INT）→VD_1 二极管→电阻 R_2，晶体管 VT_1 基极产生电位，晶体管 VT_1 的集电极通过磁感线圈 KT_1 产生电位，VT_1 晶体管的基极和集电极产生电位差，使得 VT_1 晶体管集电极和发射极导通，经过刮水器开关 5 号端子，IE 搭铁。因此，继电器 KT_1 线圈形成回路，产生磁场，吸引开关 K，把开关 K 吸合到右侧接触点。电源通过刮水器开关 INT，从刮水器开关 8 号端子→继电器开关 K→刮水器开关 INT 档→刮水器开关 7 号端子→F6 刮水器电动机 1 号端子→F6 刮水器电动机 5 号端子→EA 搭铁，刮水器电动机慢速转动，同时电容 C_1 开始放电。

电容 C_1 再次充电，VT_1 晶体管的基极电位消失，晶体管 VT_1 截止，继电器 KT_1 线圈无法形成回路，磁场消失，继电器活动开关 K 弹回左侧接触点，从而切断了刮水器电动机电路。电容 C_1 充满电后，再次使得继电器活动开关 K 吸合到右侧接触点，刮水器电动机再次工作。电容的反复充放电，使得刮水器间歇性旋转。

2. 低速档（LO）

刮水器开关置于（LO）档时，如图 9-9 所示，电源→25A 熔丝→刮水器开关 8 号端子→刮水器开关 7 号端子→F6 刮水器电动机 1 号端子→F6 刮水器电动机 5 号端子→EA 搭铁。刮水器低速工作。

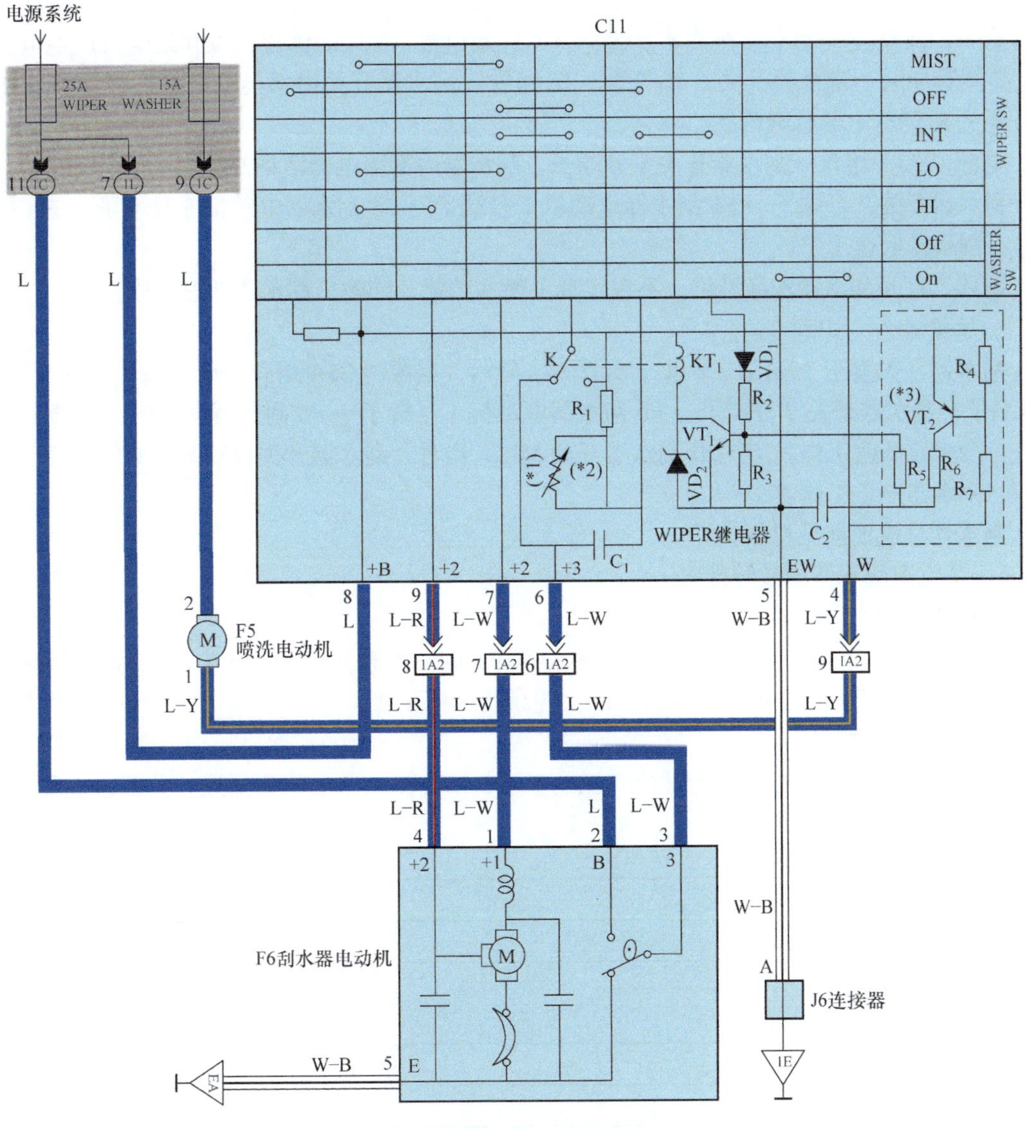

图 9-9 刮水器间歇控制电路

3. 高速档（HI）

刮水器开关置于档位（HI）时，如图9-9所示，电源→25A熔丝→刮水器开关8号端子→刮水器开关9号端子→F6刮水器电动机4号端子→F6刮水器电动机5号端子→EA搭铁。实现刮水器快速工作。

4. 洗涤器（Wa）

当刮水器开关向上扳动时，如图9-9所示，电源→15A熔丝→F5喷洗电动机→刮水器开关4号端子→刮水器开关5号端子→IE搭铁，喷洗电动机接通工作。同时，刮水器接通Wa挡，使得VT_2晶体管基极形成回路，其电源：蓄电池→25A熔丝→刮水器开关8号端子→R_4电阻→R_7电阻→刮水器开关5号端子→IE搭铁。形成回路，产生电位。

集电极侧通过蓄电池→25A熔丝→刮水器开关8号端子、VT_2集电极，VT_2晶体管基极和集电极产生电位差，使得VT_2晶体管导通，VT_2晶体管发射极有电位→R_6电阻→R_5电阻，VT_1晶体管基极产生电位，同时给C_2电容充电，C_2电容→刮水器开关5号端子→IE搭铁。同时，蓄电池→25A熔丝→刮水器开关8号端子→VT_1集电极。VT_1晶体管基极和集电极产生电位差，VT_1晶体管导通→刮水器开关5号端子→IE搭铁。刮水器开关内部集电极KT_1线圈产生磁场，吸合开关K到继电器右侧触点。

电源→25A熔丝→刮水器开关8号端子、刮水器内部继电器活动开关K→刮水器开关OFF位→刮水器开关7号端子→F6刮水器电动机1号端子→F6刮水器电动机5号端子→EA搭铁。此时，刮水器低速工作。

因此，打开刮水器洗涤档位，不仅实现了喷水功能，同时，刮水器低速工作。

5. 短暂刮水（MIST）

刮水器开关置于（MIST）档时，如图9-9所示，电源→25A熔丝→7号端子→刮水器开关8号端子→刮水器开关7号端子→F6刮水器电动机1号端子→F6刮水器电动机5号端子→EA搭铁，刮水器低速工作。当松开刮水器开关MIST档时，刮水器开关自动弹回OFF位置，电源切断，刮水器停止工作。

刮水器总成更换见视频。

（三）汽车刮水器的故障排除

【故障案例】

一辆2010款丰田卡罗拉轿车，打开刮水器开关时，发现只有低速档工作，高速档时刮水器电动机不转，但自动回位正常，间歇正常，洗涤器工作正常。

【故障可能的原因】

机电维修小组通过对刮水器理论知识的学习，结合派工单的故障描述，分析出故障原因并制定了实施方案：

1）_____。
2）_____。
3）_____。

【故障检修过程】

具体步骤如下：_____
_____
_____
_____。

故障为_____。

【复查与验收】

1）_____。
2）_____。
3）_____。
4）_____。

【整理清洁】

1）_____。
2）_____。
3）_____。

【总结】
_____
_____。

二、电动车窗故障的检修

【派工单】

一辆 2010 款 1.6L 卡罗拉轿车，需要降下前右侧车窗玻璃时，按动右前开关，车窗玻璃没有反应。为此来到维修站进行检修。

服务顾问记录故障后将车和记录单交给车间主管，车间主管将工单派给机电维修小组。

（一）电动车窗的相关知识

为了方便驾驶人和乘客，许多汽车采用了电动车窗，又称自动车窗，利用电动机来驱动升降器使车窗玻璃上下移动。在电动车窗控制电路中，一般都设有驾驶人主控开关和每一个车窗的独立操作开关。主控开关可以控制所有车窗，同时也可以切断其他各车窗的电源，以确保儿童的安全。

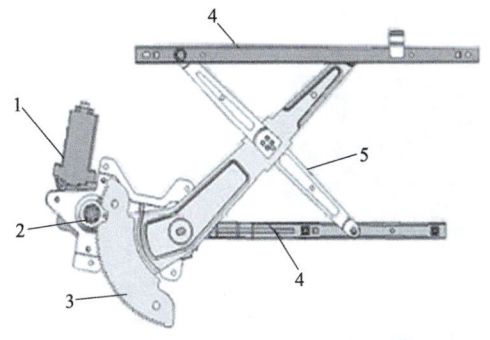

图 9-10 交叉臂式电动机联动机构

1—电动机 2—驱动齿轮 3—齿扇 4—玻璃固定托架 5—支臂

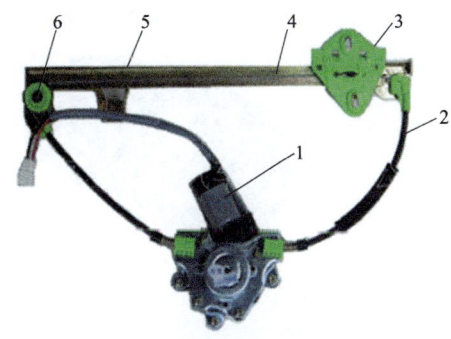

图 9-11 绳轮式电动机联动机构

1—电动机 2—导向套 3—玻璃固定托架 4—钢丝绳 5—支架与导轨 6—滑轮

1. 电动车窗装置

电动车窗装置主要由电动机联动机构、控制机构两部分组成。

（1）电动机联动机构　常见的电动机联动机构主要有交叉臂式和绳轮式两种联动方式，如图9-10和图9-11所示。它的作用是电动机的正反转使联动机构带动车窗玻璃上下移动，从而达到车窗开闭的目的。

（2）控制机构　控制机构主要包括车窗开关、继电器、遥控器、控制模块等，如图9-12所示。

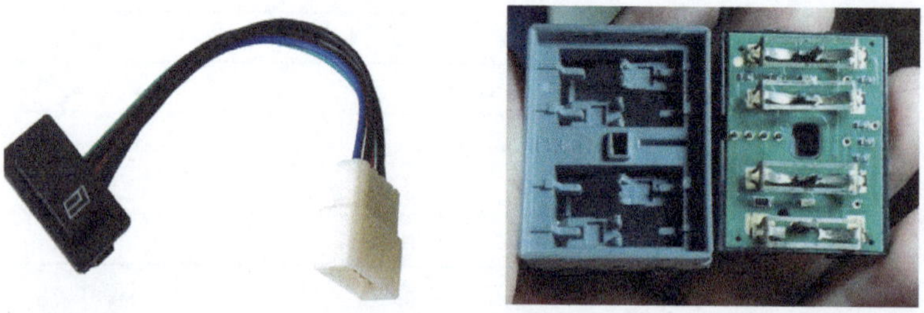

a) 车窗开关

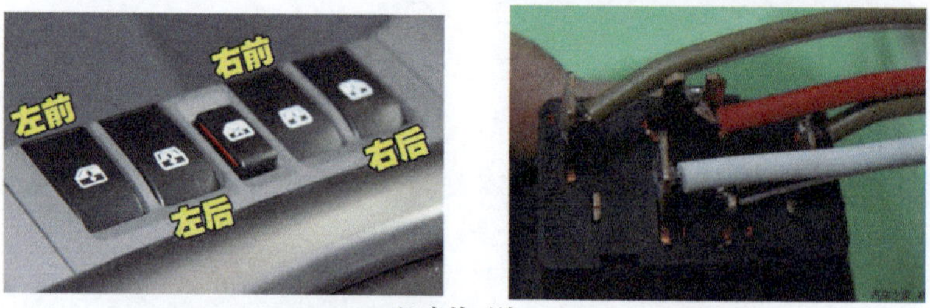

b) 主控开关

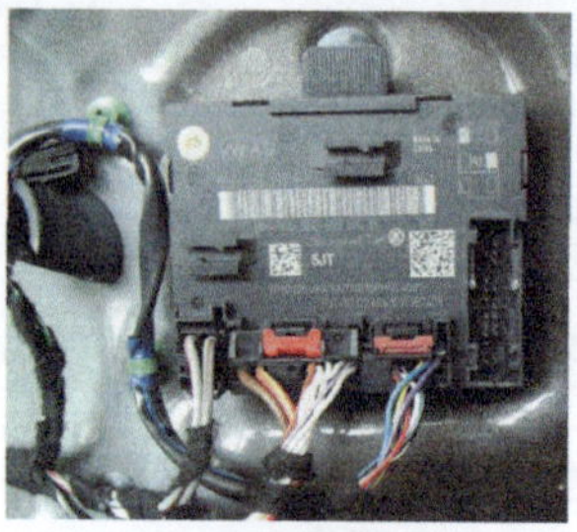

c) 控制模块 　　　　　d) 继电器

e) 遥控钥匙

图9-12　车窗控制机构

2. 电动车窗的控制方式

不同汽车所采用的电动车窗控制电路不同，按搭铁方式可分为开关搭铁和电动机搭铁

两种。

（1）开关搭铁　电动机不搭铁的控制电路是指电动机不直接搭铁，电动机的搭铁受开关控制，通过改变电动机的电流方向来实现电动机的正反转，从而使车窗玻璃升降，如图 9-13 所示。特点：电路复杂，开关既控制电源又控制负极，电动机造价低。

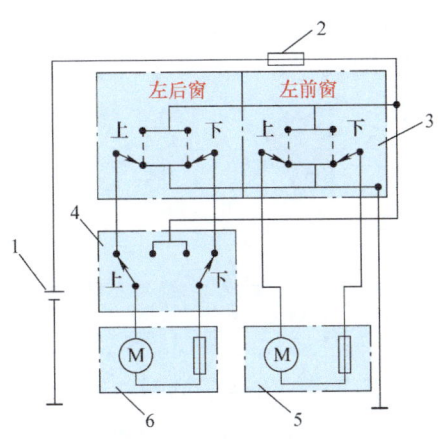

图 9-13　电动机经开关搭铁的电路图

1—蓄电池　2—熔丝　3—驾驶人主控开关　4—左前车窗升降电动机　5—左后车窗升降开关　6—左后车窗升降电动机

（2）电动机搭铁　电动机搭铁的控制电路是指电动机一端直接搭铁，而电动机有两组磁场绕组，通过接通不同的磁场绕组，使电动机正反转，实现车窗玻璃的升降，如图 9-14 所示。特点：电路简单，电动机造价高。

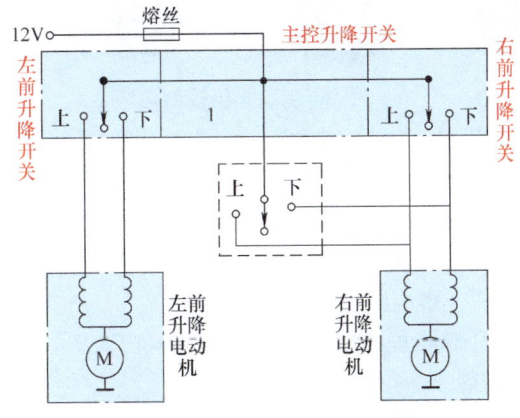

图 9-14　电动机搭铁的电路图

1—驾驶人主控开关　2—乘客控制开关　3—右侧升降电动机　4—左侧升降电动机

（二）电动车窗的电路

1. 后车窗玻璃升降

在安全开关没有被按下的情况下，向上扳动左后车窗升降开关，左后车窗电动机正转，带动左后车窗玻璃上升，如图 9-15 所示。电路为蓄电池正极→熔丝→主控开关（左后升降开关）→左后升降开关→左后升降电动机→左后升降开关→主控开关（左后升降开关）→搭铁→蓄电池负极。

如果按下右后车窗的升降开关，车窗电动机带动车窗玻璃下降。电路为蓄电池正极→熔丝→主控开关（右后升降开关）→右后升降开关→右后升降电动机→右后升降开关→主控开关（右后升降开关）→搭铁→蓄电池负极。

2. 前车窗玻璃升降

向上扳动左前车窗升降开关，左前车窗电动机正转，带动左前车窗玻璃上升，如图9-15所示。其电路为蓄电池正极→熔丝→主控开关（左前升降开关）→左前升降电动机→主控开关（左前升降开关）→搭铁→蓄电池负极。

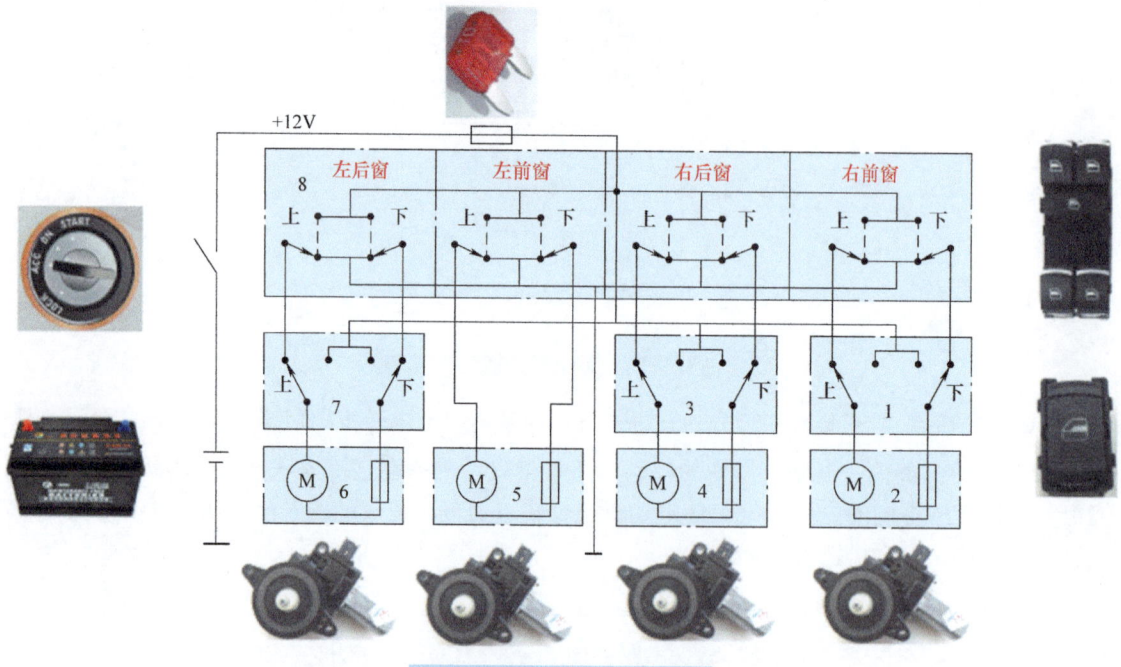

图9-15　电动车窗控制电路

1—右前升降开关　2—右前升降电动机　3—右后升降开关　4—右后升降电动机
5—左前升降电动机　6—左后升降电动机　7—左后升降开关　8—驾驶人主控开关

如果按下右前车窗的升降开关，右前车窗电动机带动车窗玻璃下降。其电路为蓄电池正极→熔丝→主控开关（右前升降开关）→右前升降开关→右前升降电动机→右前升降开关→主控开关（右前升降开关）→搭铁→蓄电池负极。

更换升降器开关、更换升降器总成操作参见视频（9-4）。

（三）电动车窗的故障排除

【故障案例】

一辆2010款1.6L丰田卡罗拉轿车，需要降下前右侧车窗玻璃时，按动右前开关，车窗玻璃没有反应。

【故障可能的原因】

机电维修小组通过对电动车窗相关知识的学习，结合派工单的故障描述，分析出故障原因并制定了实施方案：

1) _____。

2) _____。

3) _____。

【故障检修过程】
具体步骤如下：_____
_____
_____
_____。
故障为_____。
【复查与验收】
1)_____。
2)_____。
3)_____。
4)_____。
【整理清洁】
1)_____。
2)_____。
3)_____。
【总结】
_____
_____
_____
_____。

三、电动后视镜故障的检修

【派工单】
一辆 2008 款捷达轿车，更换了左侧的电动后视镜后，发现两侧电动后视镜上下左右均无法调节了，其他功能没有发现异常，为此来到维修站进行检修。
服务顾问记录故障后将车和记录单交给车间主管，车间主管将工单派给机电维修小组。

（一）电动后视镜的相关知识

汽车后视镜俗称倒车镜，通常分为车外和车内两种。车外后视镜一般安装在汽车的左右两侧，其功用是让驾驶人观察汽车后面及左右两侧的车辆、行人等情况，确保行车或倒车时的安全。后视镜按照调整方式可分为手动调整和电动调整两种，电动后视镜如图 9-16 所示。

1. 电动后视镜

电动外后视镜由镜片、调整底座、驱动电动机、齿轮组和外壳等组成，如图 9-17 所示。后视镜片固定在调整底座上，调整底座后面装有两个微

图 9-16 电动后视镜

型的驱动电动机,电动机轴上装有蜗杆,蜗杆与蜗轮相啮合,蜗轮与调整底座相连接。驱动电动机为双向电动机,一个驱动电动机控制水平倾斜运动,另一个控制垂直倾斜运动。

图 9-17　电动后视镜的结构

2. 电动后视镜控制开关

(1) 后视镜角度调节开关　电动后视镜调整开关由左右侧后视镜选择开关和调整控制开关组成,如图 9-18 所示。将开关转至右侧(R)或左侧(L),按动调整控制开关上、下、左、右按钮,驱动电动机通过齿轮带动镜片上、下、左、右移动从而达到调节目的。

图 9-18　后视镜控制开关

(2) 折叠式后视镜控制开关　折叠后视镜主要是在车辆停放落锁时,后视镜向内折叠,以保护镜片不被损坏。在行驶过程中如果两侧有障碍物的时候,也可以通过控制开关折叠后视镜,确保安全通过。折叠式后视镜控制装置由遥控器、控制单元、控制开关等组成,如图 9-19 所示。

(二) 电动后视镜的电路

电动后视镜的控制电路原理如图 9-20 所示,接通点火开关,然后选择需要调整的后视镜,将调整开关选择左(L)或者右(R),按动上、下、左、右调整控制开关,从而达到最佳后视效果。

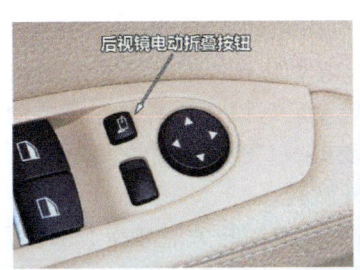
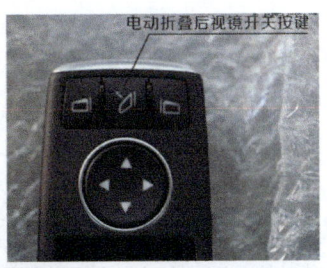

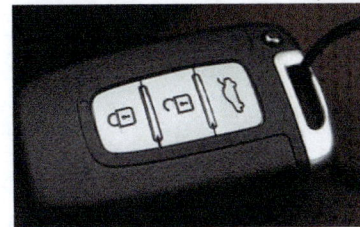
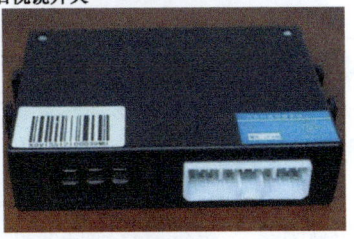

a) 折叠后视镜开关

b) 遥控钥匙   c) 控制模块

图 9-19　折叠式后视镜的组成

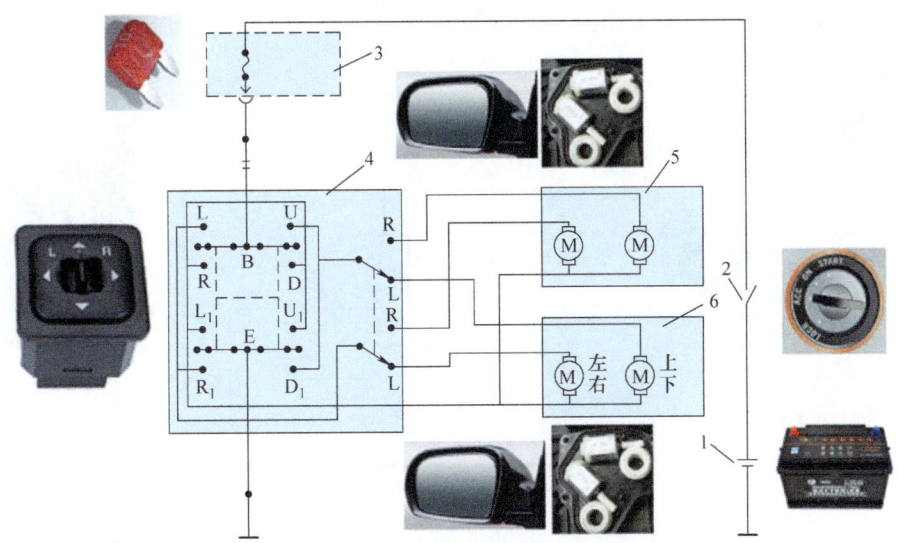

图 9-20　电动后视镜控制电路

1—蓄电池　2—点火开关　3—熔丝　4—后视镜控制开关　5—右侧后视镜　6—左侧后视镜

1. 镜片上下调整

左侧电动后视镜向下调节。将电动后视镜分配开关转至 L 位置，然后按"下"，电路为蓄电池正极→点火开关→熔丝→电动后视镜开关 B→左侧电动后视镜触点 D→左电动后视镜"上下"调节电动机→左右分配开关 L→左侧电动后视镜开关 D_1→左侧电动后视镜触点 E→蓄电池负极，左侧电动后视镜实现向下旋转。

左侧电动后视镜向上调节，电动后视镜控制开关依然在 L 的位置，按"上"，电路为蓄电池正极→点火开关→熔丝→电动后视镜开关 B→左侧电动后视镜触点 U→左右分配开关 L→左电动后视镜"上下"调节电动机→左侧电动后视镜开关 U_1→左侧电动后视镜触点 E→蓄电池负极，左侧电动后视镜实现向上旋转。

2. 镜片左右调整

左侧电动后视镜向左调节如图9-20所示，电动后视镜控制开关依然在L的位置。然后按"左"，电路为蓄电池正极→点火开关→熔丝→电动后视镜开关B→左侧电动后视镜触点L→左右分配开关L→左电动后视镜"左右"调节电动机→左侧电动后视镜开关L_1→左侧电动后视镜触点E→蓄电池负极，左侧电动后视镜实现向外旋转。

左侧电动后视镜向右旋转，此时，电动后视镜控制开关依然在L的位置，按"右"，电路为蓄电池正极→点火开关→熔丝→电动后视镜开关B→左侧电动后视镜触点R→左电动后视镜"左右"调节电动机→左右分配开关L→左侧电动后视镜开关R_1→左侧电动后视镜触点E→蓄电池负极，左侧电动后视镜实现向内旋转。

将左右分配开关转至R侧，上下左右调整方法与左侧相同。

（三）后视镜折叠电路

1. 开关控制

按动后视镜折叠开关，左右后视镜同时向内转动90°停止，再次按动后视镜折叠开关，左右后视镜向外转动90°回到原位，如图9-21所示。电路1为蓄电池正极→熔丝→后视镜折叠手动开关→控制模块→蓄电池负极；电路2为蓄电池正极→熔丝→继电器线圈→控制模块→蓄电池负极；电路3为熔丝→继电器触点→左右侧电动机正极→左右侧电动机负极→右侧继电器→蓄电池负极。

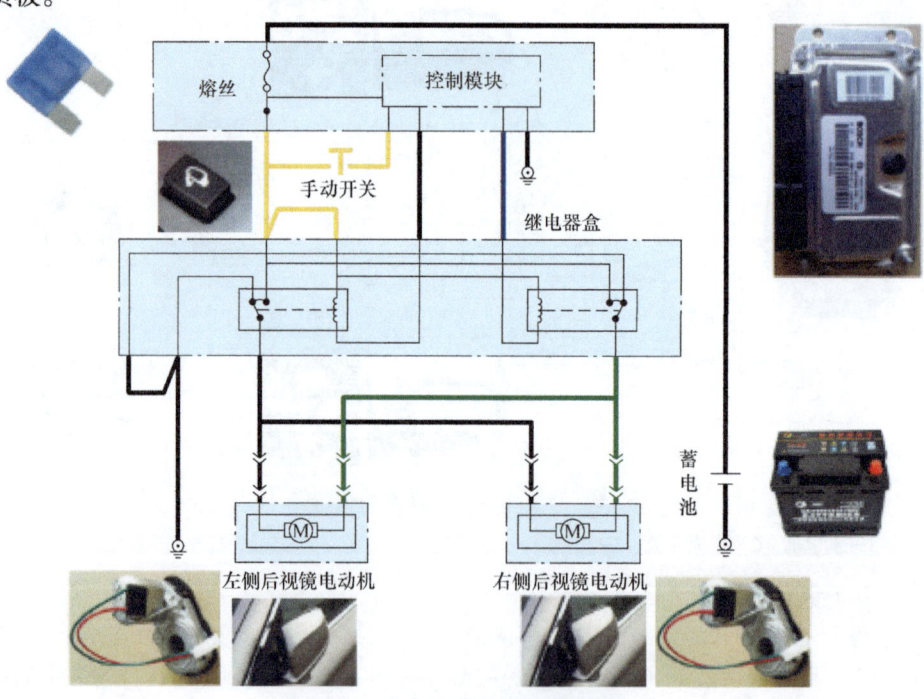

图9-21 后视镜折叠控制电路

2. 遥控器控制

按动遥控钥匙落锁按键，控制模块接收到遥控信号落锁并控制左右后视镜向内折叠转动90°。按动遥控钥匙开锁按键，控制模块接收到遥控信号落锁并控制左右后视镜向外折叠转动90°打开。控制电路和手动控制电路相似，主要区别在控制方式。

更换后视镜操作见视频。

（四）电动后视镜的故障排除

【故障案例】

一辆 2008 款捷达轿车，更换了左侧的电动后视镜后，发现两侧电动后视镜上下左右均无法调节了，其他功能没有发现异常。

【故障可能的原因】

机电维修小组通过对电动后视镜相关知识的学习，结合派工单的故障描述，分析出故障原因并制定了实施方案：

1）＿＿＿＿＿＿＿＿＿＿＿＿＿＿＿＿＿＿＿＿＿＿＿＿＿＿＿＿＿＿＿＿＿＿＿＿＿＿＿。
2）＿＿＿＿＿＿＿＿＿＿＿＿＿＿＿＿＿＿＿＿＿＿＿＿＿＿＿＿＿＿＿＿＿＿＿＿＿＿＿。
3）＿＿＿＿＿＿＿＿＿＿＿＿＿＿＿＿＿＿＿＿＿＿＿＿＿＿＿＿＿＿＿＿＿＿＿＿＿＿＿。

【故障检修过程】

具体步骤如下：＿＿＿＿＿＿＿＿＿＿＿＿＿＿＿＿＿＿＿＿＿＿＿＿＿＿＿＿＿＿＿
＿＿
＿＿＿＿＿＿＿＿＿＿＿＿＿＿＿＿＿＿＿＿＿＿＿＿＿＿＿＿＿＿＿＿＿＿＿＿＿＿＿。

故障为＿＿＿＿＿＿＿＿＿＿＿＿＿＿＿＿＿＿＿＿＿＿＿＿＿＿＿＿＿＿＿＿＿＿＿。

【复查与验收】

1）＿＿＿＿＿＿＿＿＿＿＿＿＿＿＿＿＿＿＿＿＿＿＿＿＿＿＿＿＿＿＿＿＿＿＿＿＿＿＿。
2）＿＿＿＿＿＿＿＿＿＿＿＿＿＿＿＿＿＿＿＿＿＿＿＿＿＿＿＿＿＿＿＿＿＿＿＿＿＿＿。
3）＿＿＿＿＿＿＿＿＿＿＿＿＿＿＿＿＿＿＿＿＿＿＿＿＿＿＿＿＿＿＿＿＿＿＿＿＿＿＿。
4）＿＿＿＿＿＿＿＿＿＿＿＿＿＿＿＿＿＿＿＿＿＿＿＿＿＿＿＿＿＿＿＿＿＿＿＿＿＿＿。

【整理清洁】

1）＿＿＿＿＿＿＿＿＿＿＿＿＿＿＿＿＿＿＿＿＿＿＿＿＿＿＿＿＿＿＿＿＿＿＿＿＿＿＿。
2）＿＿＿＿＿＿＿＿＿＿＿＿＿＿＿＿＿＿＿＿＿＿＿＿＿＿＿＿＿＿＿＿＿＿＿＿＿＿＿。
3）＿＿＿＿＿＿＿＿＿＿＿＿＿＿＿＿＿＿＿＿＿＿＿＿＿＿＿＿＿＿＿＿＿＿＿＿＿＿＿。

【总结】

＿＿
＿＿
＿＿
＿＿＿＿＿＿＿＿＿＿＿＿＿＿＿＿＿＿＿＿＿＿＿＿＿＿＿＿＿＿＿＿＿＿＿＿＿＿＿。

四、电控门锁故障的检修

【派工单】

一辆 2008 款卡罗拉轿车，用钥匙开车门时发现中控锁没有反应，从右边用钥匙开车门中控锁正常，为此来到维修站进行检修。

服务顾问记录故障后将车和记录单交给车间主管，车间主管将工单派给机电维修小组。

（一）电动门锁的相关知识

电动门锁又称中控门锁。当驾驶人锁住驾驶人侧车门时，其他车门也同时被锁住，驾驶人可通过门锁开关同时打开各个车门，也可单独打开某个车门。当行车速度达到一定时，各个车门能自行锁上，防止行驶过程中乘客把车门打开发生危险。

1. 电动门锁的结构

目前汽车上用的中控锁种类很多，但其基本组成主要有中控锁开关、中控锁执行机构、中控锁控制器或中控锁控制单元。

中控锁执行机构是用于执行驾驶人的指令，将门锁锁止或开启。中控锁执行机构有电磁式和直流电动机式。其结构都是通过改变极性转换其运动方向而执行锁门或开门动作的。

（1）电磁式　电磁式中控锁执行机构内设两个线圈，分别用来开启、锁闭门锁，门锁集中操作按钮平时处于中间位置，如图9-22所示。当给锁门线圈通正向电流时，衔铁带动连接杆左移，门被锁住；当给开门线圈通反向电流时，衔铁带动连接杆右移，门锁被打开。

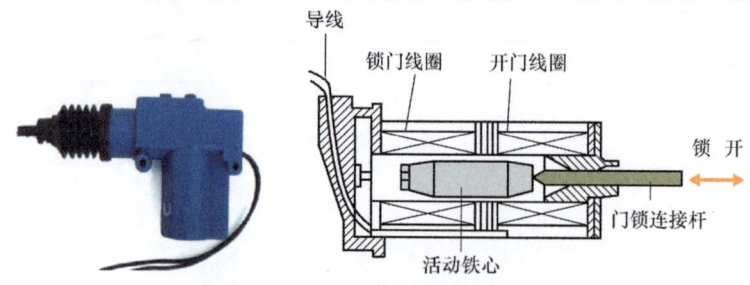

图 9-22　电磁式中控锁执行机构

（2）直流电动机式　它是通过直流电动机正反向转动带动传动装置开启或锁止门锁。这种执行机构与电磁式执行机构相比，耗电量小，噪声小，可靠性高，如图9-23所示。

图 9-23　直流电动机式中控锁执行机构

2. 中控锁开关

大多数汽车中控锁的开关都是由主控开关和单控开关组成，主控开关装在驾驶人侧车门上，操纵主控开关可打开或关闭所有车门，如图9-24所示。单控开关装在其他各个车门上，可单独控制一个车门，如图9-25所示。

3. 中控锁控制单元

中控锁控制单元是为中控锁执行机构提供锁止/开启脉冲电流的控制装置，如图9-26所示。一般的中控锁控制单元都有使用车钥匙同时打开和关闭所有门锁，使用车内按钮同时打开和关闭所有门锁，达到一定车速后自动落锁，在设定好的时间内自动落锁，无线遥控打开和关闭车门等功能。

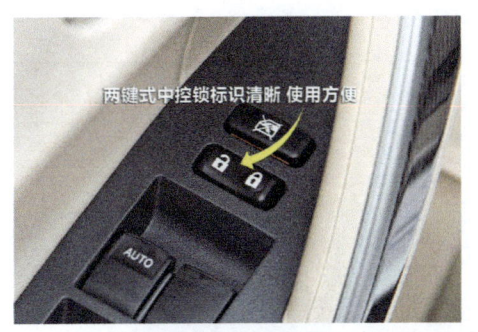
图 9-24　主控开关

图 9-25　单控开关

图 9-26　中控锁控制单元

（二）电动门锁的电路

1. 继电器控制的中控锁电路

继电器控制的中控锁电路结构比较简单，只有钥匙控制开锁、锁门和车速控制落锁功能，具体如图 9-27 所示。

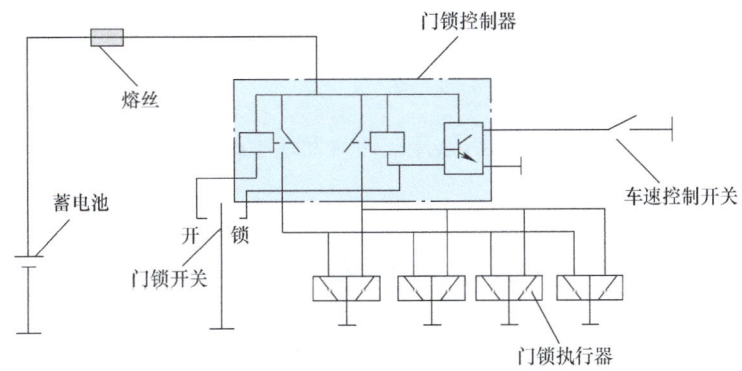

图 9-27　继电器控制的门锁控制电路

当用钥匙转动锁芯，门锁开关中的"开"触点闭合时，电流便经过蓄电池的正极、熔丝、开锁继电器线圈后经门锁开关搭铁，开锁继电器开关闭合，电流经过门锁电动机或门锁电磁线圈搭铁，四个车门同时打开。当用钥匙转动锁芯，门锁开关中的"锁"触点闭合时，锁止继电器通电使其开关闭合，四个车门同时锁住。当行车速度达到一定时，各个车门能自行锁上，防止乘员误操作车门把手而把车门打开。

2. 丰田卡罗拉门锁控制电路

丰田卡罗拉门锁控制电路主要包括车身控制模块（车身 ECU）E36、熔丝、控制开关、门灯开关、继电器、车锁、点火开关。如图 9-28 所示。

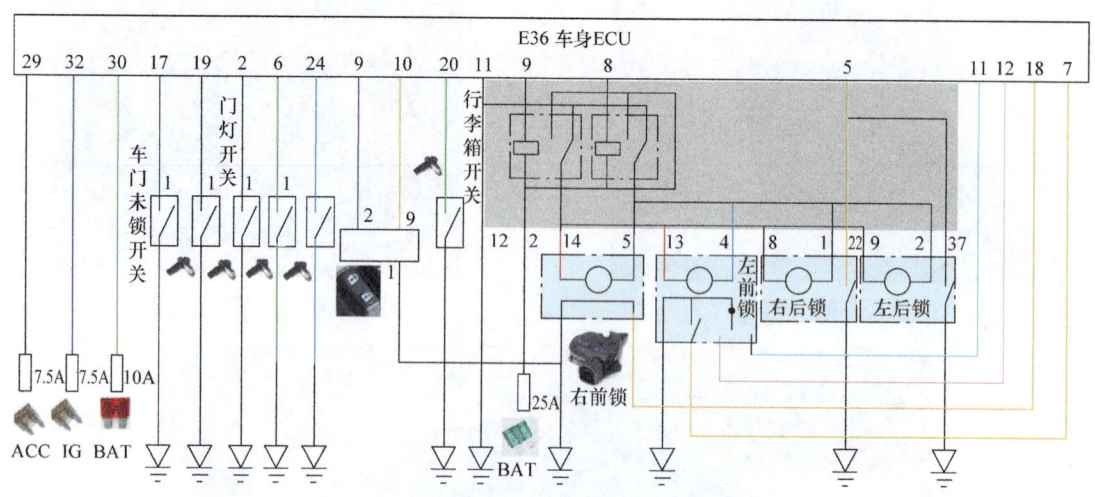

图 9-28　丰田卡罗拉门锁控制电路

电路分析：

车身控制模块 E36 的主供电有三部分。①蓄电池正极经 10A 的熔丝到 E36 的 30 端子；②点火开关 ACC 经 7.5A 熔丝到 E36 的 29 端子；③点火开关 IG 经 7.5A 熔丝到 E36 的 32 端子。负极回路控制：E36 的 11 端子至蓄电池负极。

门锁控制：①用钥匙控制开关至 E36 的 11 和 12 端子，E36 通过 8、9 号端子控制车锁继电器从而实现开关功能，继电器的供电经过 25A 熔丝至蓄电池正极供电。②用安装在车门上的开关控制，开关使 E36 的 9、10 端子与蓄电池负极分别接通，E36 通过 8、9 号端子控制车锁继电器从而实现开关功能。

电动门锁检修见视频。

（三）电动门锁的故障排除

【故障案例】

一辆 2008 款丰田卡罗拉轿车，用钥匙开车门时发现中控锁没有反应，从右边用钥匙开车门中控锁正常。

【故障可能的原因】

机电维修小组通过对电动门锁相关知识的学习，结合派工单的故障描述，分析出故障原因并制定了实施方案：

1) _____。

2) _____。

3) _____。

【故障检修过程】

具体步骤如下：_____

_____

_____。

故障为_____。

【复查与验收】
1) _____。
2) _____。
3) _____。
4) _____。

【整理清洁】
1) _____。
2) _____。
3) _____。

【总结】
_____
_____
_____
_____。

音响、GPS 导航一体机的相关知识参见教学资源。

五、空调系统常见故障的检修

【派工单】
　　一辆 2008 款卡罗拉轿车，夏天使用空调时发现鼓风机运转正常就是不吹冷风，为此来到维修站进行检修。
　　服务顾问记录故障后将车和记录单交给车间主管，车间主管将工单派给机电维修小组。

（一）空调系统的相关知识

1. 汽车空调系统的功能

1）制冷功能，在车外环境温度较高时降低车内温度，使乘客感到凉爽、舒适。

2）采暖功能，对车内的空气或由外部进入车内的新鲜空气进行加热，达到取暖、除湿的目的。

3）通风功能，确保汽车室内不断加入新鲜空气，驱排混有尘埃、二氧化碳及来自发动机的有害气体。

4）空气净化功能，对引入汽车室内的空气进行过滤，确保车内空气清洁。

2. 汽车空调系统的结构原理

汽车空调制冷系统由压缩机、冷凝器、蒸发器、膨胀阀、储液干燥器、高低压管路、冷却风扇、鼓风机和控制系统等组成，如图 9-29 所示。

制冷系统分高压侧和低压侧两部分。高压侧包括压缩机输出侧、高压管路、冷凝器、储液干燥器和膨胀阀；低压侧包括蒸发器、回气管路、压缩机输入侧。

1）压缩机。其作用是将低温低压的气态制冷剂压缩成高温高压的气体并驱动制冷循环。

压缩机主要由带轮、电磁离合器、驱动毂、滑轨、斜盘、调节阀、活塞、高低压接口等组成，如图9-30所示。

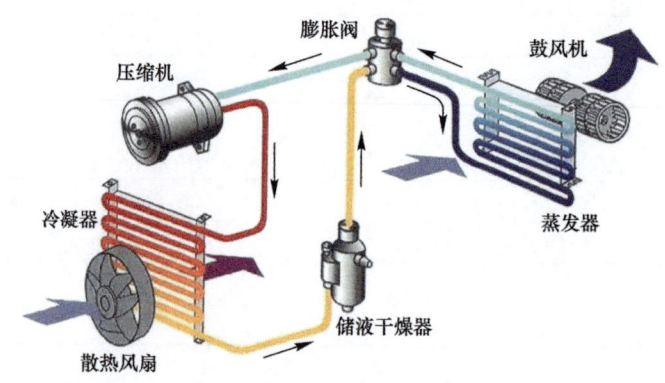

图9-29　空调制冷系统组成

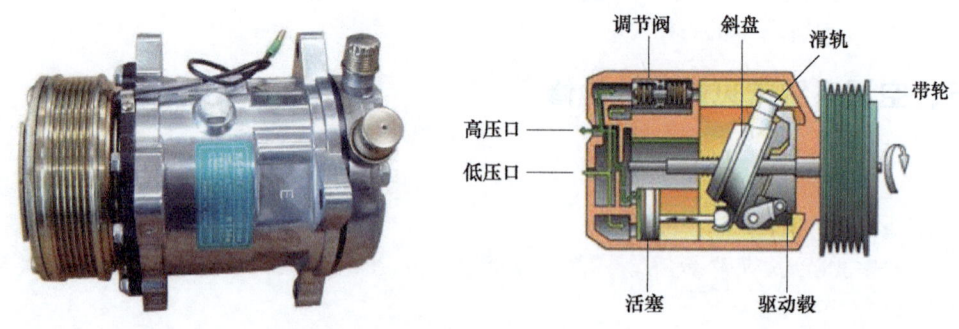

图9-30　压缩机

2）冷凝器。其作用是对压缩机排出的高温高压制冷剂蒸气散热降温，使其凝结为液态中压的制冷剂。冷凝器主要由支架、扁管、翘片、进口、出口等组成，如图9-31所示。

图9-31　冷凝器

3）储液干燥器。其作用是储存制冷剂、过滤水分与杂质、防止气态制冷剂进入蒸发器等。储液干燥器主要由过滤器、干燥器、进口、出口、外壳等组成，如图9-32所示。

4）膨胀阀。膨胀阀有节流作用、调节作用、控制作用，主要由调节装置、感温包、毛细管、进口、出口等组成，如图9-33所示。

节流作用，膨胀阀节流小孔将改变流入的液态制冷剂的压力，从高压变到低压。

调节作用，安装在膨胀阀体上的恒温控制阀按照要求改变开启或关闭位置来控制通过节流孔的液态制冷剂流量。

控制作用，恒温膨胀阀必须快速地对热负载工况变化做出反应。

5）蒸发器。其作用是将膨胀阀出来的低压制冷剂蒸发而吸收车内空气的热量，从而达到车内降温的目的。蒸发器主要由扁管、翅片、高低压接口组成，如图9-34所示。

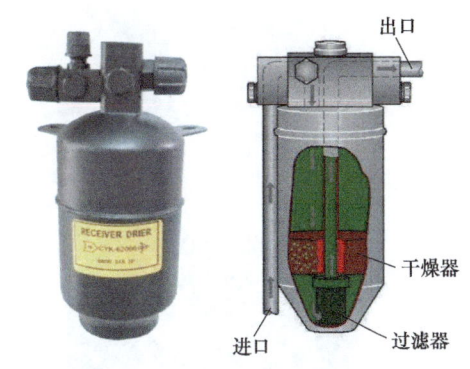

图9-32 储液干燥器

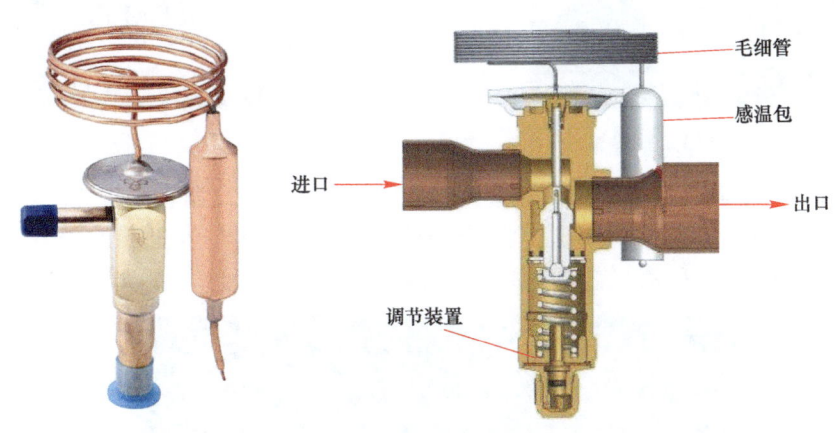

图9-33 膨胀阀

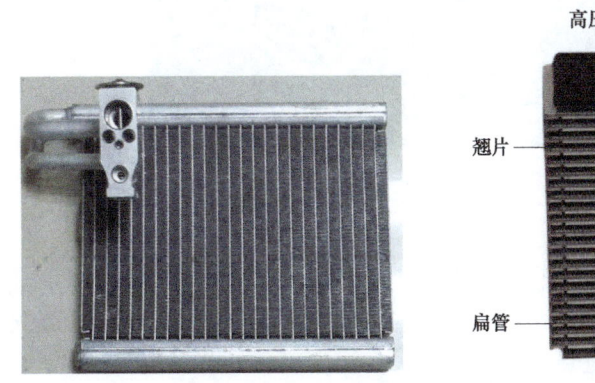

图9-34 蒸发器

6）制冷剂和冷冻油。制冷剂是一种容易吸热变成气体，又容易放热变成液体的物质。现在空调系统使用的制冷剂为R134a，R134a的毒性非常低，在空气中不可燃，是很安全的制冷剂，如图9-35所示。

冷冻油用于压缩机内各运动部件的润滑。在压缩机中，冷冻油主要起润滑、密封、降温及能量调节等功能，如图9-36所示。

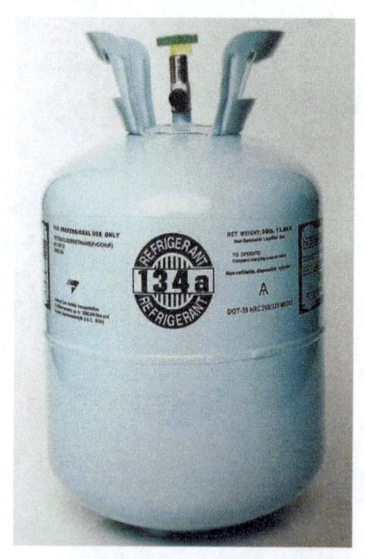

图 9-35 R134a 制冷剂

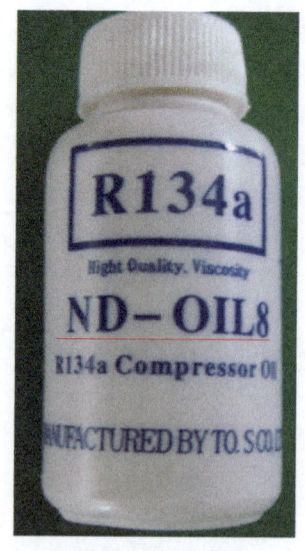

图 9-36 冷冻油

7）空调管路。空调管路主要由高压管路和低压管路组成，高压管路较细，安装在压缩机出口到冷凝器、储液干燥器、膨胀阀之间。低压管路较粗，安装在蒸发器出口到压缩机进口之间。高低压管路如图 9-37 所示，它的主要作用是储存和输送制冷剂。

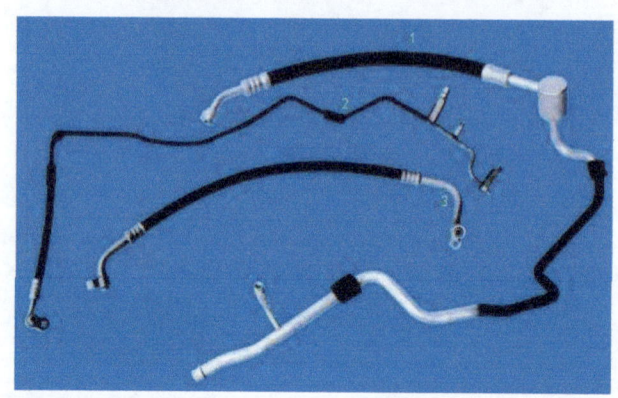

图 9-37 高低压管路

3. 汽车空调制冷系统的工作原理

1）压缩过程：压缩机将蒸发器低压侧（温度约为 0℃、气压约为 0.15MPa）的低温低压气态制冷剂压缩成高温（70~80℃）、高压（约 1.5MPa）的气态制冷剂，送往冷凝器冷却降温。

2）冷凝过程：送往冷凝器的过热气态制冷剂，在温度高于外部温度很多时，向外散热进行热交换，制冷剂被冷凝成中温，压力约为 1.0~1.2MPa 的液态制冷剂。

3）膨胀过程：冷凝后的液态制冷剂经过膨胀阀使制冷剂流过的空间体积增大，其压力和温度急剧下降，变成低温（约 -5℃）、低压（约为 0.15MPa）的湿蒸气，以便进入蒸发器中迅速吸热蒸发。同时在膨胀过程进行流量控制，以便适当地供给蒸发器所需的制冷剂，从而达到控制温度的目的。

4）蒸发过程：液态制冷剂通过膨胀阀后变为低温低压的湿蒸气，流经蒸发器不断吸收车内空气的热量汽化转变成低温（约为 0℃）、低压（约为 0.15MPa）的气态制冷剂。从蒸发器流出的气态制冷剂又被吸入压缩机，增压后泵入冷凝器冷凝，进行制冷循环。

制冷循环就是利用有限的制冷剂在封闭的制冷系统中，周而复始地将制冷剂压缩、冷凝、膨胀，在蒸发器中吸热汽化，对车内空气进行制冷降温。

4. 空调系统的控制电路

丰田卡罗拉手动空调电路，如图 9-38 所示。

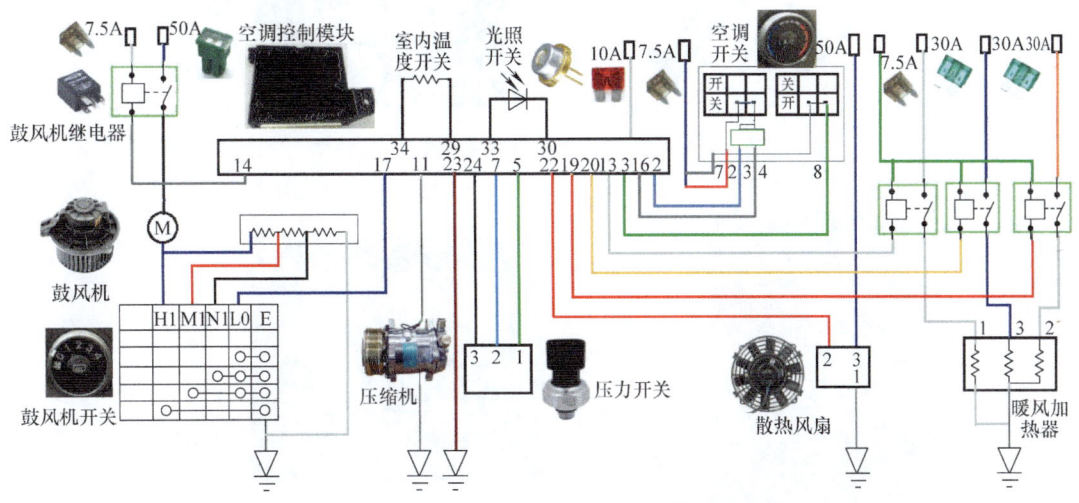

图 9-38　丰田卡罗拉空调控制电路

鼓风机电路：打开点火开关，熔丝（7.5A）→鼓风机继电器线圈→空调控制模块 14 端子→空调控制模块 23 端子→蓄电池负极，这时，鼓风机继电器触点闭合，蓄电池正极→熔丝（50A）→继电器触点→鼓风机→鼓风机开关→变阻器→蓄电池负极。根据档位对应变阻器的阻值大小的变化，从而改变鼓风机的转速。

空调压缩机控制电路：打开点火开关，打开空调开关，温度调至最低，熔丝（7.5A）→空调开关→温度开关→空调控制模块 2、16 端子，这时，空调控制模块 11 端子→空调压缩机电磁线圈"+"→电磁线圈"-"→蓄电池负极，空调压缩机工作。同时空调控制模块 22 端子控制散热风扇控制模块工作，蓄电池正极→熔丝（50A）→散热风扇→蓄电池负极，散热风扇工作。

暖风控制电路：打开点火开关，温度调至最高，打开鼓风机开关，熔丝（7.5A）→温度开关→空调控制模块 3 端子→空调控制模块 13、19、20 端子→加热继电器→加热器"+"→蓄电池负极，加热丝工作，同时，鼓风机工作并吹出热风。

（二）维修汽车空调的常用设备

汽车空调维修过程中的维修设备工具一般有制冷剂回收加注机、汽车故障检测仪、卤素检漏仪、空调故障诊断仪、万用表、维修工具、防护眼镜、手套等，如图 9-39 所示。

（三）空调系统制冷剂的加注作业

1. 测量系统压力与检漏

锁止加注机车轮→连接加注机电源→打开加注机电源开关→连接加注机管路→打开高、低压阀门→关闭加注机高、低压阀门→测量系统压力（判断是否可以检漏）→关闭并取下高、低压管路阀门→使用检漏仪对高、低压加注口检漏→蒸发器进出管路接头检漏→空调压缩机接头、泵头检漏→管路软管接头检漏，具体步骤如图 9-40 所示。

a) 电子式卤素检漏仪

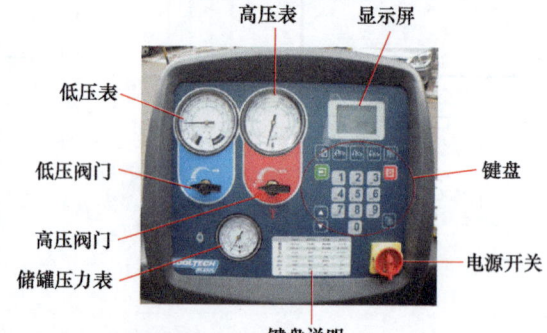

b) 制冷剂回收加注机

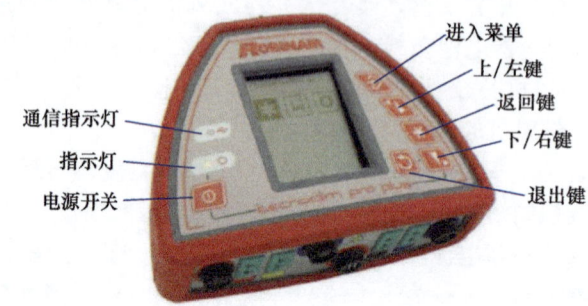

c) 空调故障诊断仪

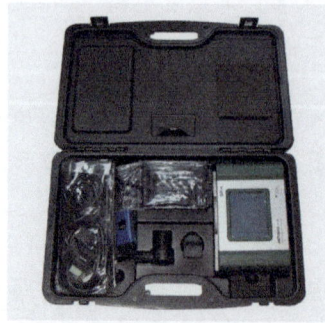

d) 汽车故障诊断仪

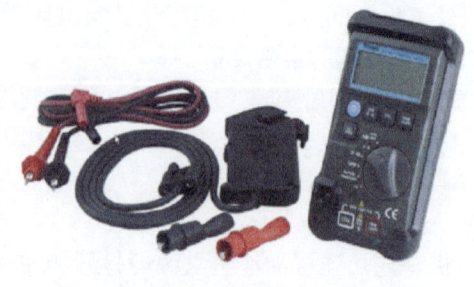

e) 数字万用表

图 9-39　设备工具

任务九 辅助电器系统常见故障的检修 139

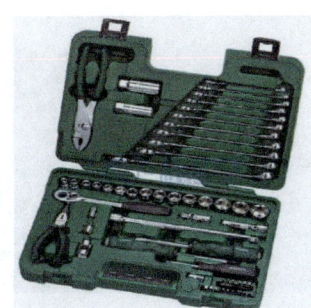
f) 维修工具

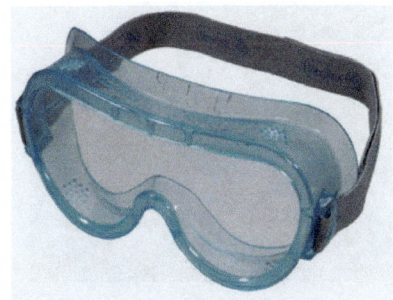
g) 防护眼镜

图 9-39 设备工具（续）

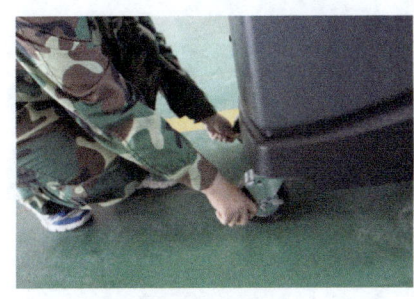

a) 锁止加注机车轮

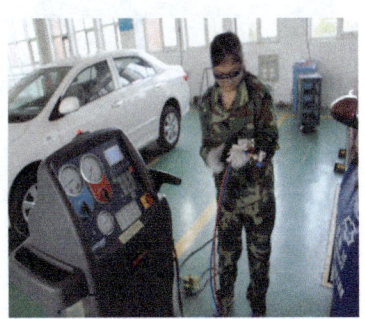
b) 连接电源插头

c) 打开加注机电源开关

d) 检查管路及阀门

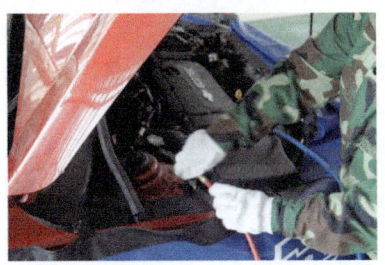

e) 安装高低压阀门

图 9-40 测量空调系统压力与检漏

f) 打开加注机高低压阀门　　　　g) 检查静态下空调系统压力

h) 关闭并取下高低压阀门　　　　i) 高压加注口检漏

j) 低压加注口检漏　　　　k) 各管路接头检漏

图 9-40　测量空调系统压力与检漏（续）

2. 回收制冷剂和冷冻油

记录工作罐中的初始制冷剂量→起动发动机→打开空调→发动机 1800~2000r/min 运转 3min→关闭发动机和空调系统→连接管路接头→打开高、低压阀门→打开加注机高、低压阀门→排气→制冷剂回收作业→记录制冷剂回收量→记录冷冻油初始油量→记录瓶中废油量→排油→计算排油量，如图 9-41 所示。

3. 抽真空、加注冷冻油

初次抽真空，设定正确抽真空时间 3min→记录高、低压真空度→保压 1min→记录注油瓶的初始油量→通过高压管单管路注油→记录注油瓶的最终油量（注油量 = 排油量 +5mL），停止注油（按下确认键暂停）→再次抽真空，设定抽真空时间 5min→通过低压管方式抽真空，如图 9-42 所示。

任务九　辅助电器系统常见故障的检修　141

a) 起动发动机

b) 发动机2000r/min开空调运转3min

c) 打开空调和鼓风机开关

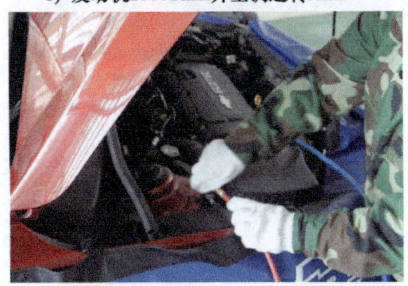
d) 关闭发动机,打开高低压阀门

e) 打开加注机高低压阀门

f) 排气

g) 按菜单选择和确认键回收

h) 制冷剂回收

图9-41　回收制冷剂和冷冻油

i）记录排油瓶油量

j）记录注油瓶油量

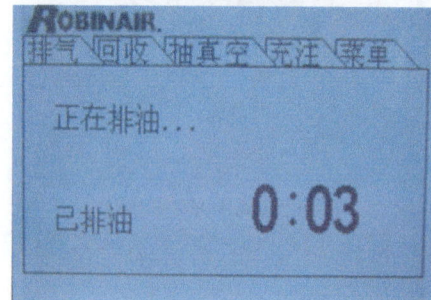
k）排油

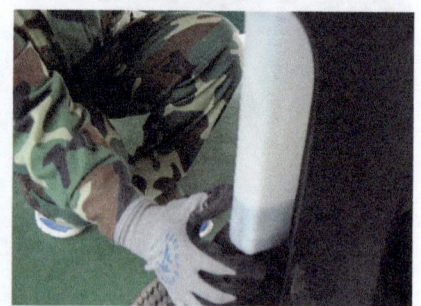
l）记录并计算排油量

图 9-41　回收制冷剂和冷冻油（续）

a）打开高低压阀门

b）选择抽真空按键

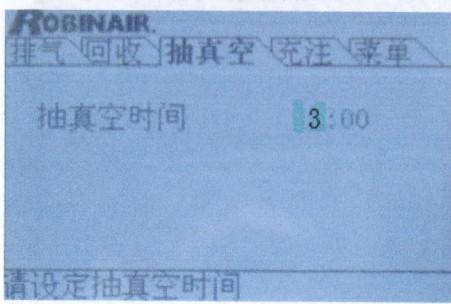
c）设定抽真空3min（按确认键）

图 9-42　抽真空、加注冷冻油

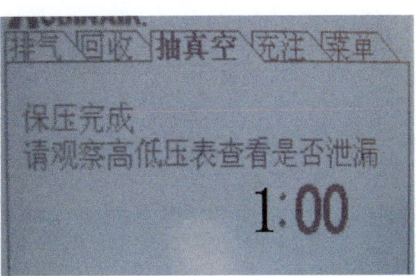

d) 抽真空完成、保压1min

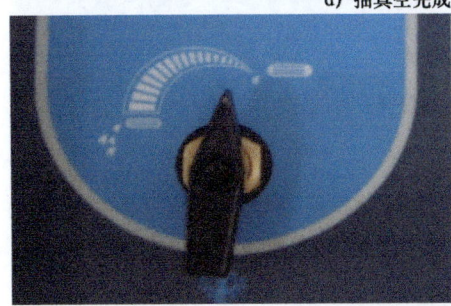

e) 关闭两端低压阀门

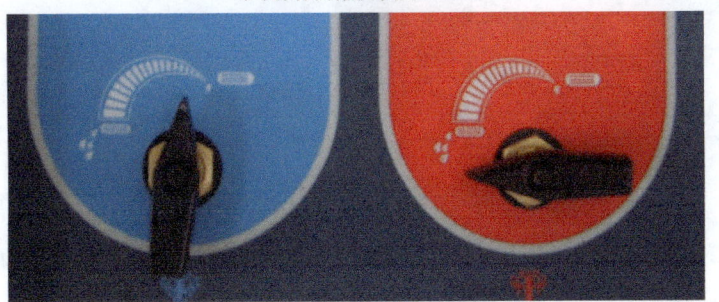

f) 打开高压端阀门

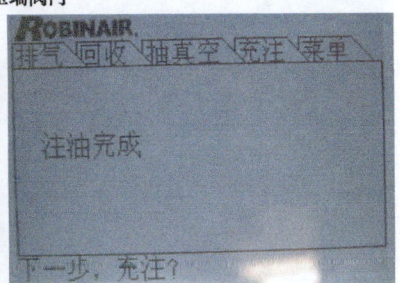

g) 按确认键加注冷冻油、观察刻度及时按停止键

h) 关闭高压端、打开低压端　　　　i) 设定抽真空5min

图9-42　抽真空、加注冷冻油（续）

j) 抽真空完成

图 9-42　抽真空、加注冷冻油（续）

4. 加注制冷剂

查阅相关维修资料加注制冷剂→设定制冷剂加注量→通过单管高压管路方式进行加注→记录实际加注量→关闭并取下管路阀门归位→按回收键对管路进行清理→使用卤素检漏仪对高、低压加注口进行检漏，如图 9-43 所示。

a) 关闭两端低压阀门　　　　　　　　b) 打开两端高压阀门

c) 查阅制冷剂加注量　　　　　　　　d) 按加注键

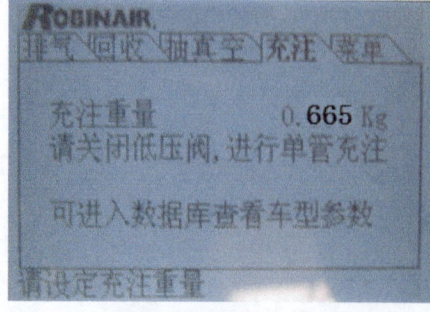
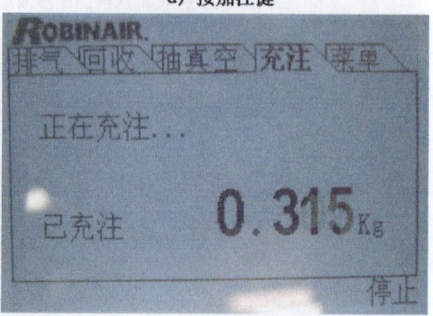

e) 设定加注量665g（确认）　　　　　f) 加注制冷剂

图 9-43　加注制冷剂

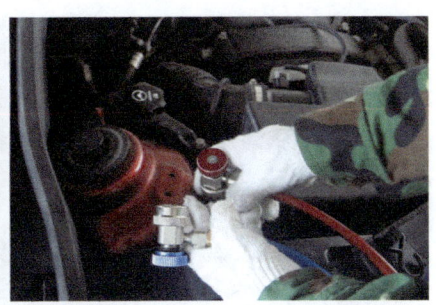

g）关闭并取下高低压阀门

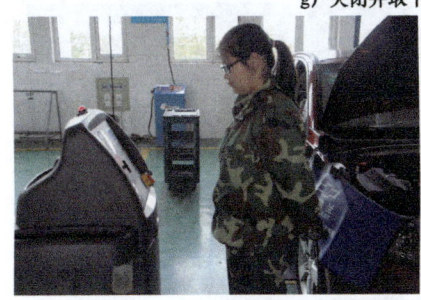
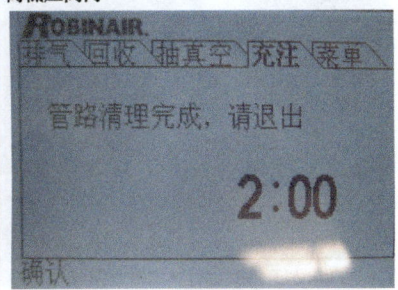

h）制冷剂回收　　　　　　　　i）清理管路

j）高低压加注口检漏

图 9-43　加注制冷剂（续）

5. 空调系统性能诊断与测量

安装 R134a 诊断仪→连接汽车空调诊断仪的传感器→连接蓄电池电源→连接高低压管接头→打开开关→设置空调系统→打开前格栅布→起动车辆→打开空调→设定外循环→将制冷模式设为最冷→鼓风机 4 档→落下车窗玻璃→发动机转速处于 1800~2000r/min→打开 4 个车门→记录环境温度、环境湿度、高压端压力、低压端压力、空调出风温度、空调出风湿度→关闭 4 车门→关闭空调→升起车窗玻璃→关闭点火开关→将接收器取出→关闭加注机高、低压阀门→拔下加注机电源→清洁加注机→关闭 R134a 诊断仪系统→关闭并取下高低压管路阀门→拆卸高低压管路→检漏仪检漏→安装高低压防护帽→拆卸传感器线路、电源线→拆下 R134a 诊断仪→标注吸气压力与周围环境温度图表、标注空调送风温度与周围环境温度图表→判断空调性能，如图 9-44 所示。

注意事项：①连接冷凝器进口的传感器线（红色）可以不接（温度过高容易损坏）；②操作程序应先进入故障诊断后再进入测量数据。

6. 清理工作

收起空调诊断仪、清洁、归位→故障诊断仪清洁归位→检漏仪清洁归位→收起前格栅翼子板布→放下发动机盖→收起车内 4 件套→处理车内 4 件套（垃圾桶）→收起四轮挡块→收起尾气排放管→清洁车身→清洁地面→清洁眼镜→工具车复位，如图 9-45 所示。

a）安装空调诊断仪及连接线 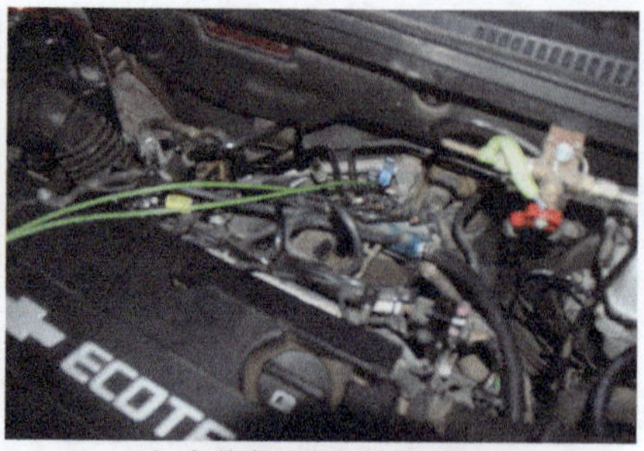　　b）安装电源线及传感器线

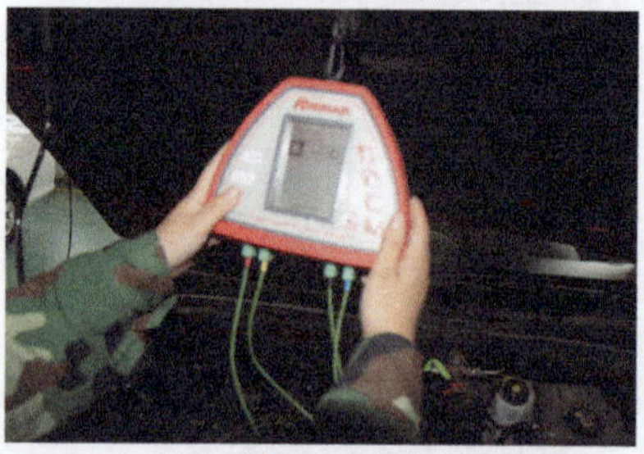

c）打开开关进行车辆数据配置 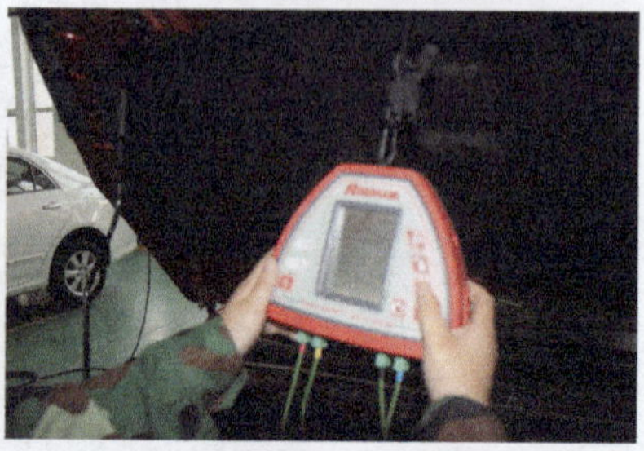　　d）确认传感器安装情况

e）起动发动机打开空调 　　f）发动机转速2000r/min保持3min

g）打开车门 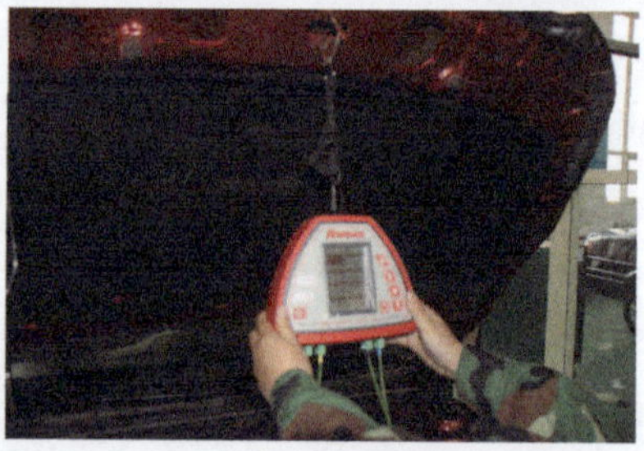　　h）测量数据

i）高低压加注口检漏 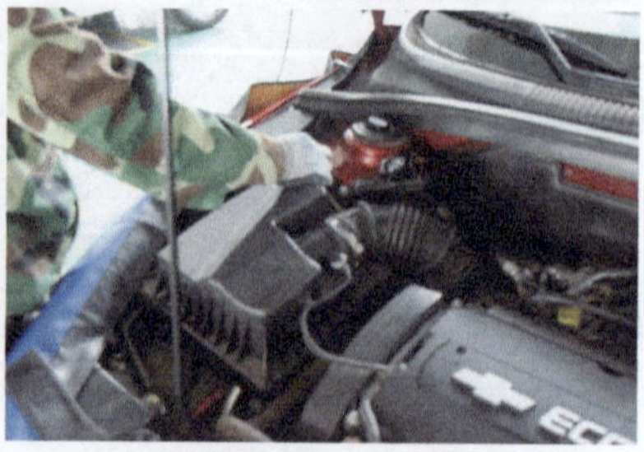　　j）安装空调加注口防护帽

图9-44　空调性能诊断与测量

任务九 辅助电器系统常见故障的检修 | 147

a) 空调诊断仪清洁归位
b) 检漏仪清洁归位
c) 清洁检测仪归位
d) 收起前格栅和翼子板布
e) 收起车轮挡块
f) 回收尾气排放管
g) 清洁车身
h) 清洁加注机
i) 工具车归位
j) 清洁场地

图 9-45 清理工作

制冷剂的回收、加注、检漏操作见视频。

(四) 制冷系统故障的检修

【故障案例】

一辆 2008 款卡罗拉轿车,夏天使用空调时发现,鼓风机运转正常就是不吹冷风。

【故障可能的原因】

机电维修小组通过对空调系统理论知识的学习,结合派工单的故障描述,分析出故障原因并制定了实施方案:

1)_____。
2)_____。
3)_____。

【故障检修过程】

具体步骤如下:_____
_____
_____
_____。

故障为_____。

【复查与验收】

1)_____。
2)_____。
3)_____。
4)_____。

【整理清洁】

1)_____。
2)_____。
3)_____。

【总结】

_____
_____
_____
_____。

任务十　汽车线束及维修知识

一、汽车线束

线束是汽车的神经网络系统，它负责电器设备的连接控制和信息传递工作。将同区域的不同规格的导线缠绕、包扎成束，用聚氯乙烯绝缘管包裹，然后固定上端子接头和插接器，称为线束。线束分为发动机线束、仪表线束、车身线束等，如图10-1所示。

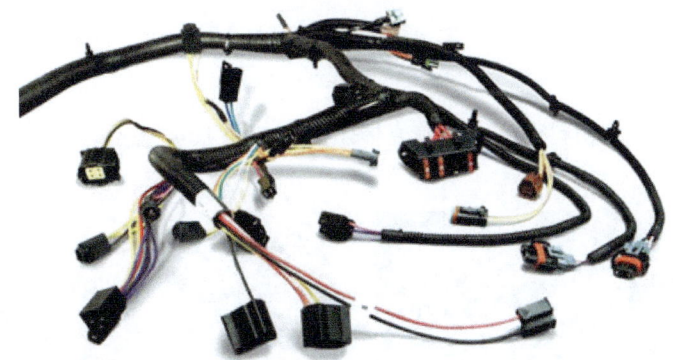

图 10-1　汽车线束

（一）线束的规格

汽车线束内的电线常用规格有标称截面积（mm^2）0.5、0.75、1.0、1.5、2.0、2.5、4.0、6.0等的电线，它们各自都有允许负载电流值，配用于不同功率的用电设备。以整车线束为例，0.5规格线适用于仪表灯、指示灯、门灯、顶灯等；0.75规格线适用于牌照灯，前后小灯、制动灯等；1.0规格线适用于转向灯、雾灯等；1.5规格线适用于前照灯、喇叭等；主电源线，例如发电机电枢线、搭铁线等要求直径为2.5~4mm^2。蓄电池的正极线和搭铁线是单独的连接线，一般不会编入主线束内，如图10-2所示。

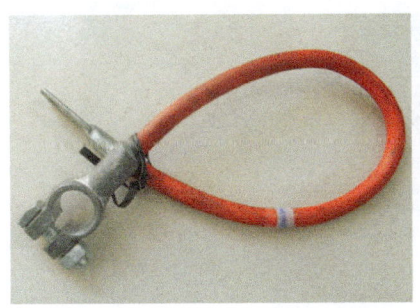 

图 10-2　蓄电池连接线

（二）常用的线束插接器

为了使汽车上的导线容易拆卸和安装，既不混乱又便于维修，因此电器线路中使用了大量插接器。插接器包括导线端子接头、插接器锁片等。

1. 线束端子接头

端子接头普遍采用导电性能较好的铜和合金材料制成。端子与导线之间一般采用冷铆压制法和焊锡焊接法进行连接，导线端子接头如图 10-3 所示。

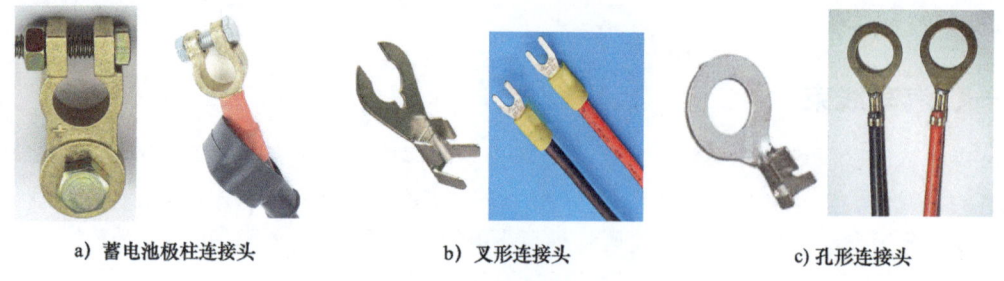

a) 蓄电池极柱连接头　　b) 叉形连接头　　c) 孔形连接头

图 10-3　导线端子接头

2. 线束插接器

插接器由导线端子、塑料壳体或橡胶壳体组成，如图 10-4 所示。插接器有单路、双路和多路插接形式。

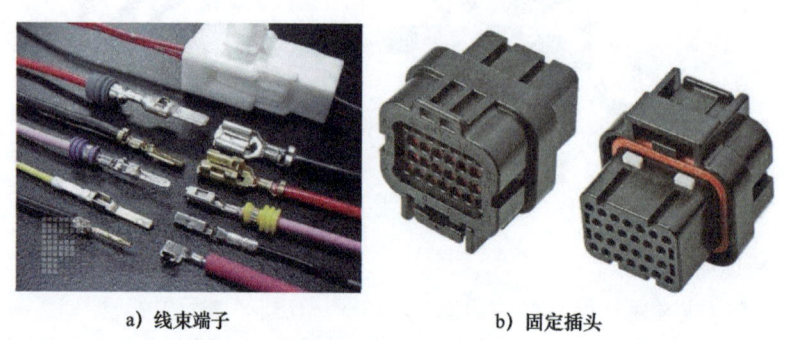

a) 线束端子　　b) 固定插头

图 10-4　导线插接器

插接器塑料外壳上有锁止扣，防止插接器在使用过程中脱开，如图 10-5 所示。导线端子上面有倒刺钩，导线端子装入插接器塑料外壳内被倒刺钩挂住，这样导线端子就不容易脱出。

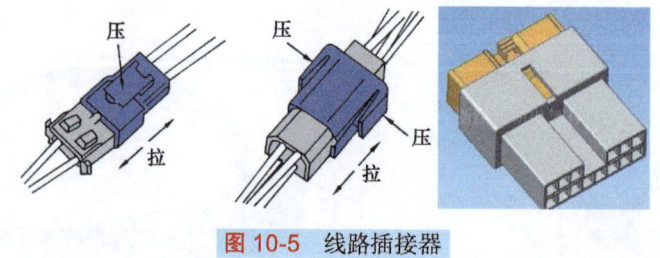

图 10-5　线路插接器

二、线束的维修

（一）线束修复工具

汽车线束和端子接头在使用过程中会出现断路、短路和接触不良等，在检修的过程中需要一些必备的工具和材料，如图 10-6、图 10-7 所示。

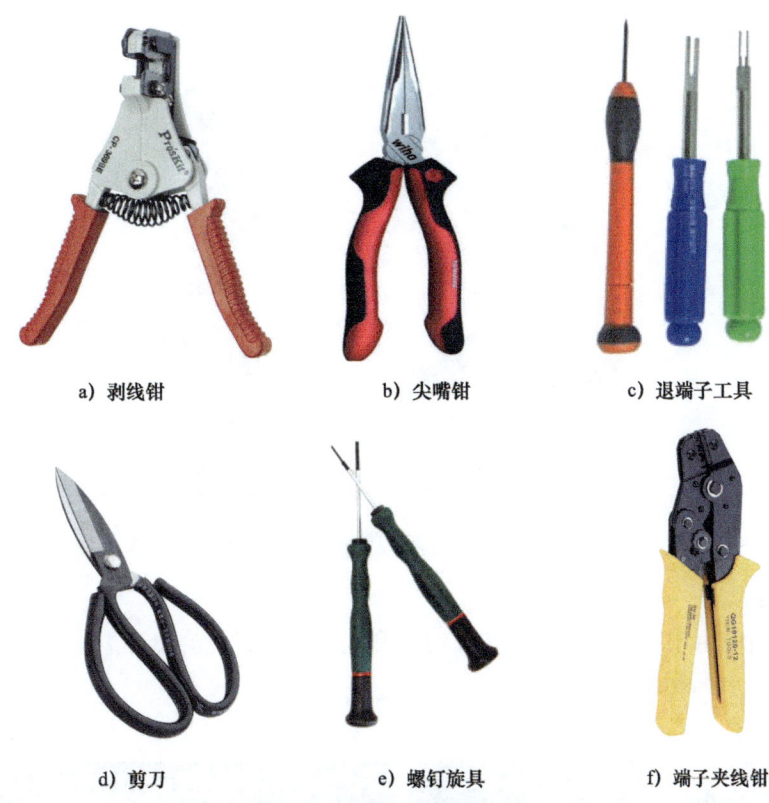

a) 剥线钳　　　　b) 尖嘴钳　　　　c) 退端子工具

d) 剪刀　　　　e) 螺钉旋具　　　　f) 端子夹线钳

图 10-6　端子接头维修工具

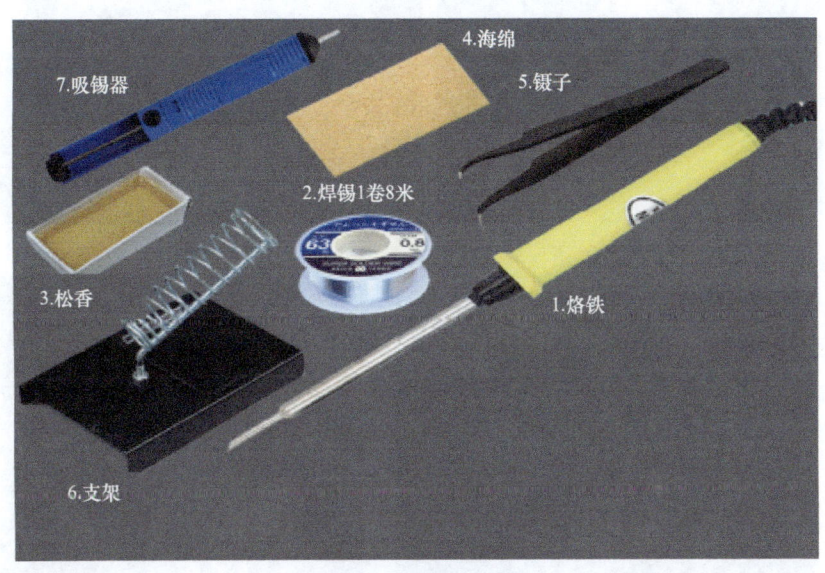

图 10-7　锡焊工具

（二）线束修复方法

1. 修复材料

修复材料主要包括导线、端子插接头、胶布、塑料胶带、防护套等，如图 10-8 所示。

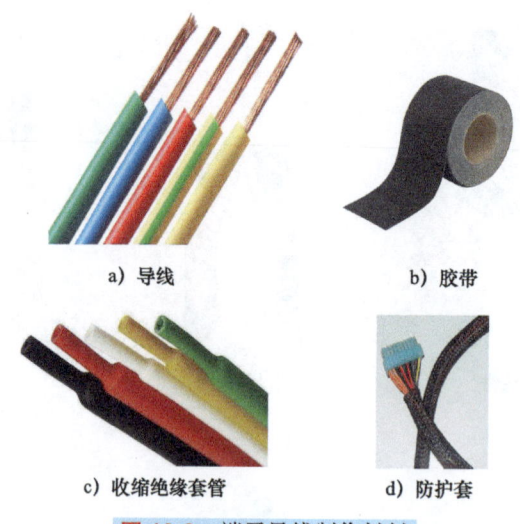

图 10-8 端子-导线制作材料

2. 修复方法

线束在使用中由于所处的环境、工作时间和人为等因素，会出现老化、断路、烧蚀、脱落等现象，如图 10-9 所示。

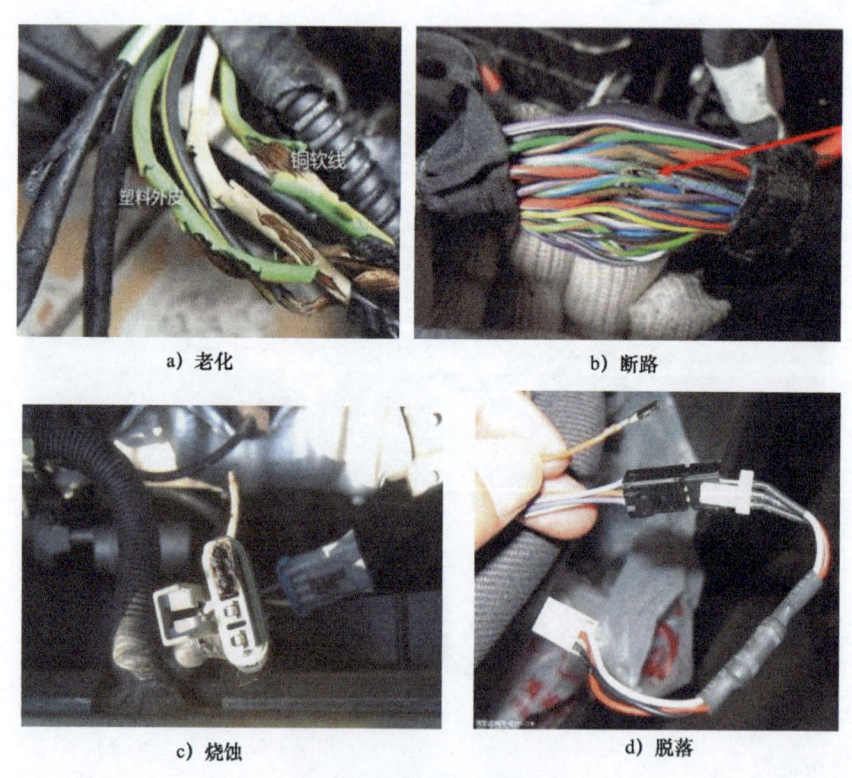

图 10-9 线束常见的故障

线束烧蚀多出现在接头或插头处,是接触不良或电流过大造成的,可修复,如图 10-10a、图 10-10b 所示。也可以更换端子及导线,如图 10-10c、图 10-10d 所示。

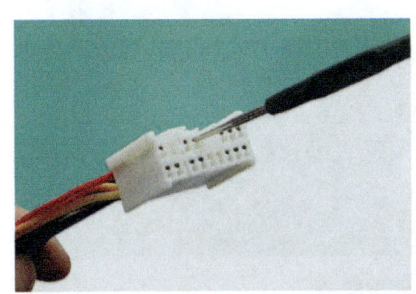

a)取出接触不良端子

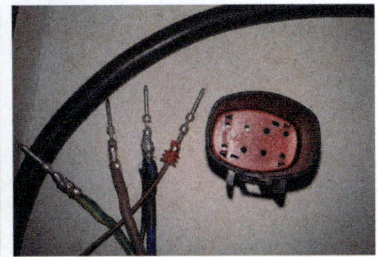

b)重新焊接或更换端子及导线

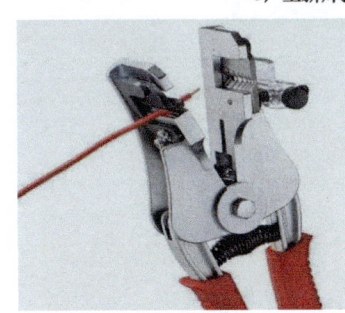
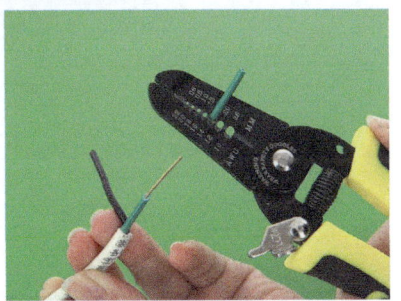

c)剥线钳剥下绝缘皮

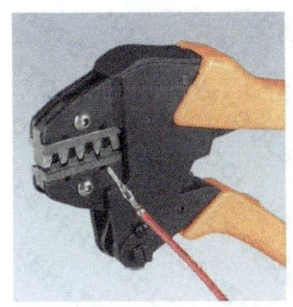
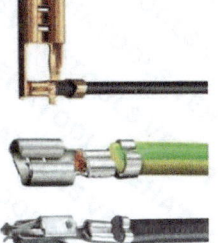

d)端子钳修复端子

图 10-10 导线端子的修复

3. 线束的包扎

防止修复后的线束因摩擦产生断路,通常采用绝缘胶布进行包扎防护,或采用绝缘防护套进行防护,如图 10-11 所示。

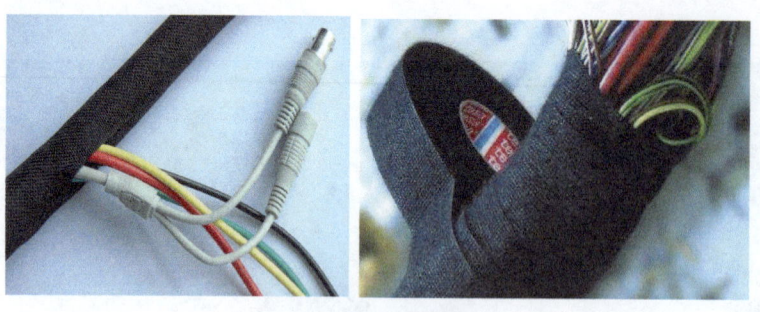

图 10-11 线束防护

剥线钳的使用、端子钳的使用、退出端子的操作见视频。

参 考 文 献

[1] 刘臣富，等.汽车电气系统检修[M].北京：人民邮电出版社，2017.
[2] 金君堂.汽车电气构造与维修[M].2版.北京：中国劳动社会保障出版社，2015.
[3] 倪依纯.汽车电气设备构造与维修[M].北京：中国劳动社会保障出版社，2005.
[4] 黄孟涛.汽车电气设备[M].北京：中国劳动社会保障出版社，2003.
[5] 舒华，等.汽车电气设备构造与维修[M].北京：金盾出版社，2008.
[6] 韩卫平.汽车电器与车身电子控制技术实训教程[M].重庆：重庆大学出版社，2009.
[7] 扈佩令，等.汽车电气设备构造与维修[M].北京：机械工业出版社，2012.

读者服务

机械工业出版社立足工程科技主业,坚持传播工业技术、工匠技能和工业文化,是集专业出版、教育出版和大众出版于一体的大型综合性科技出版机构。旗下汽车分社面向汽车全产业链提供知识服务,出版服务覆盖包括工程技术人员、研究人员、管理人员等在内的汽车产业从业者,高等院校、职业院校汽车专业师生和广大汽车爱好者、消费者。

一、意见反馈

感谢您购买机械工业出版社出版的图书。我们一直致力于"以专业铸就品质,让阅读更有价值",这离不开您的支持!如果您对本书有任何建议或意见,请您反馈给我。我社长期接收汽车技术、交通技术、汽车维修、汽车科普、汽车管理及汽车类、交通类教材方面的稿件,欢迎来电来函咨询。

咨询电话:010-88379353   编辑信箱:cmpzhq@163.com

二、课件下载

选用本书作为教材,免费赠送电子课件等教学资源供授课教师使用,请添加客服人员微信手机号"13683016884"咨询详情;亦可在机械工业出版社教育服务网(www.cmpedu.com)注册后免费下载。

三、教师服务

机工汽车教师群为您提供教学样书申领、最新教材信息、教材特色介绍、专业教材推荐、出版合作咨询等服务,还可免费收看大咖直播课,参加有奖赠书活动,更有机会获得签名版图书、购书优惠券。

加入方式:搜索QQ群号码317137009,加入机工汽车教师群2群。请您加入时备注院校+专业+姓名。

四、购书渠道

机工汽车小编
13683016884

我社出版的图书在京东、当当、淘宝、天猫及全国各大新华书店均有销售。

团购热线:010-88379735

零售热线:010-68326294 88379203

推荐阅读

书号	书名	作者	定价（元）
智能网联、新能源汽车专业教材			
9787111678618	智能网联汽车技术入门一本通（全彩印刷）	程增木	69
9787111715276	智能汽车技术（全彩印刷）	凌永成	85
9787111702696	智能网联汽车技术原理与应用（彩色版）	程增木 杨胜兵	65
9787111628118	智能网联汽车技术概论（全彩印刷）	李妙然 邹德伟	49.9
9787111693284	智能网联汽车底盘线控系统装调与检修（附任务工单）	李东兵 杨连福	59.9
9787111710288	智能网联汽车智能传感器安装与调试（全彩活页式教材）	中国汽车工程学会 等	49.9
9787111712480	智能网联汽车底盘线控执行系统安装与调试（全彩印刷）	中国汽车工程学会 等	49.9
9787111709800	智能网联汽车计算平台测试装调（全彩印刷）	中国汽车工程学会 等	49.9
9787111711711	智能网联汽车智能座舱系统测试装调（全彩印刷）	中国汽车工程学会 等	49.9
9787111710318	新能源汽车检测与故障诊断技术（彩色版配实训工单）	吴海东 等	69
9787111707585	新能源汽车电动空调 转向和制动系统检修（彩色版配实训工单）	王景智 等	69
9787111702931	新能源汽车整车控制系统检修（彩色版配实训工单）	吴东盛 等	69
9787111701637	新能源汽车动力电池及管理系统检修（彩色版配实训工单）	吴海东 等	59
9787111707165	新能源汽车技术概论（全彩印刷）	赵振宁	55
9787111706717	纯电动汽车构造原理与检修（全彩印刷）	赵振宁	59
9787111587590	纯电动/混合动力汽车结构原理与检修（配实训工单）（全彩印刷）	金希计 吴荣辉	59.9
9787111709565	新能源汽车维护与故障诊断（配实训工单）（全彩印刷）	林康 吴荣辉	59
9787111700524	新能源汽车整车控制系统诊断（双色印刷）	赵振宁	55
9787111699545	智能网联汽车概论（全彩印刷）	吴荣辉 吴论生	59.9
9787111698081	新能源汽车结构原理与检修（全彩印刷）	吴荣辉	65
9787111683056	新能源汽车认知与应用（第2版）（全彩印刷）	吴荣辉 李颖	55
9787111615767	新能源汽车概论（全彩印刷）	张斌 蔡春华	49
9787111644385	新能源汽车电力电子技术（全彩印刷）	冯津 钟永刚	49
9787111684428	新能源汽车高压安全与防护	吴荣辉 金朝昆	45
9787111610175	新能源汽车动力电池及充电系统检修（全彩印刷）	许云 赵良红	55
9787111613183	新能源汽车电机驱动系统检修（全彩印刷）	王毅 巩航军	49
9787111613206	新能源汽车辅助系统检修（全彩印刷）	任春晖 李颖	45
9787111646242	新能源汽车维护与故障诊断（全彩印刷）	王强 等	55
9787111670469	新能源汽车结构原理与检修（彩色版）	康杰 等	55

（续）

书号	书名	作者	定价（元）
9787111448389	电动汽车动力电池管理系统原理与检修	朱升高 等	59.9
9787111675372	新能源汽车动力蓄电池与驱动电机系统结构原理及检修	周旭 石未华	49.9
9787111672999	电动汽车结构原理与故障诊断（第2版）（配实训工作手册）	陈黎明 冯亚朋	69.9
9787111623625	电动汽车结构原理与维修	朱升高 等	49
9787111610717	新能源汽车结构与维修（第2版）	蔡兴旺 康晓清	49
9787111591566	电动汽车电机控制与驱动技术	严朝勇	45
9787111484868	电动汽车动力电池及电源管理（"十二五"职业教育国家规划教材）	徐艳民	35
9787111660972	新能源汽车专业英语	宋进桂 徐永亮	45
9787111684862	智能网联汽车技术概论（彩色版配视频）	程增木 康杰	55
9787111674559	混合动力汽车结构与检修一体化教程（彩色版）（附赠习题册含工作任务单）	汤茂银	55
	传统汽车专业教材		
9787111678892	汽车构造与原理 （彩色版）	谢伟钢 范盈圻	59
9787111702474	汽车销售基础与实务（全彩印刷）	周瑞丽 冯霞	59
9787111678151	汽车网络与新媒体营销（全彩印刷）	田凤霞	59.9
9787111687085	汽车销售实用教程（第2版）（全彩印刷）	林绪东 葛长兴	55
9787111687351	汽车自动变速器原理与诊断维修 （彩色版）	张月相 张雾琳	65
9787111704225	汽车机械基础一体化教程（彩色版配实训工作页）	广东合赢	59
9787111698098	汽车检测与故障诊断一体化教程（彩色版配工作页）	秦志刚 梁卫强	69
9787111699934	汽车舒适与安全系统原理检修一体化教程（配任务工单）	栾琪文	59.9
9787111711667	汽车发动机电控系统结构原理与检修（彩色版配实训工单）	李先伟 吴荣辉	59
9787111689218	汽车底盘电控系统原理与检修一体化教程（彩色版）（附实训工作页）	杨智勇 金艳秋 翟静	69
9787111676836	汽车底盘机械系统构造与检修一体化教程（全彩印刷）	杨智勇 黄艳玲 李培军	59
9787111699637	汽车电气设备结构原理与检修（配实训工单）（全彩印刷）	管伟雄 吴荣辉	69

任务一　汽车维修行业常识

一、填空题

1. 车间管理 8S 主要包括_____、_____、_____、_____、_____、_____、_____。
2. 车辆进入维修服务站后的工作程序主要包括_____、_____、_____、_____。
3. 派工单主要指车辆进入维修服务站后，进行_____、_____、_____，并将需要维修的项目以工单形式派给维修人员。

二、判断题

1. 维修车辆前，应将车辆停、架牢固后方可作业。（　　）
2. 路试车辆必须由有驾驶证且技术熟练的试车员进行，必须在规定的路段上进行。（　　）
3. 非工作需要不得动用任何车辆，车在厂内行驶车速不得超过 20km/h，不准在厂内试制动性能。（　　）
4. 工作灯应采用高压 (36V 以上) 安全灯，应经常检查导线、插座是否良好。（　　）
5. 节约的意义在于培养良好的行为习惯，把企业当成自己的家一样对待，最大程度为企业节约开支、降低成本。（　　）
6. 手湿时不得搬动电力开关或插座。电源线路、熔丝应按规定安装，不得用铜线、铁线代替。（　　）

三、名词解释

1. 整理

2. 整顿

3. 素养

4. 安全

四、简述题

1. 请用流程图画出车辆进入维修服务站后的工作程序。

2. 在汽车维修行业中,派工单的实施流程是怎样的?

任务二　汽车电器常用维修设备的使用

一、填空题

1. 在汽车电器维修过程中，经常会使用万用表检测系统的_____、_____、_____、_____等工作情况，还经常检测部件中的_____、_____性能。

2. 用数字万用表测量交流电压时，如果测量的电压为220V，那么需要选择的量程是_____。

3. 晶体管主要有_____、_____两种类型。

4. 使用普通蓄电池测试仪时，容量后面的颜色分别代表不同的含义：绿色代表_____，黄色代表_____，最右端红色代表_____。

二、读图题

根据图片上所标的序号，写出万用表上相应功能键的名称。

1—_____
2—LIGHT 显示屏背景灯按键
3—_____
4—_____
5—量程选择旋钮
6—_____
7—_____
8—COM 公共插孔
9—VΩ ⇥ 电压、电阻、二极管插孔
10—_____

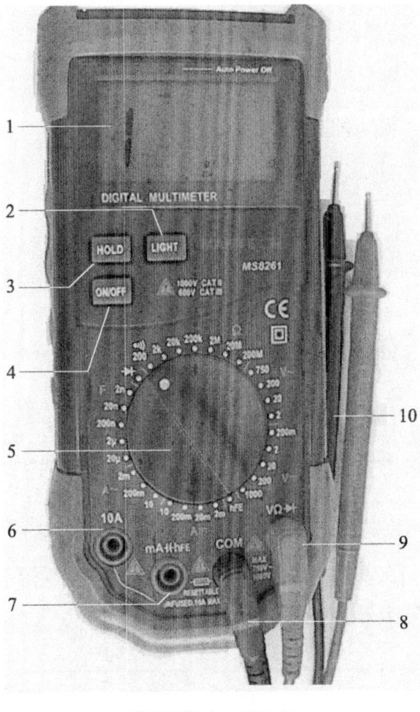

普通数字万用表

三、测量题

1. 画出 OTC3514 万用表上的符号，并说明含义

符号	含义

2. 测量电阻（取一只电灯泡测量其电阻值）
步骤：

测量值：
注意事项：

3. 测量电压（分别测量实训室里蓄电池和插座的电压）
步骤：

测量值：
注意事项：

四、综合论述题

1. 蓄电池测试仪在使用过程中应该注意哪些事项？
_____
_____
_____。

2. 作为汽车维修车间的一名维修技师，请用博世 BSL2470 充电机为蓄电池充电，并且记录充电机使用步骤：_____
_____
_____。

3. 汽车故障测试仪 KT600 的一般测试条件如下：① KT600 额定电压为_____；②点火正时和怠速应在标准范围内，冷却液温度和变速器油温达到正常_____；③节气门应处于_____，即怠速状态。将 KT600 的测试插头连接到汽车的诊断插座后进入诊断系统，以大众车系发动机系统检测功能为例，点击选择系统栏进入下一级操作界面，测试功能主要包含_____
_____。

任务三　蓄电池常见故障的检修

一、填空题

1. 现代燃料汽车上使用的蓄电池一般为铅酸蓄电池，主要包括_____和_____蓄电池两种类型，带有起停功能的车辆，安装的是_____，能源汽车使用的动力蓄电池一般为_____。
2. 轿车的蓄电池一般安装在_____。大型客货车的蓄电池一般安装_____。动力电池一般安装_____。
3. 蓄电池的功用_____、_____、_____、_____。
4. 蓄电池正极板填充的活性物质是_____，负极板填充的活性物质是_____。

二、选择题

1. 蓄电池在放电过程中，其电解液的密度是（　　）。
   A. 不断上升的　　　B. 不断下降的　　　C. 保持不变的
2. 蓄电池电解液的相对密度一般为（　　）。
   A. 1.24~1.30　　　B. 1.15~1.20　　　C. 1.35~1.40
3. 蓄电池电解液的温度下降，会使其容量（　　）。
   A. 增加　　　　　B. 下降　　　　　C. 不变
4. 蓄电池在使用过程中，如发现电解液的液面下降，应及时补充（　　）。
   A. 电解液　　　　B. 稀硫酸　　　　C. 蒸馏水
5. 蓄电池极板上的活性物质在放电过程中都转变为（　　）。
   A. 硫酸铅　　　　B. 二氧化铅　　　C. 铅
6. 下列原因哪一个可造成蓄电池硫化？（　　）
   A. 大电流过充电　　B. 电解液液面过高　　C. 长期充电不足
7. 随着蓄电池放电电流的增大，其容量将（　　）。
   A. 增大　　　　　B. 不变　　　　　C. 减小
8. 在讨论蓄电池结构时，甲说 12V 蓄电池由 6 个单体电池并联组成，乙说，12V 蓄电池由 6 个单体电池串联组成，你认为（　　）。
   A. 甲正确　　　B. 乙正确　　　C. 甲乙都对　　　D. 甲乙都不对

三、判断题

1. 车辆起动时，一次起动时间不能超过 5s，再次起动时，应间隔 10~15s。（　　）
2. 电解液液面不足时应添加硫酸和电解液。（　　）
3. 蓄电池的充电过程是电能转变成化学能的过程。（　　）
4. 蓄电池属于二次电池，其充电过程和放电过程是一种可逆的化学反应。（　　）
5. 免维护蓄电池要定期检查或添加补充液，电解液溢出后会产生腐蚀。（　　）
6. 免维护蓄电池制造工艺复杂，制造成本高，价格高。（　　）

四、读图题

在图上所标数字处填写部件名称：

1— _____   2— _____
3— _____   4— _____
5— _____   6— _____

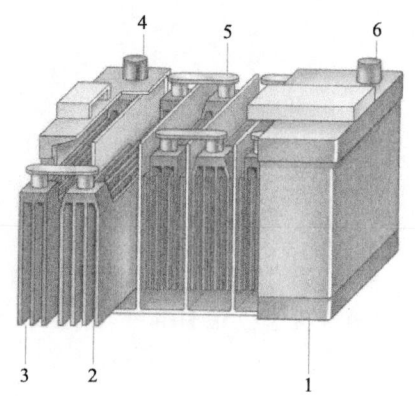

五、简答题

1. 写出蓄电池充放电的化学方程式。

充电：

放电：

思考：蓄电池充放电过程中电解液密度如何变化？

2. 写出蓄电池型号 6-QW-120Ah 代表的含义。

3. 为了提高蓄电池的使用寿命和性能，请你给客户介绍蓄电池的正确使用方法有哪些？（至少六条建议）

_____
_____
_____
_____
_____

六、综合论述题

1. 蓄电池的检查主要检查_____和_____。
2. 如果用密度计对蓄电池电解液进行检测，那么检测步骤如下：_____
_____，
经检测电解液密度为_____。对照容量和密度表得出蓄电池电量在_____。
3. 维修车间有一辆故障车，故障现象为不能正常起车，经故障排查，确认与蓄电池有关，作为一名维修技师，请你用工具对蓄电池的休眠电流进行测量，并记录测量步骤：_____
_____。

任务四　充电系统常见故障的检修

一、填空题

1. 发电机主要功用是发动机起动后向_____供电，并给_____充电。
2. 转子的功用是_____。
3. 整流器由_____、_____和_____组成。
4. 带轮主要是通过传动带带动_____旋转。
5. 电刷是用_____和_____按一定比例制作而成。
6. 发电机检测方法包括_____和_____两种方法。

二、判断题

1. 交流发电机的定子产生磁场，转子产生三相交流电。（　　）
2. 交流发电机整流器的功用是将转子产生的交流电变成直流电。（　　）
3. 交流发电机按磁场绕组的搭铁位置不同可以分为内搭铁型和外搭铁型。（　　）
4. 检查发电机是否发电时，严禁采用短路试火法进行检查。（　　）
5. 充电指示灯点亮说明蓄电池在被充电。（　　）

三、选择题

1. 交流发电机的磁场绕组安装在（　　）上。
   A. 定子　　　　　B. 转子　　　　　C. 电枢　　　　　D. 电刷架
2. 交流发电机采用的励磁方法是（　　）。
   A. 自励
   B. 他励
   C. 先他励再自励
   D. 先自励再他励
3. 发电机调节器是通过（　　）来调节发电机电压的。
   A. 发电机转速
   B. 发电机励磁电流
   C. 档位
   D. 中性点
4. 交流发电机定子的作用是（　　）。
   A. 产生磁场
   B. 产生交流电
   C. 产生转矩
   D. 把交流电变成直流

四、简答题

1. 通过对发电机的分解认知，请依次写出发电机的结构组成有哪些？

2. 发电机的控制电路组成有哪些？

五、综合分析题

1. 根据图示，写出发电机的发电原理

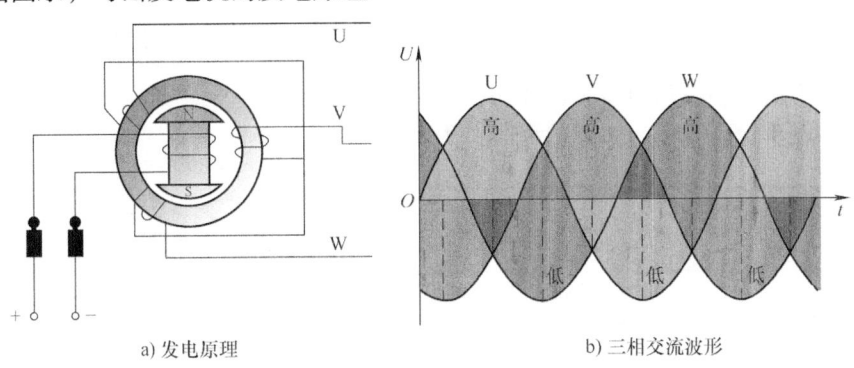

a) 发电原理　　　　　b) 三相交流波形

_____

_____。

2. 分析下图，写出整流器在 $t_2 \sim t_3$ 和 $t_5 \sim t_6$ 时间段内是如何把交流电转变为直流电的？

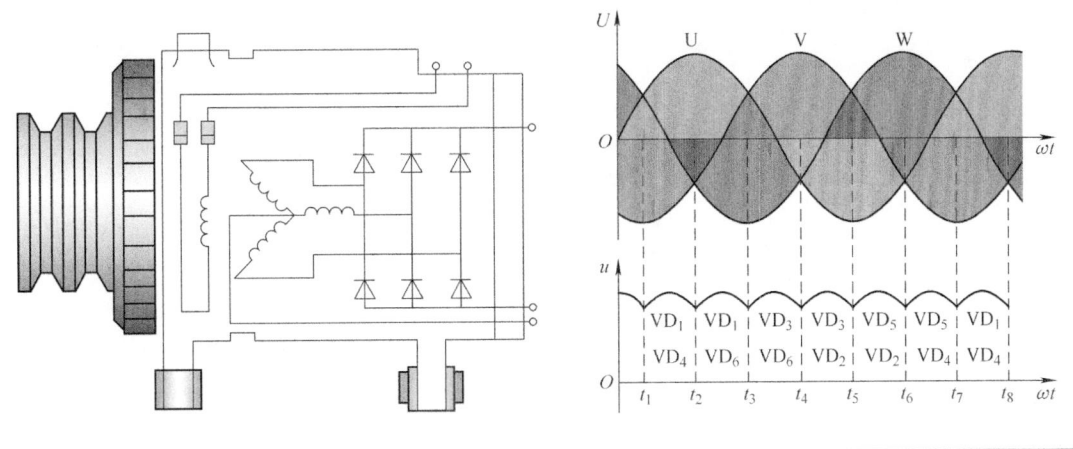

_____

_____。

3. 如果发电机需要维修，首先将发电机进行分解，然后进行故障检测。检测方法主要包括_____和_____两种方法。其中直观检查主要检测：_____

_____。

使用万用表检测：在万用表的空白处填上你的实际测量值。

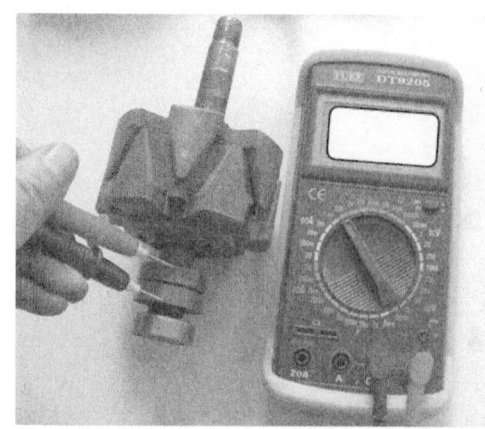 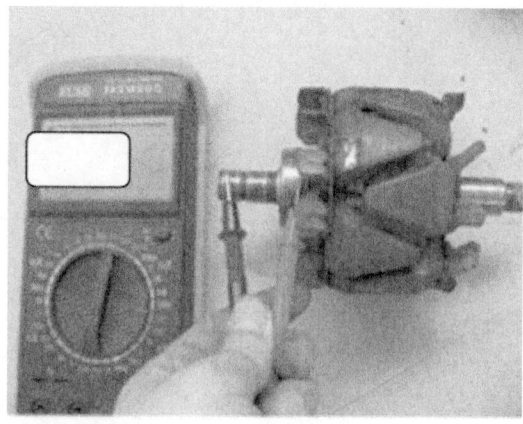

通过你的测量，你能判断转子的使用状态吗？（正常□　不正常□）
除此以外还要检查滑环的磨损情况吗？为什么？

_____
_____
_____。

 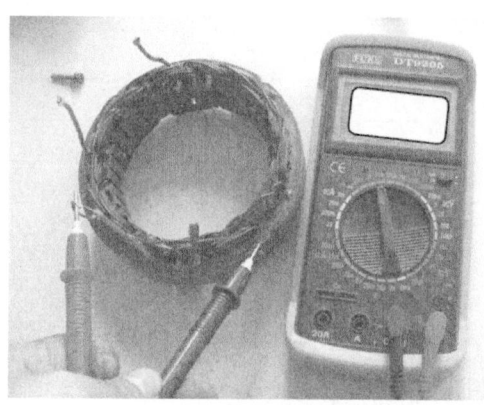

通过你的测量，三相绕组之间是否存在断路现象（是□　否□）；三相绕组与铁心之间是否有短路现象（是□　否□）。

简述整流器如何进行检测：_____
_____
_____。

你的检测结果是：_____。

任务五　起动系统常见故障的检修

一、填空题

1. 汽车起动机的作用是将蓄电池的_____转变为_____，驱动发动机飞轮旋转实现发动机的起动。
2. 起动机由_____、_____、_____三大部分组成。
3. 起动机的直流电动机主要由_____、_____、_____、_____及前后端盖等组成。
4. 起动机转子的作用是_____。

二、选择题

1. 直流串励式起动机中的"串励"是指（　　）。
 A. 吸拉线圈和保持线圈串联连接
 B. 励磁绕组和转子绕组串联连接
 C. 吸拉线圈和转子绕组串联连接
2. 下列不属于起动机控制装置作用的是（　　）。
 A. 使活动铁心移动，带动拨叉，使驱动齿轮和飞轮啮合或脱离
 B. 使活动铁心移动，带动接触盘，使起动机的两个主接线柱接触或分开
 C. 产生电磁力，使起动机旋转
3. 永磁式起动机中用永久磁铁代替常规起动机的（　　）。
 A. 转子绕组
 B. 励磁绕组
 C. 电磁开关中的两个线圈
4. 起动机空转的原因之一是（　　）。
 A. 蓄电池亏电　　　　B. 单向离合器打滑　　C. 电刷过短
5. 不会引起起动机运转无力的原因是（　　）。
 A. 吸引线圈断路　　　　　　　　　B. 蓄电池亏电
 C. 换向器脏污　　　　　　　　　　D. 电磁开关中接触片烧蚀、变形
6. 在判断起动机能不能运转的过程中，在车上短接电磁开关端子30和端子C时，起动机不运转，说明故障在（　　）。
 A. 起动机的控制系统中
 B. 起动机本身
 C. 不能进行区分
7. 减速起动机和常规起动机的主要区别在于（　　）不同。
 A. 直流电动机　　　　B. 控制装置　　　　C. 传动机构
8. 起动机驱动轮的啮合位置由电磁开关中的（　　）线圈的吸力保持。
 A. 保持　　　　　B. 吸拉　　　　　C. 次级　　　　　D. 初级

三、判断题

1. 起动系统主要包括起动机和控制电路两个部分。（　　）
2. 常规起动机中，吸拉线圈、励磁绕组及电枢绕组是串联连接。（　　）
3. 起动机中的传动装置只能单向传递力矩。（　　）
4. 在起动机起动的过程中，吸拉线圈和保持线圈中一直有电流通过。（　　）
5. 在永磁式起动机中，转子是用永久磁铁制成的。（　　）
6. 平衡轴式起动机的驱动齿轮需要用拨叉使之伸出和退回。（　　）
7. 起动机励磁线圈和起动机外壳之间是导通的。（　　）
8. 用万用表检查电刷架时，两个正电刷架和外壳之间应该绝缘。（　　）
9. 起动机电枢装配过紧可能会造成起动机运转无力。（　　）
10. 减速起动机中的减速装置可以起到降速增矩的作用。（　　）

四、连线题

观察起动机工作过程，完成以下连线。

操纵机构　　　　　　　将蓄电池输入的电能转变为机械能，产生电磁转矩

传动机构　　　　　　　将驱动齿轮与发动机飞轮齿圈啮合和分离，从而达到传递和切断动力的目的

直流串励电动机　　　　接通或切断蓄电池与电动机之间的主电路。

五、综合论述题

1. 简述直流电动机的工作原理。

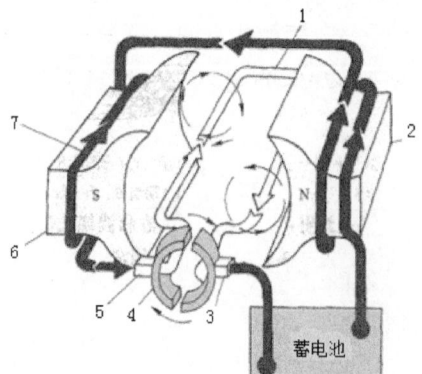

_____
_____
_____
_____。

2. 起动机的传动装置由哪些部件组成？其中滚柱式单向离合器是如何工作的？

_____
_____
_____
_____。

3. 起动机的检测：

① 检测转子，在空白处填上所检测的数值。

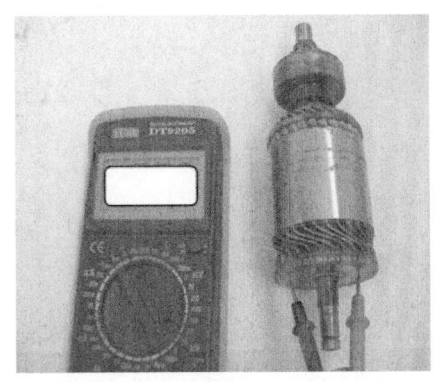 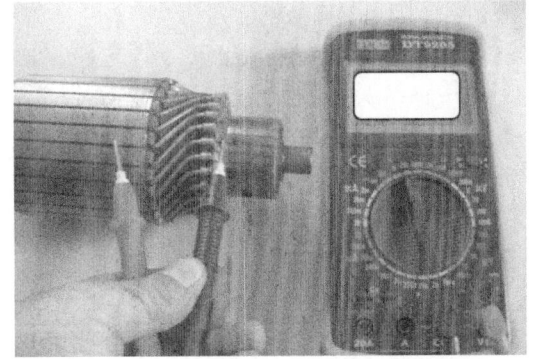

经检测，电阻值是否符合规定值（是□　否□）。

② 检测定子，在空白处填上所检测的数值。

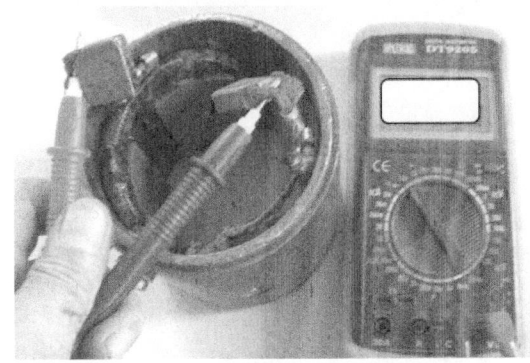 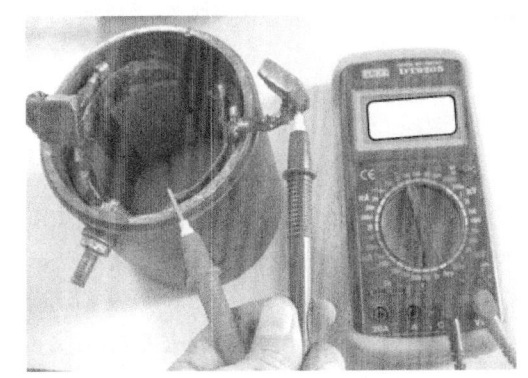

经检测，电阻值是否符合规定值（是□　否□）。

③ 检查离合器

检查驱动齿轮是否在一个方向上锁止，而在另一个方向可以平滑转动。

你所检查的单向离合器结果为_____。

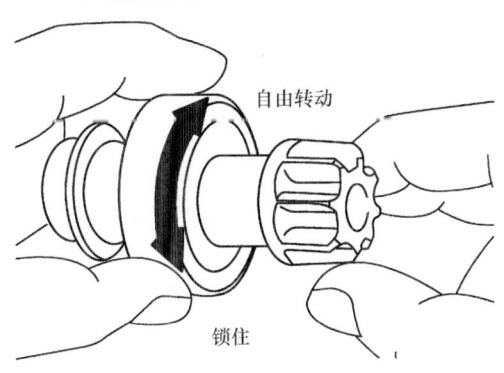

任务六　点火系统常见故障的检修

一、填空题

1. 汽车点火系按其组成和产生高压电的方式不同可分为_____、_____和_____三种类型。
2. 点火系的作用是将_____转变为_____。
3. 氧传感器安装在_____。
4. 常见的曲轴位置传感器有_____、_____两种。
5. 火花塞的热特性主要取决于绝缘体裙部的_____。
6. 微机控制点火系统主要由_____、_____、_____、_____、_____和各种传感器等组成。

二、选择题

1. 电容器击穿（短路）会造成（　　）。
   A. 火弱　　　　　　B. 无火　　　　　　C. 触点烧蚀
2. 发动机功率大，压缩比大，转速高时应选用（　　）。
   A. 热型火花塞　　　B. 中型火花塞　　　C. 冷型火花塞
3. 传统点火系统火花塞跳火时，断电触点正处于（　　）状态。
   A. 刚张开　　　　　B. 刚闭合　　　　　C. 张到最大间隙
4. 点火系统中电容器作用是（　　）。
   A. 减少触点火花　　B. 增大触点火花　　C. 与火花无关
5. 分火头击穿漏电，将会引起（　　）。
   A. 全部火花塞无火　B. 少数缸不工作　　C. 点火错乱
6. 电子点火系统与传统点火系统相比，最大特点是（　　）。
   A. 一次侧电流小，二次侧电压高
   B. 用信号发生器控制一次侧电路
   C. 点火正时更精确
   D. 用点火控制器代替断电器控制一次侧电路
7. 当某个气缸不工作时，下列说法哪个是错误的（　　）。
   A. 个别气缸火花塞不跳火
   B. 个别气缸高压线漏电
   C. 点火正时不准
   D. 分电器旁电极漏电
8. 当汽车加速无力时，若是点火正时的问题，可能是（　　）。
   A. 点火过早
   B. 点火过晚
   C. 无法确定

D. 与点火正时无关

9. 电子点火系统的次级电压较高,主要原因是(　　)。

A. 火花塞间隙大

B. 点火线圈性能好

C. 高压线不易漏电

D. 一次侧电流大

三、判断题

1. 断电器触点间隙过小,易使触点烧坏。　　　　　　　　　　　　　　　　(　　)
2. 火花塞间隙过小,高压火花变弱。　　　　　　　　　　　　　　　　　　(　　)
3. 断电器触点间隙大小与点火时间无关。　　　　　　　　　　　　　　　　(　　)
4. 火花塞在使用中经常发生积炭现象,证明火花塞过"冷"了。　　　　　　(　　)
5. 发动机转速加快时,点火提前角应增大。　　　　　　　　　　　　　　　(　　)
6. 能使混合气燃烧产生的最大气缸压力出现在压缩上止点后 10°~15° 的点火时刻为最佳点火时刻。　　　　　　　　　　　　　　　　　　　　　　　　　　　　　(　　)
7. 闭磁路点火线圈的磁阻较小,漏磁较少,能量转换效率高。　　　　　　　(　　)
8. 真空提前机构是在发动机负荷变化时,自动调节点火提前角。　　　　　　(　　)
9. 怠速时,真空点火提前装置使点火提前角增到最大值。　　　　　　　　　(　　)
10. 高压阻尼电阻常设在高压线、火花塞、分火头上。　　　　　　　　　　(　　)

四、简答题

1. 简述火花塞的作用

_____

_____。

2. 请说明火花塞 BKR6E-11 所代表的含义

_____

_____。

五、综合分析题

1. 请在图 1 空白处标出独立式点火线圈的结构组成,并根据图 2 简单叙述它的工作原理。

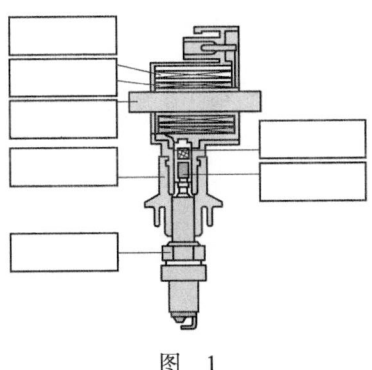

图　1

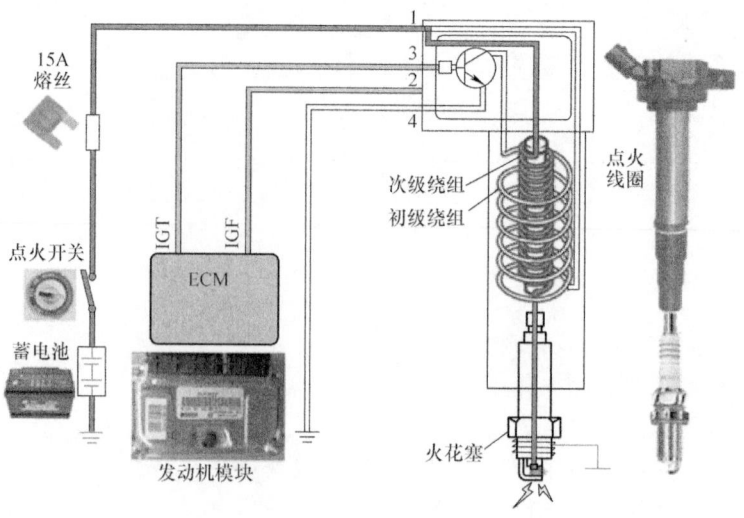

图 2

2. 如何进行火花塞的检查与更换？

任务七　照明信号系统常见故障的检修

一、填空题

1. 汽车灯具按功能可分为＿＿＿＿＿和＿＿＿＿＿两大类；安装位置可分为＿＿＿＿＿和＿＿＿＿＿。
2. 外部灯具光色一般采用＿＿＿＿、＿＿＿＿和＿＿＿＿。
3. ＿＿＿＿装在汽车前部两侧，夜间用来照亮前方的道路。
4. ＿＿＿＿安装在汽车前部和尾部，在雾天、雨雪天或尘埃弥漫等情况下所使用的灯具，用来改善车前道路的照明情况。
5. 倒车灯安装在汽车尾部的左右两侧，灯罩颜色为＿＿＿＿。
6. 制动灯安装在汽车＿＿＿＿部，高位＿＿＿＿灯安装在后风窗玻璃内侧。
7. ＿＿＿＿一般安装在汽车前部、尾部和两侧，用来指示车辆行驶趋向。
8. 示宽灯又称"小灯"，安装在汽车前面和侧面，夜间点亮时指示车辆的＿＿＿＿。
9. 目前汽车前照灯的光源有＿＿＿＿、＿＿＿＿、＿＿＿＿和＿＿＿＿四种。
10. 高压放电氙气灯简称氙气灯，主要由＿＿＿＿、＿＿＿＿、＿＿＿＿三部分组成。
11. 前照灯的配光方式分为＿＿＿＿和＿＿＿＿两种。
12. 按光学组件的结构不同，可将前照灯分为＿＿＿＿、＿＿＿＿两种。

二、选择题

1. 前照灯的灯泡功率一般采用（　　）。
A. 8W　　　　　　B. 18W　　　　　　C. 28W
2. 牌照灯的灯泡功率一般为（　　）。
A. 8~10W　　　　B. 12~14W　　　　C. 16~18W
3. 前照灯的近光灯丝位于（　　）。
A. 焦点上方　　　B. 焦点　　　　　C. 焦点下方
4. 前照灯的远光灯一般为（　　）。
A. 20~30W　　　B. 31~40W　　　C. 45~60W
5. 国标中规定转向信号灯闪光频率一般为（　　）
A. 60~120 次/min　B. 45~60 次/min　C. 125~145 次/min
6. 下列哪种说法是错误的（　　）。
A. 前照灯的光束是可调的
B. 前照灯需要防水
C. 远光灯的功率比近光灯的功率大
D. 前照灯的灯泡是不能单独更换的
7. 当转向开关打到某一侧时，该侧转向灯亮而不闪，故障可能是（　　）。
A. 闪光继电器坏　　　　　　　　B. 该侧的灯泡坏
C. 转向开关有故障　　　　　　　D. 该侧灯泡的搭铁不好

8. 当转向开关打到左右两侧时，转向灯均不亮，检查故障时首先应（   ）。

A. 检查继电器

B. 检查熔丝

C. 检查转向开关

D. 按下紧急报警开关观察转向灯是否亮，以此来判断闪光继电器

9. 顾客反映前照灯超常亮而且不得不经常更换灯泡，技师甲说，这可能是由于交流发电机输出电压过高而引起的，技师乙说，这可能是电路中额外的电压降造成的。谁正确？（   ）

A. 甲正确   B. 乙正确

C. 两人均正确   D. 两人均不正确

10. 顾客反映外部驻车灯根本没亮，但前照灯能亮，技师甲说，从蓄电池到开关之间的电路有故障，技师乙说，灯光开关故障。谁正确？（   ）

A. 甲正确   B. 乙正确

C. 两人均正确   D. 两人均不正确

三、判断题

1. 雾灯属于照明用的灯具。   （   ）

2. 制动灯属于照明用的灯具。   （   ）

3. 牌照灯属于信号及标志用的灯具。   （   ）

4. 前照灯属于信号及标志用的灯具。   （   ）

5. 警告灯属于信号及标志用的灯具。   （   ）

6. 前照灯使驾驶人能看清车前100m以内路面上的任何障碍物。   （   ）

7. 前照灯的远光灯丝位于反射镜的焦点下方。   （   ）

8. 反射镜的作用是将灯泡的光线聚合并导向前方。   （   ）

9. 转向信号灯属于照明用的灯具。   （   ）

10. 电容式闪光器的B接线柱应接转向开关，L接线柱接电源。   （   ）

四、简答题

1. 请列举出外部灯具和内部灯具分别有哪些？

2. 前照灯的主要组成结构有哪些？

五、综合分析题

1. 按光学组件的结构不同，可将前照灯分为_____、_____两种。

下图为_____式前照灯，其结构特点如下：

_____

_____

_____。

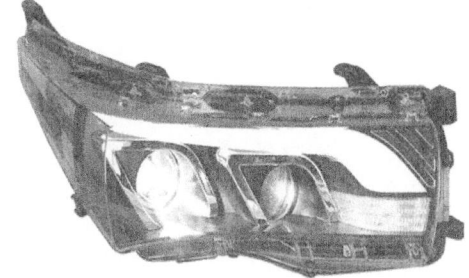

2. 根据下图所示，写出前照灯控制电路路线。

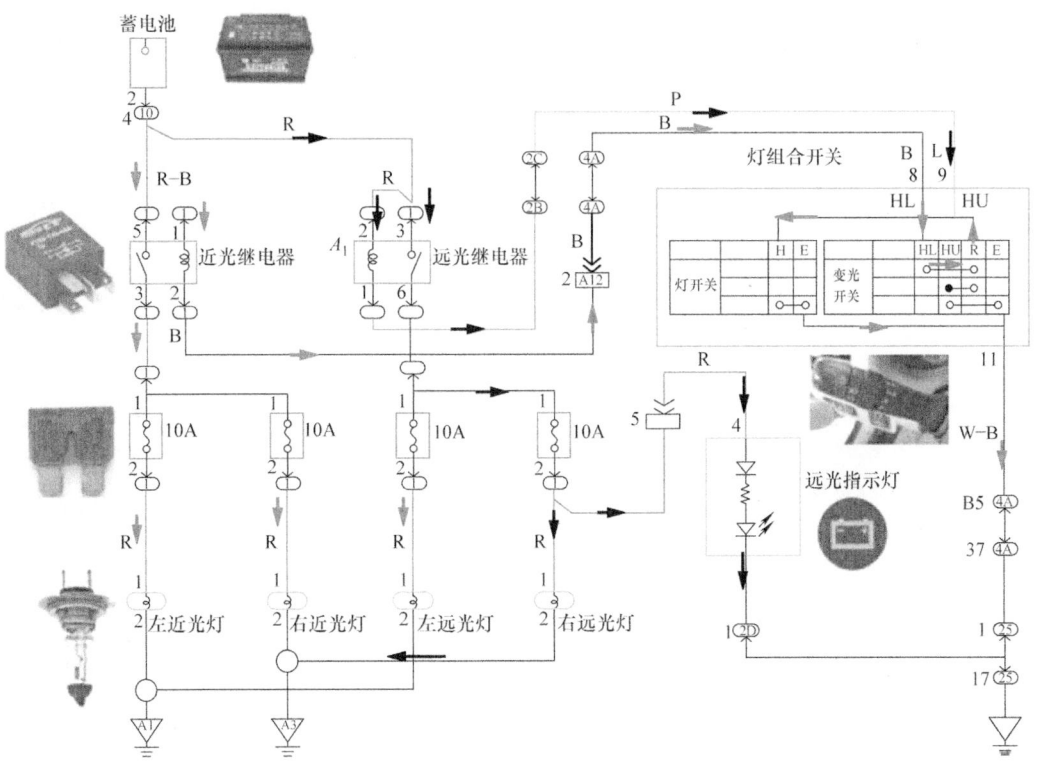

_____

_____

_____

_____

_____

_____

_____。

3. 根据下图所示，填写倒车雷达装置主要组件组成；并根据倒车雷达的原理图，简述倒车雷达的原理。

1—_____
2—_____
3—_____

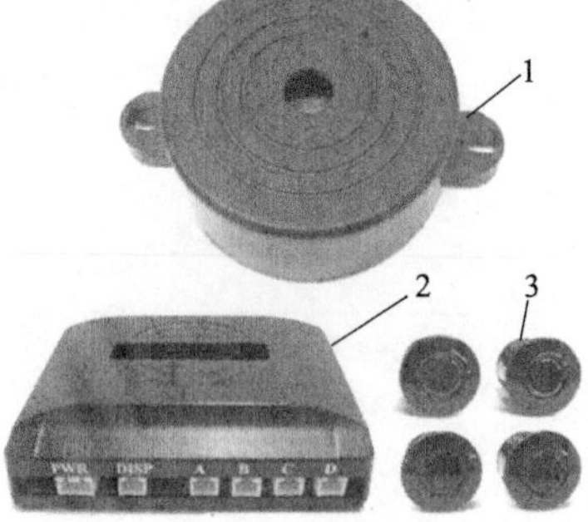

倒车原理：_____
_____
_____
_____。

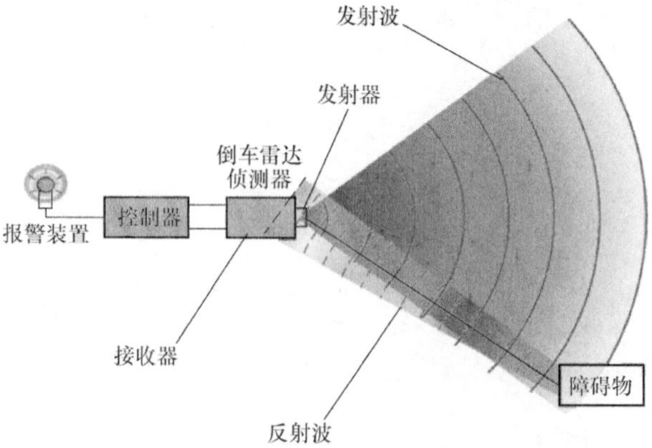

4. 电喇叭按外形可分为_____、_____、_____三种类型。喇叭按钮一般安装在_____上，少数安装在组合开关上。它主要由_____和_____组成，用来控制电喇叭的负极或控制电喇叭继电器负极。根据下图所示，写出按下喇叭和松开喇叭时电路路线。

_____
_____
_____
_____
_____
_____。

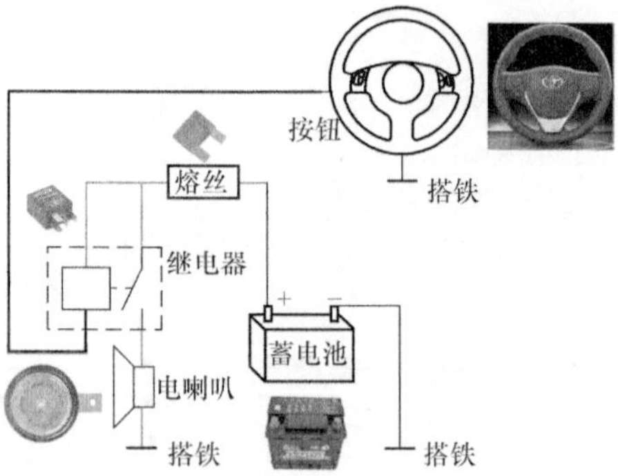

任务八　仪表系统常见故障的检修

一、填空题

1. 一般汽车仪表有_____、_____、_____、_____等。
2. 冷却液温度表是指示发动机冷却液的_____。
3. 燃油表用来指示汽车油箱中储存的_____。
4. 发动机指针转速表按其结构不同可分为_____和_____两种。
5. 车速里程表分为_____、_____、_____三种。
6. 仪表警告灯一般由_____和红色警告指示灯组成。

二、选择题

1. 机油压力传感器安装在（　　）。
   A. 主油道　　　　B. 分油道
2. 冷却液温度表传感器多采用负温度系数电阻，其特性是温度越高，电阻越（　　）导致电流越（　　）。
   A. 大…小　　　　B. 大…大　　　　C. 小…小　　　　D. 小…大
3. 燃油表一般采用（　　）类型的传感器。
   A. 双金属式　　　B. 热敏电阻式　　C. 可变电阻式　　D. 磁感应式
4. 汽油机用的电子式转速表，其信号取自（　　）的脉冲电压。
   A. 充电系统　　　B. 点火系统　　　C. ABS 系统　　　D. 自动变速器
5. 汽车发动机正常工作时，冷却液温度表的指针应指在（　　）。
   A. 65~80℃　　　　B. 75~90℃　　　　C. 85~100℃
6. 燃油箱中盛满油时，燃油表指针应指在（　　）。
   A. "0" 处　　　　B. "2" 处　　　　C. "1" 处

三、读图题

1. 下图为大众车系仪表板，请写出相关仪表的名称。

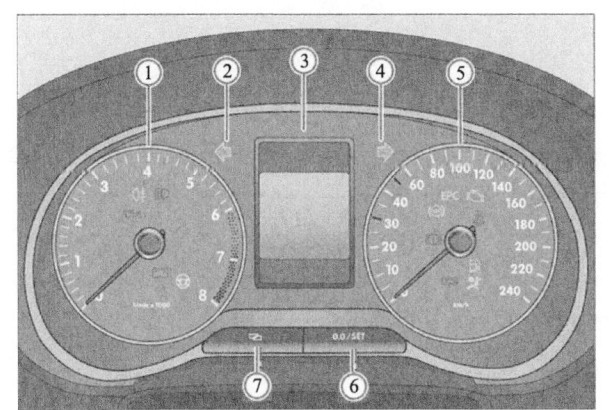

①_____　②_____
③_____　④_____
⑤_____　⑥_____
⑦_____

2.写出下列指示灯的名称及其作用。

名称：_____
作用：_____
_____。

名称：_____
作用：_____
_____。

名称：_____
作用：_____
_____。

名称：_____
作用：_____
_____。

四、综合论述题

1.燃油表用来指示汽车油箱中储存的燃油量。

① 指针式燃油表根据类型可分为_____和_____两种。

② 燃油表"E"表示_____，"F"表示_____。

③ 电热式燃油表：当燃油量较多时，浮子上升，传感器阻值减小，流过指示表电热线圈中的电流较大，双金属片变形大，指针指向燃油较多方向"_____"；相反燃油较少时，浮子下降，传感器电阻较大，流过电热线圈中的电流较小，双金属片变形小，指针指向燃油较少方向"_____"。

2.仪表警告灯一般由_____和_____组成。当被检测的部件和系统工作不正常时，警告灯电路自动接通，以点亮或闪亮的方式报警，提醒驾驶人采取相应措施。常见的仪表警告灯有_____、_____、_____、_____和_____等。

3.简述制动液液位过低警告灯是如何工作的。

_____
_____
_____
_____
_____。

任务九　辅助电器系统常见故障的检修

一、填空题

1. 清洗装置包括_____、_____和_____。
2. 刮水器电动机由_____、_____、_____等组成。按磁场结构来分，电动机有_____和_____两种。
3. 刮水器及洗涤器控制电路主要由_____、点火开关、_____、_____、刮水器电机、_____、熔丝、导线等组成。
4. 电动车窗装置主要由_____、_____两部分组成。
5. 电动车窗控制机构主要包括_____、_____、_____、_____等。
6. 不同汽车所采用的电动车窗的控制电路不同，按搭铁方式可分为_____和_____两种。
7. 电动外后视镜由_____、_____、_____、_____和外壳等组成。
8. 电动门锁又称中控门锁，基本组成主要有_____、_____、_____或中控锁控制单元。

二、选择题

1. 储液干燥器和（　　）的进口管相连。
   A. 蒸发器　　　　B. 冷凝器　　　　C. 膨胀阀
2. 汽车空调暖风的热源一般取自（　　）。
   A. 鼓风机内电热丝　B. 排气管中废气　C. 发动机冷却液
3. 在制冷循环系统中，被吸入压缩机的制冷剂呈（　　）状态。
   A. 低压液体　　B. 高压液体　　C. 低压气体　　D. 高压气体
4. 大部分汽车空调中使用的制冷剂是（　　）
   A. 氨　　　　　B. R134a　　　　C. R12
5. 空调系统中蒸发器的作用是（　　）。
   A. 控制制冷剂流量　　　　B. 其中的制冷剂吸收车厢中的热量
   C. 将制冷剂携带的热量散至大气中　　D. 降压
6. 制冷剂离开蒸发器后在管路中是什么状态？甲说是低压状态；乙说是气体状态。谁正确（　　）
   A. 甲正确　　B. 乙正确　　C. 两人均正确　　D. 两人均不正确
7. 开启空调后发现蒸发器排水管口有水滴出，说明（　　）。
   A. 发动机漏水　　B. R12液体泄漏　　C. 制冷循环良好
8. 膨胀阀毛细管没有与管路贴合，将会使空调系统（　　）。
   A. 低压管过冷　　B. 低压管过热　　C. 不制冷
9. 空调系统低压侧出现真空度，高压侧压力过低，说明管路（　　）。
   A. 有空气　　B. 制冷剂不足　　C. 管路有堵塞

10. 管路抽真空的目的是为了降低水的沸点,让水在较低的温度下( )。
A. 结冰
B. 沸腾
C. 分解成氢气和氧气

三、判断题

1. 汽车空调是根据物质状态改变时吸收或释放热量这一基本热原理工作的。 ( )
2. 流过压缩机的制冷剂应是气体,流过孔管或膨胀阀的制冷剂应是液体。 ( )
3. 冷凝器的作用是将制冷剂从气体转变为液体,同时放出热量。 ( )
4. 低压开关的作用是在系统低压管路中压力过低时,切断压缩机电磁离合器的电路。
( )
5. 空调系统中除霜装置的作用是防止汽车的前风窗玻璃结霜。 ( )
6. 空调系统正常工作时,低压侧的压强应在 0.15MPa 左右。 ( )
7. 在制冷系统抽真空时,只要系统内的真空度达到规定值时,即可停止抽真空。( )
8. 通风换气的目的就是为了净化车内的空气,调节车内的温度与湿度。 ( )
9. 汽车空调的冷凝器一般位于发动机冷却系统散热器的前面,将热量向汽车外部释放。
( )
10. 在汽车空调运转时,若急速稳定,放大器中的继电器触点闭合,电磁离合器随即分离,空调压缩机停止工作。 ( )

四、连线题

| 压缩过程 | 送往冷凝器的过热气态制冷剂,在温度高于外部温度很多时,向外散热进行热交换,制冷剂被冷凝成中温、压力为 1.0～1.2MPa 的液态制冷剂。 |

| 冷凝过程 | 压缩机将蒸发器低压侧的低温低压气态制冷剂压缩成高温的气态制冷剂,送往冷凝器冷却降温。 |

| 膨胀过程 | 冷凝后的液态制冷剂经过膨胀阀使制冷剂流过空间体积增大,其压力和温度急剧下降,变成低温的湿蒸气,以便进入蒸发器中迅速吸热蒸发。在膨胀过程同时进行流量控制,以便供给蒸发器所需的制冷剂,从而达到控制温度的目的。 |

| 蒸发过程 | 液态制冷剂通过膨胀阀变为低温低压的湿蒸气,流经蒸发器不断吸热汽化转变成低温、低压的气态制冷剂,吸收车室内空气的热量。从蒸发器流出的气态制冷剂又被吸入压缩机,增压后泵入冷凝器冷凝,进行制冷循环。 |

五、简答题

1. 空调系统的主要功能

① _____。
② _____。
③ _____。
④ _____。

2. 目前汽车上装用的中控锁种类很多，但其基本组成主要有_____、_____和_____组成。

3. 制冷系统的结构组成

_____
_____。

4. 汽车空调维修过程中使用的维修设备工具有哪些？

_____
_____。

六、综合分析题

1. 观察实训车辆，写出右图中部件名称：_____
电动外后视镜的组成：_____
_____。

下图为电动后视镜的控制电路原理图，请查阅相关资料，简述电动后视镜是如何实现前后左右调整的。

_____
_____
_____
_____
_____。

2. 观察实训车辆，写出右图箭头所指部件名称。

1—_____ 2—_____
3—_____ 4—_____
5—_____ 6—_____

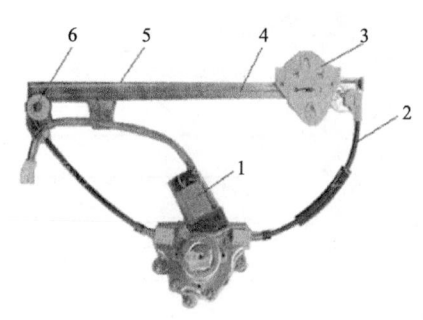

电动车窗装置主要由_____、_____两部分组成；不同汽车所采用的电动车窗的控制电路不同，按搭铁方式可分为_____和_____两种。

3. 写出电子检漏仪各个按键的名称。

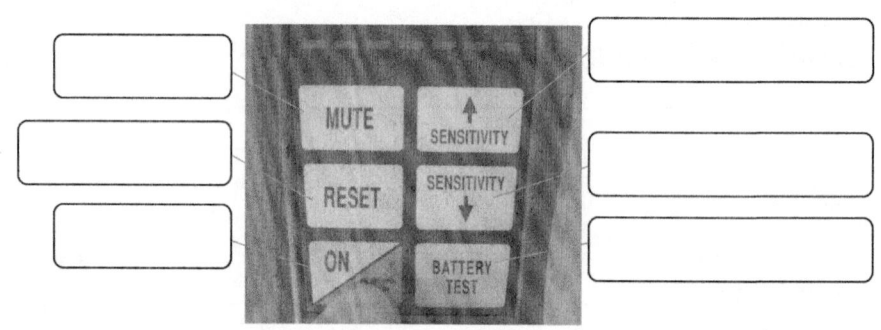

空调系统制冷剂的加注作业中，测量系统压力与检漏的步骤如下：

锁止加注机车轮→_____→_____→连接加注机管路→打开高、低压阀门→关闭加注机高、低压阀门→_____→关闭并取下高、低压管路阀门→使用检漏仪对高、低压加注口检漏→_____→ _____→管路软管接头→进行检漏。

4. 以下仪器设备名称为_____。根据图示完成制冷剂加注回收机进行抽真空的操作方法。

操作顺序	操作指示图	操作内容
1		选择_____键

（续）

操作顺序	操作指示图	操作内容
2		按_____键选择抽真空时间 设定正确抽真空时间为_____分钟；记录高、低压真空度 保压_____min
3		关闭_____ 打开_____
4		按确认键加注_____、观察刻度及时按停止键

操作顺序	操作指示图	操作内容
5		关闭_____、打开_____； 设定抽真空_____min
6		抽真空完成

任务十 汽车线束及维修知识

一、填空题

1. 线束是汽车的神经网络系统，它负责电器设备的_____和_____工作。
2. 线束分为_____、_____、_____等。
3. 请在下图横线上写出相应线束修复的工具。

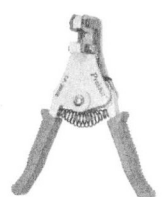  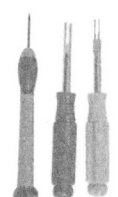   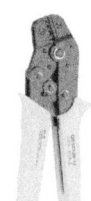

_____ _____ _____ _____ _____ _____

4. 线束修复材料主要包括_____、_____、_____、塑料胶带、防护套。
5. 端子与导线之间一般采用_____和_____进行连接。
6. 插接器由导线端子、塑料壳体或橡胶壳体组成，在线束中有_____、_____或_____插接形式。

二、综合分析题

1. 线束在使用中由于所处的环境、工作时间和人为等因素，会出现_____、_____、_____、脱落等现象。作为一名维修技师，应该学会对线束进行修复；线束烧蚀多出现在接头或插头处，原因是接触不良或电流过大造成的，可采用_____、_____方法修复。
2. 在线束修复工具中会用到锡焊工具，根据图示补充完善工具名称。

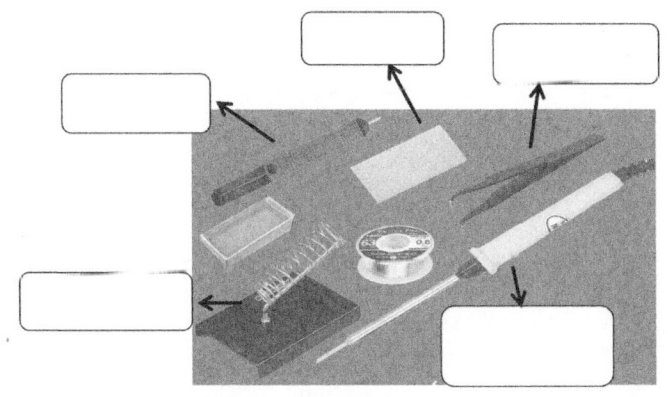

防止修复后的线束因摩擦产生断路，通常采用_____进行包扎防护，或采用_____进行防护。